岩　波　現　代　文　庫

増補
空疎な小皇帝
「石原慎太郎」という問題

斎藤貴男
Takao Saito

社会 336

JN053428

岩波書店

小皇帝(xiǎohuángdì)　一人っ子家庭で、あたかも皇帝のように育てられる子ども。一人っ子政策が始められて以降、兄弟姉妹のいない一人っ子が甘やかされて育てられ、教育上の問題が懸念されて久しい。過保護、期待過剰、干渉過剰やまた溺愛され、甘やかされたために自分で物事を処理できず、協調性に欠ける、わがままで物を大切にしない子どもに育ってしまうなどの問題が指摘されている。(中略)これら甘やかされた子どもによってつくり出される21世紀中国はどうなるのか、子どもたちの人間形成という点からの検討も忘れてはならない問題である。

『岩波現代中国事典』より

——石原慎太郎氏は一九三二(昭和七)年に兵庫県神戸市で生まれた。中国人ではないし、一人っ子でもない。したがって、本書の言うところの「小皇帝」は、現代中国で語られている言葉とやや趣を異にしてはいる。

ただ、非にして相似ている部分も大きい現実も、また否定できない。共通する問題、それは——。

石原慎太郎

一九三二年九月三十日、兵庫県生まれ。一橋大学在学中の一九五六年、『太陽の季節』で芥川賞受賞。六八年、参議院議員選挙全国区で初当選し、自民党に入党。七二年、衆議院議員に転じ、環境庁長官、運輸大臣などを歴任。九五年、議員辞職。九九年、東京都知事選挙に無所属で当選し、二〇一一年まで四選。一二年十月、任期途中で国政復帰を表明し辞職。「太陽の党」を結成した後、日本維新の会共同代表に就任し、同年十二月、衆議院議員選挙に当選。一四年八月、「次世代の党」を結成し最高顧問に就任。同年十二月、衆議院議員選挙比例代表東京ブロックで落選し、政界を引退。二〇二二年二月一日死去。

現代文庫版はじめに——「陽はまた昇る」のか？

石原慎太郎氏が二〇二二年二月一日、東京都内の自宅で亡くなった。享年八十九。膵《すい》臓《ぞう》がんだったという。一橋大学の学生だった一九五六年に『太陽の季節』で芥川賞を受賞した作家にして、政治家。一九九九年四月から二〇一二年十月までの十三年と六カ月は、東京都知事の座にあった。

訃報を伝えるマスコミ報道は凄まじくも大々的で、かつ、そのほとんどすべてが手放しの礼賛と偶像化に終始していた。彼が連発し、多くの人々を傷つけ続けた差別そのものの言辞の数々を、「慎太郎節」「石原節」「歯に衣着せぬ発言」などと形容しては、痛快がってみせる紙面が目立った。主な在京紙の記事を引いてみよう。

〈数々の政策を実行した剛腕ぶりや歯に衣着せぬ発言は、時に物議を醸した。〉（『朝日新聞』二月二日付朝刊「石原都政、直言も放言も」）

〈良くも悪くも他者を顧慮することなく、自らをアピールする「無意識」の力で戦後の最も勢いある時代を彩った石原さんだった。最後の政界引退で語った「晴れ晴れとした気持ち」にうそはなかったろう。〉（『毎日新聞』二月二日付朝刊一面コラム「余録」）

〈「東京から日本を変える」。1日、死去した石原慎太郎氏の都知事としての約13年半は、初当選時に掲げたスローガン通りのものだった。強力なリーダーシップとトップダウンで施策を推し進めた。その強さの裏側に、繊細な優しさや純粋さを感じ取った関係者も少なくなかった。〉（『産経新聞』二月二日付朝刊「強い指導力、気遣いも」）

〈石原氏のことを非難する都の幹部は不思議なほど少なかった。単に上司だからという点を超えた人間的な魅力なのだろう。〉（『日本経済新聞』二月二日付朝刊「評伝」）

政治家が他者を顧みず、ただ自己アピールだけに走るようでは話にならない。石原流のトップダウンが「リーダーシップ」の美名に値するものだったかどうか、日経の記者氏が都の幹部から彼の悪口をあまり聞いていないらしい理由等々は、本書を読めばわかっていただけるはずである。

礼賛ぶりが特に際立っていたのは『東京新聞』だ。日頃は政治権力にすり寄らない、こんな時代になお新聞ジャーナリズムの精神を堅持せんとする姿勢を掲げている新聞だけに、所詮はこんなものだったのかと悲しくてたまらなかった。

たとえば二月二日付朝刊の「筆洗」。定評ある一面コラムは、しかしこの朝、〈政治と文学を追う「石原慎太郎」という個性、感性。それを守りながら生きることを一つの仕事として考えていらっしゃったのだろう〉〈首相を目指していたが、作家としての強烈な個性が邪魔をし、調和を重んじる自民党では浮いた存在にもなっていた〉と前置きしつつ、こう結んでいたのである。

〈それでも丸くもならず、言いたいことを言い、書きたいことを書いた。人目と批判をおそれすぎる現在の日本を思えば、その人はやはりまぶしい太陽だった。夕日が沈む。〉

身勝手しかできない人物に政治家の資格などあり得ない。人間社会の常識が、石原氏に限っては例外であり、それは素晴らしいことだったのだと、「筆洗」子は言う。違うかね、同意しなさいと迫ってくるような押しつけがましさに、どうしても納得ができなかった。

石原氏の死から一年が過ぎた。もはや彼を回顧する論考を目にする機会は滅多にない。大方の人々にとって、石原氏はすでに忘却の彼方にある人でしかないようだ。この間の二〇二二年七月八日には、六十七歳だった安倍晋三元首相が奈良市の近鉄大和西大寺駅前で、参議院選挙の応援演説中に銃撃されて死亡している。あまりに衝撃的な事件の前には、大往生を遂げた男の印象が薄らぐのも当然、ではある。

人間は死ねば仏になるという。だとしても、彼がかりそめにも公人中の公人として、この社会に遺した褥瘡《じょくそう》までが覆い隠されることがあってはなるまい。誰もが忘れているならなおのこと、訃報の装いで美化された最後の石原慎太郎像が後世に定着し、歴史上の英雄扱いされていきかねない未来を、私は恐れている。

「太陽は沈んだけど、陽はまた昇る。石原慎太郎は日本人の心の中にいつまでも残り、彼は永遠に生きていくんだよ」

運輸相や建設相、自民党政調会長、金融担当相などを歴任した亀井静香氏が、かつて〝盟友〟と謳われた石原氏の訃報を受けて語ったという(「AERA.dot」二月二日配信)。

この言葉に対する好悪の感情は人それぞれだろうが、亀井氏の見立てそのものは、少なくとも本書発行の時点では、的中しているように思う。

石原慎太郎という人物の生き方、身の処し方は、現代の日本人に強い影響を与え、深く、深く根を下ろしつつあるのではないか。問題は、それがどのような性格のものなのか、ということなのである。

本書は、二〇〇三年に刊行した単行本の再々文庫化である。単行本刊行後、版元を変えて二度、文庫化された(本書の追記I、II参照)。石原都政がもたらした問題に迫り、そして石原人気を後押しする社会の危うさに警鐘を鳴らしてきた。

石原氏の死去後、彼のもたらした「負の遺産」は、なおも存在し続けていると筆者は考える。それを浮き彫りにするためにも、いま改めて「増補」として刊行する。

二〇二三年二月

斎藤貴男

目　次

＊肩書きは取材当時のものです。

第一章　〝嫌悪〟を操る伏兵たち

「彼はヒットラーだ」

二〇〇二年三月一日付で、日本経済新聞の某記者が九州地方の支局に赴任した。仮にA記者と呼ぼう。彼はそれまで東京都庁担当キャップだったのだが、石原慎太郎都知事に疎まれていた。

A記者自身は何も語りたがらない。日本経済新聞社社長室からは「定期異動によるものです」とするだけの、素っ気ないコメントが返ってきた。だが同社と都庁の関係者への取材を積み重ねた結果、浜渦武生《はまうずたけお》副知事が数次にわたって新聞社サイドに圧力をかけ続けていた事実が確認できた。

「鶴田卓彦社長を訪れてきたこともありました。その時は会えずに、代わりに対応した幹部に三十分ほどもAの悪口をまくしたてていったようですが」

複数の関係者が口を揃えた。ではなぜ、A記者は石原知事に疎んじられたのかと言えば、次のような経緯があった。証言者の立場と安全を守るために表現をぼかした部分があるのを容赦されたい。

――石原都政が誕生して間もない頃のこと。当時は特別秘書の立場だった浜渦氏が、都議会の記者席に陣取り、若い記者を怒鳴りつけた。特別秘書の席は別にあるのだから、今後は立ち入らないようにさせてほしいとA記者らが議会運営委員会に申し入れ、議運はその旨を浜渦氏に告げた。

——政界に取材ルートのあるA記者が、自民党の有力政治家に石原都知事への評価を尋ねられ、「彼はヒットラーだ」と答えた。その話が石原都知事本人に伝わった。

——A記者は二〇〇一年の十月十日付紙面で、東京都がJR原宿駅近くの竹下通り裏に警視庁の大規模留置場を建設する計画を進めていると報じた。PFI（民間資金を活用した社会資本整備）方式を採用して日本社会事業大学の跡地約二万四〇〇〇平方メートルのうち、約一万二七〇〇平方メートルにビルを二棟建て、一棟を高層オフィスビルに、もう一棟を原宿警察署の新庁舎と六百人を収容できる留置場、射撃場にするという。他紙に先駆けてのスクープで、この記事を契機に地元の反対運動に火がついた。

日本社会事業大学は終戦直後の一九四六年に厚生省の委託を受けて設立された社会福祉の専門大学である。八九年に現在のキャンパス（東京都清瀬市）へ移転するまで立地していた東郷神社の隣接地は国有地だったため、一時は地元渋谷区が買い取り緑豊かな公園にするという構想も浮上したのだが、紆余曲折を経て九五年に東京都が取得。都市災害救助隊を中心とする防災施設にしたい方針を打ち出していた。

都の計画には原宿署の誘致も含まれてはいたものの、巨大留置場とは周辺住民にとって寝耳に水だった。日経のスクープに先立つ九月下旬の都議会で石原知事は警察・消防委員会の委員長である三原將嗣都議(自民党)の質問に対して民間活力の導入による留置場整備の必要性を答弁していたが、候補地については一切触れていない。スクープで明らかにされた計画に対する地元の反発はしたがって当然だったが、知事サイドにはこれが許せなかったらしい。

関係筋によると、初期の段階から日経新聞側にA記者に対する不満を伝えていた浜渦副知事が、ことに怒りを爆発させたという。別の都庁詰め記者が回想する。

「警視庁の要望を受けた石原知事が、その筋の自民党都議との馴れ合いで強行しようとしていた計画だっただけに、大騒ぎになったんです。知事は定例の記者会見で、「日経が反対運動を煽動している」などと叫んでいましたね。もっともわが社を含めてこの言葉を報じた新聞はなかった。「反対は地域エゴ」だと決めつけたセリフは各紙とも載せましたが」

四カ月後、A記者は都庁記者クラブを去っていく。人事の常で、彼の異動と浜渦副知事の工作との因果関係を立証することはできない。日経社長室の言う通り、定期異動の季節であったのも確かであるからだ。だが、ここで問題にしたいのは、新聞社側が知事側の圧力に屈したか否かではない。言論の府として、権力者の言動をチェックする使命を担っているマスメディアに対し、政治的地位を利用して執拗に圧力を掛けたということの事実の重たさだ。

浜渦副知事の工作が、彼自身の判断による行動なのか、石原知事の命によるものだったのかどうかも判断が難しい。ただ、前出の都庁詰め記者によると、「気に食わない野郎を追い出してやったと、石原知事自身が庁内で触れ回っていたそうです。都の幹部たちにさんざん聞かされました」とのことであった。

「小泉首相の次は石原さん」

石原慎太郎待望論が高まっているという。都知事の任期切れまで一年を切ったあたりからは、支持率が急落している小泉純一郎政権を引き継ぐのは彼しかいない式の論法が、それ以前にも増して目立ってきた。石原氏本人も数多くのマスメディアに露出して、満更でない素振りを隠そうともしない。

国政復帰を仄《ほの》めかす発言は枚挙に遑《いとま》がない。たとえば○二年五月、『週刊ポスト』に掲載された評論家・田原総一朗氏との対談。

〈――小泉首相の次は石原さんだと期待が集まっています。

「そりゃ名誉なことです(苦笑)。新党を作れという人もいるけど、外交と一緒で、それで政権を取れなければ意味ないことだね」

――では、国民の多くが「石原やれ」といえばやりますね。

「まァ、国会議員といわず、村会議員だって、最初は〝末は総理大臣〟と思ってやるわけだから、国政に全く見切りをつけたわけじゃないし、現に東京の仕事をやっていると、国の絡みでどうしようもない問題も出てきます。総理大臣の立場でやればもっと早いことはたくさんある。それ以上のことは申しません。話がきな臭くなってきたからもう帰るよ(笑い)」〉(五月十日・十七日合併号「緊急対論「国を背負う責任」を語る」より)

『週刊現代』の〇二年十二月には、その一カ月あまり前に暴漢によって刺殺された民主党の石井紘基《いしいこうき》・衆議院議員の地盤だった東京六区(世田谷区)の補選(二〇〇三年四月二十七日)に出馬するのではないかとする観測記事が載った。〇三年が明け、四月十三日の都知事選(三月二十七日告示)を間近に控えた元日付『産経新聞』のインタビューで、国政復帰を一応は否定してみせるのだが――。

〈――東京都知事選について。再出馬は

「さあね(笑い)。しかし、(再出馬)しないわけにはいかないでしょう。その前に何が起こるか分からないけど、急に明日、総理大臣にさせてくれるというんだったらすぐなりますけど。東京のためにも日本のためにもそれが一番早いが、そんなことはあり得ない」〉

メディア側との馴れ合いが目立つ。石原氏の去就をめぐっては、都知事選の告示当日まで予断を許さないのではないか。ただいずれにせよ、少なからぬ人々が政治家としての彼を支持し、ポスト小泉の筆頭候補に挙げていることは、まぎれもない現実なのだ。

都知事再選への意向を示す石原氏本人の単独インタビューを『朝日新聞』が掲載したことがあった(二〇〇二年五月八日付)が、都庁でも永田町でも、まったく信じられていなかった。彼自身も当日、東京都現代美術館の新館長就任会見に同席し、「あれは原則論を言っただけ。先のことなんかわからない」「ケ・セラ・セラだよ。レースみたいなものだよ」などと述べて、周囲を煙に巻いたものである。

都庁幹部が苦笑していた。

「第一、石原知事は週に二、三日だけ、それも数時間ほどしか登庁してきやしないんですよ。あとは休暇か、でなければ永田町と目と鼻の先にある都道府県会館のオフィスにいる。都政と真面目に取り組もうとしている人が、そんなふうであるはずがないでしょう」

「『嫌悪』の支配者」

人は閉塞状況に陥ると、〝英雄〟を求めがちになる。未来への視界が曇った現代という時代に、石原氏が格好の〝英雄〟として人々の前に現れたかのように見えるのは、彼が大衆の〝嫌悪〟の情念に便乗してのけたからだと分析したのは、月刊誌『世界』二〇〇〇年十月号の特集「石原都知事批判」のうち「『嫌悪』の支配者・石原慎太郎」(21世紀東京研究会)だった。

〃憎悪〃と言い切れるほどではない、あやふやで、しかし人々の心の中に確実に宿っている、もやもやとした感情。都職員の大幅な賃金カットをはじめ、ディーゼル車規制、カラス狩り、銀行への外形標準課税、〃三国人〃発言や中国、北朝鮮に対する差別的言辞の数々が拍手喝采を集めてきた石原都知事のありようを見る限り、件《くだん》の指摘は正鵠を得ているのではないか。

石原氏自身、参議院に初当選を果たした一九六八年に書いてもいた。三派系全学連による米原子力空母エンタープライズの佐世保寄港阻止闘争が得た市民の共感は知的でなく衝動的、ライフル魔に対する野次馬の爽快感に近いなどとして、こう述べていたものだ。

〈現代という状況にあっては「嫌悪」こそが唯一、人間自身にとっての情念情操である。

嫌悪は、われわれの内深く凝結しているが故に、われわれ自身それを見出し得ず、あるいはまた、嫌悪はわれわれの体の内いっぱいに溢れているが故にわれわれはそれを嫌悪として気づかずにいる。

そしてまた、その嫌悪を隠蔽する数多くの粉飾をわれわれは持ちすぎている。形骸化した諸価値。それらの価値への忠誠の偽態。そしてなによりも、今日の人間自身の情念である嫌悪の快感を代行し拡散させる、非情念的でいたずらに観念的な、行為ならざる行為。

現代の人間のほとんどは己の情念を持たず、即ち、肉体を持たず、即ち、肉体なき人間の行為は行為たり得ず、即ち、行為ならざる行為はいたずらな挫折感をしか生まず、即ちその反復は人間を、社会、文明に対する主体者の地位から引き下すだけでしかない。〉

〈私はみずからの純粋に個的な「嫌悪」を意識化し、それをも時代の心情としてとらえ直した時、それを時代的に、歴史的に、社会的に一つの意志として表現しつくすために、現代の社会力学の中で政治という手段を選ぶ気になった。
政治は文学よりも汎社会的で通俗な方法ではあろうが、しかし、私がそれを選んだのは、私の作家としての今までの資質に負うものでは決してない。（中略）
いずれにしても、私の政治参加の決心は、政治的である前に、私的な、私自身の存在にかかわる問題であって、詮ずるところ、私の嫌悪の直截な表現に他ならない。
私は、嫌悪し憎み、とり壊すべきものを、より嫌悪し、より憎み、より実際に壊そうとするために、嫌悪の対象である行為の母体であるところの政治の内に在る自分を選んだだけだ。〉（「「嫌悪」――現代の情念」『祖国のための白書』集英社、一九六八年所収）

〝嫌悪〟についての分析は見事というほかにない。この文章が書かれてから三十五年を経過した現在、〝肉体を持たない人々〟なる形容はもはや抽象でなく、バーチャル・

リアリティ、高度ネットワーク社会などと言われる世界にあって、実体そのものにもなってきた。人々の嫌悪の種も、とめどなく肥大化してしまっている。

大衆の嫌悪の対象を叩き壊すことを目的に政治家になったという石原慎太郎氏が、この時代の寵児になっていることは、その意味で自然の成り行きではあるのかもしれない。ただ、では彼がたとえば首相となり、これ以上に〝英雄〟として振る舞うような未来が、多くの人々にとって本当に望ましいのか、どうか。なるほど石原氏には多くの著作があり、長年にわたる政治家と作家の兼業で、さまざまな体験をしてきてはいるのだろうが、彼のそもそもの、また現在に至るまで抱き続けられていると思われる政治的情念は、はたして指導者にふさわしいものなのか。

「暴走秘書」の暴力

石原都知事が片腕と頼む側近として知られる浜渦副知事の話題に戻したい。『ニューヨーク・タイムズ』東京支局の上杉隆記者が書いた『［新編］石原慎太郎「5人の参謀」』（小学館、二〇〇一年）によれば、二人の関係は〈織田信長と森蘭丸〉ないし〈三島由紀夫と一緒に割腹自殺した森田必勝〉の関係にたとえられるのだそうだ。石原氏本人は〈秀吉にとっての石田三成〉と自称しているという。

子分を見れば親分の器量がわかる。浜渦氏は一九四七年高知県生まれ、関西大学文学部卒。かつて石原氏が主宰し、国会議員や政治家志望の若者たちが集った「日本の新しい世代の会」に入り、石原氏が参院から衆院議員に転じた七二年に公設秘書になった。以来、影の黒子であり続けてきた彼は、石原都政が始まった九九年春、突如、表舞台に躍り出た。

副知事への彼の起用を石原知事が推したが、議会に否決された事実が広く報じられたためだった。「素性がわからない」「行政手腕が未知数」などといった理由を大手マスコミは伝え、知事も断念して、この時は特別秘書への就任で決着した。

翌二〇〇〇年六月、石原知事は再び浜渦氏の副知事起用を議会に提案。この頃には自民、公明両党が事実上の知事与党となっていて、賛成多数で可決された。東京都職員以外からの副知事の登用は四十一年ぶりという〝快挙〟だったのだが、同じ年十月、彼はさらに有名になった。

浜渦副知事が九月末に東京・中目黒駅付近で起こした暴力事件の取材に赴いた写真週刊誌『フォーカス』の記者とカメラマンに暴行を働いた。それを「もみあいになって全治一週間の怪我をした」として版元の新潮社に抗議文を送ったことが、トラブルに発展したのである。浜渦副知事は特段の処分を受けることもないまま、十一月末の都議会運営委員会の理事会で〝遺憾の意〟を表明して公には落着の形となった。

中目黒の事件で、浜渦副知事はズボンのベルトを外し、拳に巻いて、二人の若者を威《い》嚇《かく》したという。ケンカ慣れを見せつける行為が一部のメディアでクローズアップされもしたが、彼の素顔はこの程度のものではない。

一九七四年十月二十五日。中目黒事件から遡《さかのぼ》ること二十六年前の夜にも、まだ二十代だった浜渦氏は、卑劣な暴力事件を起こしていた。

被害者の大沢謙一氏(仮名)に会って話を聞いた。現在は埼玉県で会社を経営している彼は、当時、石原氏と同じ東京二区(品川区、大田区、島嶼《とうしょ》部)からの出馬を予定していた新人候補の選挙参謀をしていた。

「あの夜は、石原さんがコミッショナーをしていた団体「全日本キックボクシング」の事務局長に呼び出され、赤坂のホテルニューオータニで会ったんです。午後九時に一階の喫茶店で落ち合うと、そこに浜渦もやって来た。異様な雰囲気を感じましたが、上のレストランで食事をしようと言うので一緒にエレベーターに乗ったところ、酷い目に遭わされました。扉が締まったとたん、二人がかりで殴る蹴るの暴行を受けたのです。

エレベーターは上層階でなく、駐車場のある地下に着いたのですが、その時には私の顔は血だらけ。彼らの車の方へ連れて行かれる途中で「トランク開けとけ」という会話が聞こえ、こりゃヤバイと思って逃げ出すと、追いかけてきた。再びエレベーターホールに戻ってボタンを押したら、たまたま扉がすぐに開いたのでなんとか助かりましたが。

「袋のネズミだ」なんて怒号が耳に残っています」

全身打撲で全治二週間の診断。実際には三週間ほどの入院を余儀なくされたと、大沢氏は語る。

所轄の赤坂警察署は捜査を渋り、結局、事件はウヤムヤにされてしまったそうだ。したがって浜渦氏らが暴力沙汰に及んだ動機は確定されていないのだが、推察はできると言う。

「彼らは私に危機感を感じていたのでしょう。なぜって事件の前、七二年暮れの衆院選で、私は石原さんの選挙をお手伝いしていたのですから」

参院議員として政界入りした石原氏が衆院に鞍替えし、トップ当選を果たした選挙のことだ。大沢氏はかねて秘書として仕えていた賀屋《がや》興宣《おきのり》・元法相の指示もあって石原事務所へ移籍。紆余曲折を経て石原氏が舞い降りた東京二区で、自民党の古顔だった菊池義郎氏の地盤を切り崩した立役者だった。石原氏の選挙参謀といえば政治評論家の飯島清氏が有名で、マスコミは彼に脚光を浴びせることはあっても、草の根レベルの活動を取り上げたがらない。なお賀屋・元法相は大蔵官僚から近衛・東条内閣の蔵相となり、戦後はA級戦犯として終身刑を宣告されたが赦免で政界に復帰した人物だ。彼に私淑していたという石原氏は、その生涯にわたったロマンスに材を取り、『公人』のタイトルで短編小説を物したこともある。

石原氏の陰の参謀が、なぜ対立陣営に回ったのか。大沢氏が続ける。

「石原さんとはお互い若かったたし、夢を語り合った時期もある。でも、地に足をつけて一所懸命に働く人間がまるで顧みられず、うまく立ち回る連中ばかりを大事にする体質に嫌気がさして辞めました。なまじ賀屋先生のような方を見てしまっていただけに、余計に失望させられたのかもしれない。私が事務所を去る時、石原さんは「お金で解決できないか」と持ちかけてきましたね。断わると興奮して、ちょうどかかってきた電話の受話器をガチャーン！と叩きつけ、電話線まで切ってしまった。あの時の光景が忘れられません。

浜渦？　あの頃の彼はまあ、有名人に憧れてやって来ていたというだけの子供、学生でした。私に暴力を働いた時も、顔面蒼白になっていましたっけ」

ところで大沢氏が移った先の新人候補とは、政治評論家の山本峯章氏だった。当時は出版社を経営したり狂乱物価鎮静運動を展開したりでユニークな青年実業家として知られていた彼は、〝石原旋風〟の前に落選し引退に追い込まれた菊池義郎氏の後援会組織を引き継ぐ形で立候補を決意したのだったが、そこで菊池氏の仇敵を味方に引き入れたのだから、なるほど政治である。

その山本氏が、興味深いエピソードを披露してくれた。

「なにしろ警察が全然動かないんです。福田派の圧力があったかどうかは知らないが、忙しいとか上の命令でとか、とにかく事件にはできないと言ってきた。だからって、こんな卑劣な暴力を許すわけにはいかんでしょう。マスコミで徹底的に暴露してやるぞってことになった。それでも大手の新聞は何も書いてくれない。逆におかしな反応がありました。

住吉連合系の右翼団体、日本青年社の小林楠男会長から電話がかかってきたんです。 「石原のことで騒ぐな」と。当然、断わりましたが、すると「等々力《とどろき》が出てきても駄目か」と言う。等々力とは故・児玉誉士夫の住所ですが、私は等々力も驚きもない、秘書と秘書、私と石原の問題だと答えたら、「誰の言うことも聞かないということなら、わかった」と言われて電話が切れた。石原に頼まれたのかと最後に尋ねたら、「いやいや……」という返事でしたが」

事件を報じた新聞が一紙だけあった。夕刊紙『内外タイムス』(一九七四年十一月二日付)で、そこには「暴走秘書」「〝多摩川に沈められるはず〟だった被害者」といった刺激的な見出しや、事件直後に石原氏が作家の今東光氏に仲裁を頼んだが断わられたという経緯なども記されていた。

事件から四半世紀後、浜渦氏が石原都政の一年目に副知事に就任できなかったのは、大手紙が伝えたように、彼の人物識見が「わからない」ためではない。「わかりすぎる」『内外タイムス』の古い記事が裏の政治取引に使われたためだった。都議会自民党の幹部が打ち明ける。

「我々も公明党さんも、石原さんとは都知事選で対立していたからね。暴力事件そのものや、浜渦がどういう男かなどといったことは、まあ、言いわけに過ぎません。あの後、自民党のいわゆる抵抗勢力の大物が間に入ってね。党の心ある先輩たちは皆さん愛国者ですなあ。愛党精神もさすがです。このような時代に自民党と都知事が対立していたら、国民の心が党から離れてしまう。ここは是々非々という立場で、石原君をもり立ててやってはくれんだろうかと、我々は教えられたわけです。自公のスタンスは一歩進み、それで浜渦も翌年には副知事になった」

浜渦氏は副知事就任直後、出身地の地元紙『高知新聞』のインタビューで、「心の中では郷里から離れていないし、求められるのなら、経験や知恵を高知県の発展のために役立てたいと思っている」と発言(二〇〇〇年七月二十五日付)。すわ近い将来の県知事選出馬宣言、副知事ポストはそのための石原氏のはからいだったかと受け止められた。

政治とは所詮、暴力でしかないのだろうか。暴力をむしろ積極的に活用するのが石原流なら、従来の自民党政治と何も変わらない。確かに〝嫌悪〟だけが残される。

これもウヤムヤにされた『フォーカス』との事件でも、石原都知事は「男の世界じゃ、よくあることじゃないか」と述べて浜渦副知事を不問に付したという(前記『[新編]石原慎太郎「5人の参謀」』より)。「男」の世界のありかたと安っぽい暴力とを、この人は完全に混同している。

秋葉原再開発計画の公開入札疑惑

東京・秋葉原の再開発計画に絡む疑惑が浮上している。旧神田市場跡の都有地約一万五七〇〇平方メートルを民間に売却し、IT(情報技術)産業が集積し、かつ近い将来の常磐新線(「つくばエクスプレス」)の開通で商業地としての急成長が期待されている同地区を日本経済振興の起爆剤になり得る壮大なIT拠点に発展させていくコア施設「ITセンター」を建設・運営させる目的で、東京都は二〇〇二年一月末に事業提案コンペを催した。前年の十二月七日に公表された直後には十三の企業グループが申し込んでいたのだが、しかし実際に提案書を携えて応募してきたのは、大手ゼネコンの鹿島建設を中心にNTT都市開発、ダイビルなどから成る「UDXグループ」だけだったのである。

関係筋によれば、特に熱心に取り組んでいた企業グループは他にも存在したが、時間切れで間に合わなかった、という。いささか不自然だ。とすればUDXグループと石原知事の間に、何らかの裏取引があったのではないか?——

公開入札などにまつわるこの種の疑惑は、公共事業の世界ではさほど珍しいことでもない。国鉄清算事業団が九〇年代後半に汐留、品川、丸の内と都心の一等地をたて続けに売却していった際にも、JRグループの天下りを大量に受け入れた大手ゼネコンが暗躍したと伝えられる。いくつものマスコミが取材に動いたが、決定的な材料が発掘されることのないまま、今日に至っている。

今回も情況証拠が多すぎた。業界の慣習では六カ月程度といわれる募集から応募締め切りまでの期間が、年末年始を挟んで五十日程度だったという異例の短さ。従来は財務局が所管してきた都有地売却の担当が、浜渦副知事の影響力が強いとされる産業労働局に委ねられたこと。周辺の公示価格や、神田市場が廃止された八九年に都の一般会計が公営企業会計に支払った金額(約三五〇〇億円)に比べて格段に安く設定された、ということは都財政よりも業者側の利益が優先されたと見られる東京都財産価格審議会の予定価格設定(約二二九億円)、UDXグループの入札価格(約四〇五億円)……。

「誰がどう考えたっておかしいですよ。初めからUDXグループに受注させるために仕組まれたシナリオだとしか思えない。募集期間も何もかも、都政の常識に照らして、ホントにそんなことできるのかよ、と言いたくなるようなことばかり」

都議会の関係者たちが首をひねる。実際、〇二年三月の定例議会では野党からの質問が相次いだし、複数の新聞や週刊誌も疑惑を報じていた。改めてゼネコン関係者たちに話を聞くと、専門家ならではの疑念が次々に飛び出してくる。

UDXグループの計画案は、敷地を大きく一街区と三街区の二区画に分け、それぞれに地上二十九階/地下二階(高さ一四二メートル、延べ床面積四万六六五〇平方メートル)の超高層ビルと、地上二十一階/地下三階(高さ九九・九メートル、延べ床面積一三万九一一四平方メートル）の巨大高層ビルを建設するというもの。そこで、ある関係者は言った。

「東京都の環境影響評価条例は、高さ一〇〇メートル以上、延べ床面積一〇万平方メートル以上の建物は環境アセスメントの手続きをとる必要があると定めています。三街区の九九・九メートルという数字がアセス逃れであるのは明白ですが、このような巨大開発の場合、従来の東京都は一街区を一体と見なして全体での手続きを事業者側に求めていました。業者としては辛いところですが、実際、敷地内に道路を設けて街区を分けさえすればよいのなら、環境アセスなど有名無実にできてしまうので、やむを得ません。ところがUDXの計画では〇五年には竣工・オープンとなっていて、アセスのための期間が予定されていないのです」

またUDXとは、二〇〇〇年に成立・施行されたばかりの改正「特定目的会社による特定資産の流動化に関する法律」で容易になった証券化による不動産投資信託のためのSPC（Special Purpose Company＝特定目的会社）だ。事業提案コンペの募集要項は当初計画を最低五年間は維持するよう求めていたが、それ以降の制約はない。このため投資家たちの意志次第でIT産業振興の建前など時間の問題で吹っ飛んでしまうのではないかとの指摘もある。

だが、情況証拠はどこまでも情況証拠でしかない。コンペを担当した産業労働局産業政策部の安川幸徳・調整担当課長は、疑惑の一切を否定した。

「計画の趣旨に照らして、こういうご時世ですから一刻も早く建設を進めたいというだけのことです。平成十七(二〇〇五)年度中に全面オープンの予定から逆算すると、あのようなスケジュールしかあり得ませんでした。募集期間が短すぎると言われるが、ITが集積した秋葉原を発展させたい構想と都有地売却の意向を石原知事は平成十二(二〇〇〇)年十二月の議会で答弁していますし、翌十三(二〇〇一)年の三月には都市計画局があの地区の「まちづくりガイドライン」を明確に示している。関心のある事業者なら、都の計画を承知していたはずなんです。鹿島建設などのUDXグループだけが応募してきたのは結果論ですよ。この計画は単なる土地の売却ではありません。五年間は事業の変更を認めないとか、五百台分の駐車場設置を義務づけるとか、事業者と都、地元は絶えず連絡を取られたいとか、何かと制約も多い。拘束することにもなるから財務局でなく産業労働局が担当するのだし、ああいった予定価格にもなったわけです。これだって相当上回る価格が提示されたのですしね。

私どもは超公正です。何を言われようとも、恥ずかしいことはひとつもありません」

それでもなお、疑惑は払拭されきれずにいる。安川課長のいう材料を検討すると、いずれもITセンター構想を示唆はしていても、それをもって公表したとは言えないことがわかるのだ。

知事答弁は「来年度中(引用者注・二〇〇一年度中)には都有地を処分しまして、民間のアイディアを生かしながら、まちづくりの実現を図りたい」と発言したのにすぎないし、「ガイドライン」もまた、秋葉原地区の将来ビジョンの域を超えてはいない。後から振り返れば公開入札へのシグナルであったとは言えるかもしれないが、少なくとも公平なやり方ではなかった。鹿島建設以外のゼネコンが東京都の意向を正確に把握し対応に陣容を割くようになったのは、それはようやくコンペ募集の前々月、〇一年十月、秋葉原でのIT関連産業集積のイメージ図とともに発表された報告書「東京の新しい都市づくりビジョン」が最初だった――と、産業界や政界の一部では囁かれ続けている。

UDXグループに東京電力が参加しなかったことも、いつまでも謎のままである。同社広報室によれば、「要請はあったが、最終的には参加しなかった。理由は詳《つまび》らかにできない」という。外部の関係者から極秘シナリオの存在を囁かれた同社は独自に調査した結果、微妙な立場に追い込まれることを忌避したとの情報を筆者は得ることができたが、確認はできなかった。

全貌解明にはいましばらくの時間がかかりそうだ。本書はむしろ、この秋葉原ITセンター疑惑の主人公である鹿島建設あるいは同社営業本部の営業統括部長と、石原都知事との古く根深すぎる関係をこそ広く世に問いたい。

黒いシール事件と「三国人」発言

二十年前の一九八二年十一月二十日。この日発行された『読売新聞』の夕刊社会面の片隅に、小さなベタ記事が載った。

〈十九日夜、東京・大田区内で石原慎太郎代議士の秘書が総選挙出馬予定者の政治広報ポスターに、本人をひぼうするシールを張っていたことがわかり、池上署は器物損壊の疑いで捜査を始めた。

シールを張ったのは、A秘書(三三)。同署の調べによると、A秘書は、同日午後十一時十分ごろ、(中略)たまたま通りかかったB氏の支持者二人に見つかり、同署に突き出された。

調べに対し、A秘書は事実を認めているが、同署では、大田、品川区内のB氏のポスター多数に同じシールが張られていたとの情報もあることから、さらにA秘書から任意で事情を聞く方針。〉

B氏とは新井将敬・元衆議院議員のことである。一九四八年大阪生まれ。東大経済学部を卒業し、新日本製鐵、大蔵省勤務を経て八六年に東京二区で初当選した。後に九八年二月十九日、証券スキャンダルの渦中で自らの命を絶つことになる人物だ。

彼を誹謗したシールとは、縦十六センチ、横七センチの、黒地に白抜き文字で「(昭和)四十一年北朝鮮より帰化」と書かれたものだった。後に新井氏自身が明らかにしたところによれば、帰化は事実だが、ルーツは新羅の宮廷に仕えた学者の家系で、祖父母も韓国の慶尚北道に住んでいた。制度上の理由で北も南も一律に「朝鮮籍」とされていた時代の帰化を記した除籍原本が悪用され、差別と同時に東側スパイのイメージを植えつける狙いが、A秘書にはあったと見られる。なお、この「黒いシール」は総計で約五千枚ほど刷られ、新井氏が選挙区内に撒いたポスターの七―八割に張られていたという。

現在の鹿島建設で営業本部営業統括部長を務める栗原俊記氏が、そして新聞記事の謂う「A秘書」だった。石原慎太郎氏と同じ一橋大学を七三年に卒業して鹿島建設に入社した彼は、七九年四月から八八年二月まで石原衆議院議員の秘書として活動し、後に復職している。事件はこの間、栗原氏が公設第一秘書だった時期に起こされていた。

『読売新聞』は、彼が〈たまたま〉捕らえられたと報じていたが、事実は異なる。当時は学生アルバイトで、新井将敬氏の選挙活動を手伝っていた岡本康夫氏(仮名)が回想する。

「新井先生のポスターにシールを張っている奴がいるという話は入っていたので、一週間ほど前から一組三、四人のチームを二つ作って、犯人を探していたんです。それで捕まえた。新井先生は本当に悔しそうでしたが、僕たちも心底頭に来ていました。石原というのは臆病で汚い、言ってることとやってることが全然違う人だとは先生がよく仰っていたし、僕自身も、細かい経緯は覚えていないのですが、もともと石原支持だった魚市場の組合の人から、自分たちの魂である包丁を馬鹿にされた、あんなにワガママな男はいないと聞かされたことはありましたが、それにしても……。まだ無名で、ただ地道にやっている人に対してまで、あそこまで酷いことをするものですかね」

事態の陰惨さの割に、黒いシール事件に関する当時のマスコミ報道は多くなく、また石原氏側に遠慮がちだった。今日ほどではないにしろ、第一報を伝えた『読売』の扱いの小ささからも、石原氏のマスメディアにおける立場のほどがわかる。そんな中、むしろ積極的に、帰化人である新井氏は国政を担うべきでないとする主張に貫かれた『週刊新潮』八三年四月二十八日号の特集記事「立候補を狙う渡辺前蔵相秘書官の「出生」の壁」に、栗原氏のコメントが残っている。

〈「去年の六月ごろ、事務所に匿名の電話がかかってきました。新井はこういう経歴だぞ。だから地元の大阪から立候補できないんだ、資料を送る、という内容でした。何日かして大阪の消印のある封筒が送られてきて、その中に新井さんの戸籍謄本が入っていました。奇妙な戸籍で区長のハンコがないものでした。(昭和四十一年に国籍朝鮮から帰化)という事実を知って、外国の例を調べました。(中略) 帰化した人は故国とその国と二つの愛国心を持つという屈折した心情を持つものだと思います。政治というのは、時にはどちらの国をとるのかということが問われることがあると思うんです。そういう本質的なものを内在している事実は、公人になる場合、明らかにすべきじゃないかと思

います。（後略）」〉

この記事と新井氏の除籍原本とのセットが、そして選挙区内の町内会長や商店会長らにばら蒔かれた。筆者は幾人かの新井氏の秘書OBに接触したが、最も深く事情を知っているらしい一人は、事実関係の多くについてノーコメントを繰り返しながら、この件についてだけは、「後援会の有力者たちまでが、すっかり動揺してしまった。あれはこたえたな」と呟いていた。

栗原氏の作戦は周到だった。前記のコメント通りでも準備に半年近くをかけていたことになるのだが、新井氏の場合、帰化の事実は通常の戸籍謄本申請手続では出てこない除籍原本にしか記載されていなかった。一方的に戸籍が送られてきたというのは嘘であり、やがて地元金融機関の顧問弁護士が不当な手段で彼の除籍原本を入手していたことが明るみに出るに及んで、新井氏は、ついに栗原氏の告訴に踏み切った。

それまでは〝大人の対応〟を心がけていたという。新井氏の著書『神話への挑戦』（情報センター出版局、一九八三年）に、その理由が綴られている。

〈第一には、ぼくと同じ世代の彼が、おそらく自ら省みて恥じているだろう、と思ったからであるし、もし彼の背後で動かしている人がいるとすれば、告訴によって、すべては彼の責任のようになってしまうことがいやだったからだ。

第二には、なによりもふつうの人たちが、こんな事件で「泥仕合」という印象を招き、政治というものに改めて愛想づかしをする、そういう気持がおきることを、なんとかぼくたちが我慢してしまえば回避できるんだ、と思ったからである。〉

池上警察署の事情聴取に対しても、新井氏はこんな話を繰り返したという。

〈「（引用者注・団塊の世代、全共闘世代である）ぼくたちが政治に参加するからには、怪文書や金権や卑劣な妨害というような、いままでの政治が、ふつうの市民の人たちの眼をそむけさせるような結果を招いてきたそのやり方、考え方、人間観というものを捨てて、政治とその周辺で働く人たちへの信頼を取り戻さなければいけないはずです」〉

〈「もし彼が、まったく自分の意志でこういうことをやったとすれば、どうしても会って、ぼくたちにとっての政治の意味を話したい。また、彼が命令を受けて、いやおうなしに働かされたならば、さらにぼくが必要なはずです」〉

心遣いは、しかし無駄だった。

鹿島建設広報室によると、秘書時代の栗原氏は休職扱いで、会社からは給与も支払っていなかったという。「除籍はされていなかったわけですが、休職中の行為に対しては会社として何も言いようがない」（横尾《よこお》優《ゆう》室長）。十年近い休職を経ての復職とはいかにも不自然だが、なぜそのような人事が可能になったのかは「わからない」という。

次のような経緯が真実に近いと思われる。語るのは一橋大学以来の石原氏の親友である高橋宏氏（元日本郵船副社長）だ。

「六〇年代の末の安保闘争の頃、母校一橋が民青（日本民主青年同盟）に占拠された時、心ある、いわゆる右の学生が頑張って対抗しているというので、石原や僕らOBが、五人ほどで応援に行ったことがあるんです。卒業して十三年目くらいだったかな。心ある学生の側には菅直人君もいたが、委員長が栗原だった。これが彼と石原の出会いでした。

一方、石原は鹿島建設で副社長や副会長を歴任した原明太郎《はらめいたろう》さんに可愛がられていた。原さんも一橋の同窓なんだ。そんな関係で、石原が誰か人をくれと言って、それなら栗原だ、ということになった。血気盛んな、いい男ですよ」

一九九八年二月十九日、日興證券に対して借名口座による株の一任勘定で不当な利益供与を要求したなどとされる一連の疑惑報道や東京地検特捜部の捜査のただ中で、新井将敬氏は東京・港区内のホテルの一室で首を吊った。室内には缶ビールやウイスキーのミニボトルが散乱していたほか、刃渡り四十センチほどの日本刀も発見された。後に夫人が明らかにしたところによれば、故・野村秋介氏から譲り受けたものだという（『週刊ポスト』一九九八年三月十三日号）。野村氏とは約四年前の九三年十月に朝日新聞社内で抗議の拳銃自殺を遂げた、新右翼の活動家のことである。

関係者たちの話を総合すると、二人の交遊は、野村氏が黒いシール事件に憤ったことから始まった。所轄の警察があからさまに石原陣営の味方をし、新井氏の選挙カーを国鉄蒲田駅前から締め出した際にも、野村氏は支援を惜しまなかったとされる。

黒いシール事件から二十年が過ぎた。都知事としての石原氏のさまざまな言動の中でも、いわゆる「三国人」発言は最もインパクトの強かったものの一つである。二〇〇〇年四月九日、陸上自衛隊第一師団の式典で挨拶して、「今日の東京を見ますと、不法入国した多くの三国人、外国人が非常に凶悪な犯罪をですね、繰り返している」「もし大きな災害が起こった時には大きな大きな騒擾《そうじょう》事件すらですね、想定される」と述べたのだった。

初期の報道が「不法入国した」の部分をネグレクトしたとか、『広辞苑』の説明には差別的なニュアンスがないなどと彼は主張し続け、とりたてて責任を問われることもないまま、国内ではまたしてもウヤムヤになって、現在に至っている。最初に記事を書いた共同通信の記者が都庁記者クラブを去るまでに、さほどの時間も必要としなかった。二〇〇一年三月には国連の人種差別撤廃委員会が、日本政府に対して人種差別撤廃条約に実効性を持たせるための特別法の制定を勧告。「公職に就く高官による人種差別的発言」を放置する日本政府への懸念も表明されたのだが、それが顧みられることもなかった。

言葉だけの問題ではない。石原氏の命令があったのかなかったのか、これもウヤムヤのままだが、かつて彼の第一公設秘書が、同じ差別の文脈で、対立候補にあれだけのことをした。だが筆者の知る限り、誰も「三国人発言」と黒いシール事件とを結びつけて語ろうとはしなかった。

なお鹿島建設の栗原俊記・営業統括部長は、広報室を通して、「お話しすることは何もない」と返答してきた。石原慎太郎知事と浜渦武生副知事への取材申し込みは初め時間が取れないと断わられ、次に主な質問事項を列挙して文書なりの回答を求めたが、「回答いたしません」とするだけの連絡が、都知事本部政策部報道課から回ってきた。

第二章　タカ派の元同志を激怒させた無節操

「北朝鮮と戦争してでも連れ戻す」

訴　状

謝罪広告等請求事件
訴訟物の価格　１４、３４２、１００円
貼用印紙額　　　　７５、６００円

第１　請求の趣旨
１　被告は、原告に対し、朝日新聞、読売新聞、毎日新聞、産経新聞及び日本経済新聞の各朝刊全国版社会面広告欄に、別紙１記載の謝罪広告を同記載の条件で１回掲載せよ。
２　被告は、原告に対し、金１０００万円及び本訴状送達の日から支払済まで年５パーセントの割合による金員を支払え。（後略）

このような内容の訴えが東京地裁民事部に起こされたのは、二〇〇二年五月二十八日のことである。近頃では珍しくもない名誉棄損事件。ただ、原告が中山正暉《なかやままさあき》・衆議院議員で、被告が石原慎太郎都知事である点が異色であった。

中山・石原の両氏は、かつて自民党「青嵐会」の同志だった。一九七三年七月、国民道義の高揚や自主憲法の制定を謳《うた》い、後に農水相などを歴任し党総裁候補となるが八三年には怪死(自殺とされる)を遂げることになる中川一郎氏らを代表世話人とした党内タカ派集団。結成の際、衆参合わせて三十一人のメンバーが揃ってカミソリで親指を切り、血判を押して結束を誓ったエピソードが広く知られている。

ポスト小泉純一郎政権への野心が取り沙汰される昨今の石原氏は、一方で自民党の江藤・亀井派との蜜月関係を伝えられている。彼らのバックには中曾根康弘元首相が控え、その影響力は小泉首相の属する森派にも及ぶ。そんな関係もあってか石原氏は二〇〇二年六月、非核三原則見直し発言で窮地に陥っていた森派の福田康夫官房長官に激励の電話をかけ、核問題に関する資料を送ったという(六月六日の記者会見で福田氏自身が明らかにした)。

郵政相や建設相を歴任してきた中山氏はそして、他ならぬ江藤・亀井派の長老なのだ。にもかかわらず、石原氏は彼の被告となった。原告側代理人である三人の弁護士は、いずれも自由民主法曹団の会員。自民党の、いわば顧問のような立場の弁護士たちである。私的な喧嘩ではない形だが、オール自民党対石原氏の全面対決の構図でもないことも言うまでもない。派閥関係者たちはどこまでもノータッチの構えだ。

中山正暉氏はそれでも、石原氏を徹底的に攻撃するのである。

「石原慎太郎というのは虚飾の輩、安物のヒットラーです。チャップリンが『独裁者』という映画で演じた、あれと同じですね。自分を強く、格好いい男振りを世間に見せるためにはなら何でもする、空っぽな奴なんだ。しかし、だからこそ危険なんです。恐ろしい。彼と私は同じ昭和七年生まれで、すでに、七十歳の大台を超えた。同じようにタカ派と呼ばれてもきましたが、私はこの世代の責任として、戦争だけはいかんと思っています。彼は違う」

盟友同士の対立など、政治の世界では珍しくもない。それにしても中山氏の怒りの激しさをはじめ、訴訟に至る経緯や周囲の状況、その後の反応や展開は、どれも常軌を逸していた。

ねじれにねじれた政情を象徴する大ニュースは、しかし、ごく一部の例外を除いて、ほとんど一般に報じられてこなかった。中山氏によれば、「いくつもの新聞が取材に来たが、記者が原稿を書いてくれても、みんな没にされている」という。

中山氏が名誉棄損だと受け止めたのは、石原氏が『産経新聞』に連載しているコラム「日本よ」だった。ごく一部の例外とは同紙のことである。当事者ゆえに無視できなかったと見られる。

詳しくは徐々に述べていくが、背景には北朝鮮(朝鮮民主主義人民共和国)問題、とりわけ日本人拉致事件が横たわっていた。石原氏は〇二年六月五日に発売された米誌『Newsweek』韓国版の特集「日本〝国威の先鋒隊長〟石原が浮上」でも、「私が総理だったら、北朝鮮と戦争してでも(引用者注・拉致された人々を)取り戻す」と発言していたのだが、日本国内のマスメディアはまったくフォローしなかった。彼が具体的な対外関係に言及して戦争の意志を示した事実が一般に知らされるまでには、同誌の日本版が一週間後の六月十二日発売号で記事を再構成し、「忍び寄る「石原総理」の影」として同じ発言を引くまで待たなければならなかった。

大手紙では『朝日新聞』だけが翌十三日、石原発言をようやく記事にした。ただし北朝鮮の通信社が「暴言だ」と批判したことを報じる形にとどめていて、解説も論評もなかった。

何か異常な事態が、この国の深奥で進行しているのではないか。深層が簡単に突き止められるとは思えない。ただ政財官界に加えてマスメディアをも巻き込んだ大きな渦の中ないし意志の下で、石原慎太郎氏というキャラクターはある重要な役回りを演じているか、または演じさせられている、ように見える。中山氏の訴えを手がかりとして、石原氏という存在の意味を、少しでも明らかにしていきたい。

拉致疑惑の被害者家族と面会

北朝鮮による日本人拉致事件とは、少なからぬ数の日本国民が北朝鮮に拉致・拘束されている問題のことである。一九九五年版の『警察白書』が取り上げて以来、日本政府としての課題となった。中山氏は九七年四月、超党派で結成された「北朝鮮拉致疑惑日本人救援議員連盟」(拉致議連)および「日朝友好議員連盟」の会長に就任して、与党訪朝団の副団長、団長として非公式を合わせて合計八回、平壌を訪れ、交渉に当たってきた。

拉致議連発足当時は確証がなく、〝疑惑〟でしかなかった日本人の拉致が事実だったことを、現在では知らぬ者がない。二〇〇二年九月十七日、訪朝した小泉首相と金正日総書記とが「日朝平壌宣言」に署名し両国間に国交正常化に向けた原則が合意された際、金総書記が認め、謝罪した。十月には五人の生存者が帰国。日本国内での彼らの生活、その家族の将来が大きな話題になっていることも周知の事態だが、中山氏が石原氏を訴えた当時は、まだ何も明らかにはなっていなかった。

拉致〝疑惑〟について、北朝鮮は当初から「日本側のでっちあげ」とする姿勢を取り続けていた。中山氏の率いる与党訪朝団は、そこですぐに戦術を改めた。九七年十一月に次ぐ九八年三月末の訪朝では平壌での日本政府連絡事務所の設置や、日航機「よど号」乗っ取りグループの帰国促進などを提案し、まず国交正常化を果たした後に疑惑の解決に踏み込もうとする立場を採るようになった。この間の九七年暮れに行われた韓国の大統領選挙で新政治国民会議の金大中氏が当選。与野党の政権交代が実現し、新政権が対北朝鮮政策で、いわゆる〝太陽政策〟を打ち出したのを受けていた。

拉致〝疑惑〟に対する、これが中山氏の基本的な姿勢であり続けた。当時の『産経新聞』に掲載された一問一答が、彼の考え方をうまく伝えているので引用する。

〈――訪朝では国交正常化交渉再開の前提条件から拉致疑惑解決を切り離し、戦術転換したのでは

中山氏　解決のため知恵で対応しなければいけない。

――強く押すだけでは解決しないという意味か

中山氏　向こう(北朝鮮)を追い詰めても、決着のさせようがない。追い詰めて、「はい、分かりました」で出してくれるのか。〝証拠隠滅〟されたら何にもならない。特殊部隊を作って連れ帰るなんていうのは映画の「ランボー」だけの話だ。現実にはさまざまな知恵を使わないといけない。消息不明者を無事に親元に送り届けるための知恵だ。〉

(一九九八年四月四日付)

日朝国交正常化交渉はその後、しかしはかばかしい進展を見せなかった。九八年八月の「テポドン」発射事件や九九年三月に能登半島沖で発見された不審船に海上保安庁が威嚇射撃した事件、同時期の平安北道・金倉里《クムチャンリ》の地下核施設疑惑などを経て、それでも二〇〇〇年四月には七年ぶりの政府間交渉が再開されたが、平壌、東京、北京と三度の

会談が重ねられたところで事実上決裂したままの状態が、〇二年九月の小泉訪朝まで続いていた。二〇〇一年十二月には、鹿児島県の奄美大島沖で海保の巡視艇がまたも北朝鮮籍と見られる不審船を発見。銃撃戦の末に不審船が沈没するという事件も起きた。

〝拉致〟ではなく〝日本人行方不明者〟と呼んで北朝鮮側が約束した調査は、〇一年暮れには一方的に打ち切られていた。ところが〇二年春になると、日本国内の情勢が急激に動き出すのである。

三月十一日、警視庁公安部が拉致疑惑を担当する特別捜査本部を設置した。拉致に関与したという元「よど号」メンバーの妻・八尾恵《やおめぐみ》氏の証言を得たとして、それまで七件十人としていた拉致容疑案件を八件十一人に訂正した。

翌十二日、八尾氏は、これも「よど号」メンバーの妻・赤木恵美子被告が旅券法違反などに問われている東京地裁の公判に証人として出廷。八三年七月、英国ロンドンに語学留学していた元神戸市外国語大学生・有本恵子さん(当時二十三歳)をデンマークのコペンハーゲンに誘い出し、別の「よど号」メンバーと旧ユーゴスラビアの在ザグレブ北朝鮮領事館副領事の二人に引き合わせたと証言した。「よど号」のリーダーだった故・田宮高麿《たみやたかまろ》の指示だったといい、有本さんはその後、北朝鮮に連れて行かれたという。

前後して石原氏が表舞台に登場した。警視庁公安部が特別捜査本部を設置する直前の三月八日、石原氏は拉致事件の被害者家族らと面会している。「『北朝鮮による拉致」被害者家族連絡会」(「家族会」、横田滋会長)、「北朝鮮に拉致された日本人を救出する地方議員の会」(土屋敬之会長)、「北朝鮮に拉致された日本人を救出するための全国協議会」(「救う会」、佐藤勝巳会長)の三団体から日本政府や外国要人への働きかけなどの協力要請を受けたもので、面会後は都庁に隣接する京王プラザホテルで記者会見に同席。「政府よりもずっと頼りになると感じました」と家族が言えば、石原氏は胸を張った。「日本人が拉致され、覚醒剤も持ち運ばれ、若い人の精神を蝕《むしば》んでいる。これは戦争だ」

彼はそれまで、拉致〝疑惑〟の解明に直接乗り出したことがなかった。北朝鮮嫌いで有名で、著書などで刺激的な発言を繰り返しはしていても、拉致議連が発足した九七年当時は国会議員を辞職していたのだから、関わりようもなかった。

観念論や比喩的な表現が目立っていたのはそのためだろう。日米関係などについて積極的に発言しているアメリカ人企業家ビル・トッテン氏との日米安保条約をめぐるやり取りが、いかにもこの人らしい。

〈石原　ところが最近変わってきたのは、北朝鮮があゝいうテポドンを作り出した。僕はうっかり言ったんですね。あれならとにかく一発日本に打ち込んでもらいたい、と。どっか。それで(トッテンさんが住む)京都の金閣寺あたりに落ちて。また焼けて。

トッテン　あ、ちょっと京都じゃないよ。(石原知事の住む)田園調布(笑い)〉(『産経新聞』一九九九年八月十九日付)

拉致被害者の家族たちと会ったところで、都知事の立場で北朝鮮側と交渉できるわけでもない。ただし拉致〝疑惑〟に関する彼の発言は著しく増え、かつ従来以上に好戦的になっていった。『産経新聞』によれば——、

三月二十八日、首相官邸で小泉首相と意見交換して、「ある手だてを講じれば、人質が突然帰ってくることはあり得る」。〝手だて〟の具体的内容を質した記者団には答えを濁し、「外務省はできない。政治家がやるべきだ」とのみ述べた。四月十四日には陸上自衛隊第一師団と練馬駐屯地の創立記念式典で、「これ以上、私たちの同胞を危機にさらしてはいけない。北朝鮮は暴力化している。みなさんの崇高な使命を場合によっては果たしてもらいたい」と挨拶。前記の『Newsweek』での戦争発言は、こうした流れの延長線上にあった。

中山議員激怒の理由

問題の石原コラムも、この過程で書かれた。〇二年四月八日付『産経新聞』朝刊一面。〈敢えて先月に続いて、北朝鮮というテロ国家による日本への理不尽な侵犯について記したい。工作船による領海侵入どころか領土に不法上陸し多くの同胞を誘拐して運び去ったり、同じ工作船で多量の覚醒剤や麻薬を運びこみアヘン戦争の現代版として日本の子弟の精神や肉体を蝕み、その結果凶悪な犯罪を助長させている彼等の国家としての

行為。そして発見追跡されればロケット砲まで使って反撃し、あげくには証拠湮滅のために自沈してしまう禍々《まがまが》しい事実について、たぶん同憂の多くの読者たちといっしょに考えてみたい。〉

「この政治家たちの体たらく」と副題がつけられた「日本よ」は、このような書き出しで始まっている。石原氏は拉致疑惑の解明よりも過去の植民地支配に対する謝罪が先だとした社民党の辻本清美・衆議院議員をまず斬って捨て、次に中山氏を激しく非難してみせた。

〈さらに加えて私のかつての親しい仲間でもあった、日朝友好議員連盟の会長で拉致問題の委員長という中山正暉議員が、従来専門家間ではいわれていたことを証かしてよど号ハイジャック犯人の元妻が、指令を受け有本さんの誘拐拉致のために働いたと告白し、拉致事件の真相解明のための新しい段階を迎えたとたん、相手もあろうに有本さんの家族に電話して、これは日本人が日本人を拉致したのであって北朝鮮政府とは関わりないことだといったということには唖然とさせられる。（中略）

そういい渡すことで中山氏は何を目論んだのか。被害者の家族への恫喝《どうかつ》か、としたらそれにいったいどんな効果があるというのか。それとも加害者たるテロ国家への気配りか、としたら何ゆえのへつらいなのか。私はかつて彼が拉致問題で北朝鮮を訪れ帰国してからの、我々の期待を裏切る彼らしからぬ言動に疑義を抱いて訳を問うたことがあるが、「あんたが考えているほど簡単なものではないんだよ」、とにべもなく突き放されたことがあった。あの挿話と今回の言動とどう関わりがあるのか国民に代って詳しく聞きただしたいものだ。〉

拉致事件についてある程度の予備知識がないと、このコラムの意味はわからない。警察庁や防衛庁発の北朝鮮報道で他紙を圧倒する『産経』でだけ通じる文章だった。前記の有本恵子さんを指す「有本さん」も、この引用箇所で初めて、唐突に登場していた。

中山氏は激怒した。石原氏のコラムは事実を意図的に曲解し、過去の中山氏や訪朝団の努力をことさらに貶める効果を狙ったものだと断言する。

彼が有本さんの家族に電話をかけたのは、二〇〇二年三月二十日の朝だった。ただしその通話内容は、石原氏の記述とはまったく違っていたという。

「私はこう言ったのです。拉致といっても、北朝鮮の当局者が実行したケースと、日本人が実行したケースとは分けて対策を考える必要がある。お嬢さんは日本人の八尾恵が拉致したのだし、その命令も日本人から受けていたのだから、北朝鮮当局に否定される可能性が大きい。それでは救出も難しくなってしまう、と。北朝鮮とは関係ないだなんて、絶対に言いませんよ。日本人が手先に使われたにしても、北朝鮮当局の指示がなければできるはずがないのだから」

中山氏はもともと、有本さんのケースがまるで初めて明らかになった新事実のように扱われ、報じられていく様子に不自然さを感じていたと言う。八尾氏が最初に逮捕されたのは八八年五月。アパートの名義に偽名が使われていた「有印私文書偽造および行使」の容疑による別件逮捕だったが、北朝鮮と彼女との関係はその筋のいわば常識で、週刊誌などでも何度となく報じられていた。中山氏はそこで九七年十一月、与党訪朝団の副団長として平壌入りした際にも、代表者会議の席上、北朝鮮側に対して、有本さんのケースを指摘した経緯があったのである。

「交渉ごとだから公開していなかっただけでね。私たち与党訪朝団は有本さんを蔑《ないがし》ろにしたことなど一度もない。慎太郎君も「専門家間ではいわれていたこと」と認めているように、今度初めて出てきた話じゃないんです。そこで以前からわかっていて、北朝鮮とも交渉していた証拠に、私が平壌の代表者会議でその話をしているところを映した音声入りビデオテープを、あの日の夕方、公開することにした。自民党本部の七階七〇四号室。法務部と治安部の合同会議の場で、所属議員だけでなく、公安関係者やマスコミも全部呼んで。

有本さんのお宅に電話したのは、そのことを知らせて、よかったら見にいらっしゃいとお誘いするためでした。ご安心ください、ちゃんとやってますから、と。それが他の拉致被害者の家族たちと有本家を分断する工作だと受け止められてしまったのです」

中山氏のビデオは予定通りに公開された。が、ここでも大半のマスメディアは黙殺した。

いつまでも進展しない日朝交渉に、家族たちは業を煮やしていたらしい。彼らが石原氏に協力を要請することになったのはこのためである。間に入ったのは前出の「救う会」。支持を失いかけていた中山氏が、そこで有本さんの母親にこう問いかけたとする情報が流れた。

「救う会の幹部たちは元共産党員で中国北京派だ。家族の方々が彼らと一緒に行動するから拉致問題は解決しない。会と手を切り、自分と動けば、恵子さんに会わせてやる。自分をとるか、救う会をとるか」

「救う会」は二〇〇二年三月二十五日付で中山氏に公開質問状を送付。文書による回答を求めたが、中山氏は放置した。「こんなものは相手にしない。迷路に入っていくだけだ」というのが理由だった。

「自称愛国者が国を滅ぼす」

家族たちやその周辺の行動について、これ以上の深入りは避けたい。本書のテーマはあくまでも石原慎太郎氏だ。彼のコラムは、どのような結果をもたらしたのか。

とりあえずは中山氏の怒りである。今をときめく人気者に「恫喝」「へつらい」と書かれれば、タカ派で鳴らしてきた彼の支持者は動揺するに違いない。しかも地元である大阪四区は無党派層が多数を占める大都市部で、流動性の高い選挙区だった。中山氏は右翼団体にも狙われるようになった。コラムを契機に大阪市内の自宅が幾度も街宣車に取り囲まれ、「おーい中山、お前はいつ腹を切るんだ」などと、大音響で罵詈雑言を浴びせられた。「殺す」と書かれた血判状が投げ込まれる。油をしみ込ませた布が自宅前の道路に残されていたことも。精神的苦痛に耐えかねた夫人は倒れてしまった。

事実関係についての両者の食い違いはすでに指摘した。中山氏の怒りの感情的部分をそのまま聞いてみる。

「体たらくとはなんだ。なぜ辻本さんを引き合いに出す必要があるのか。私と彼女とでは政治的な立場も実績もまったく違う。それをことさらに重ね合わそうとする書き方は卑劣ではないか」

「一衣帯水の隣国北朝鮮とのみ国交のない状態は、わが国安全保障上の重大な問題だ。私は当時の小渕恵三首相と野中広務官房長官に頼まれ、この機会にかねて懸案の解決を図るべしとの使命を与えられて、この問題に懸命に取り組んできた」

「その私を侮辱した慎太郎君は、口こそ達者だが、そもそも彼が北朝鮮との国交問題でも拉致疑惑でも、解決に向けて何か行動したことがあるか。ない。都知事選に出た時はかつての所属政党に平然と反旗を翻した。こんな無節操な男に〝体たらく〟などと非難される謂われは私には断じてない」

「『日本よ』などと愛国者ぶってくれるが、国を滅ぼすのは常に自称愛国者だ。国家のために働いているように見せながら、総理大臣の椅子を狙っているのが慎太郎君だ。そもそも日本の若者に堕落の端緒を提供したのは、彼の『太陽の季節』ではなかったか」

……


保守陣営内部での石原氏批判の、こうした論理は一つの典型かもしれない。もちろん石原氏には再反論の権利も機会もあるのだが、筆者と編集部の問い合わせに対する都知事秘書からの連絡は、ここでも「回答いたしません」というものだった。

当事者である中山氏からも、石原氏は逃げ続けたという。件のコラムが『産経』に載った二〇〇二年四月八日当日、早速電話をかけた中山氏は、都知事秘書に「検査入院中なので対応できない」と言われたそうだが、実は休暇をとって伊豆の自然療法を謳う温泉クアハウスで静養していたことが判明している。

そのクアハウスの五月一日付会報。

〈4月8日から、6日間、東京都知事の石原慎太郎先生が断食にいらっしゃった。平成7年6月に初めて御来所されてから、6回目の断食である。（中略）今回は、SPのSさん（引用者注・原文は実名）とともに3人で、桜の里、大室山一周コースを2回散歩したが、慎太郎先生は40歳代の偉丈夫のSP氏や、毎日、ジョギングして鍛えている筈の小

生より、ずっと速く急坂もスイスイと歩いて登られる。その体力に脱帽。〉

中山氏はその後も懸命に連絡を取ろうとしたが、一カ月余りにわたって、石原氏本人が電話に出てきたことは一度もなかったという。自宅では居留守を使われたそうである。

それでいてテレビ番組には出演し、「(中山は)文句があったら出てくればいい」と挑発を繰り返す。都庁まで出かけて門前払いを食わされるわけにはいかないと、中山氏は考えた。

五月十五日、参議院国会等移転特別委員会。参考人としての発言を終え、委員会室から出てきた石原氏を、中山氏は待ち構えた。この時の一部始終を捉えたビデオ映像を入手したので再現してみる。

「いいかげんなことを書くな」

「俺は(日朝交渉を)一人でやったんとちゃうぞ」

と大声で詰め寄る中山氏に、石原氏はほとんど無言。表情がこわばっている。異変を察して報道陣が大勢やってきた。みんな興奮している。彼らのカメラをなぎ払っているのは浜渦武生副知事だ。

話し合いに適当な部屋がなかなか見つからない。それでも記者会見場らしい部屋を確保。二人を残して外に出た関係者たちまでもが口論を始めた。

「都議会サボッて伊東の温泉か」

「ウチは国を売ってないから」

「なにを。よう言うわ」

二十分ほどして二人が部屋から出てきた。中山氏は前記のような怒りを石原氏にぶつけ、今になって総理の座を狙おうとする人間が、どうして九五年に国会議員を辞めたのかと質していたという。

エレベーターに乗り込む石原氏の背中に、中山氏の身内から罵声が飛んだ。

「母親の命、返してください。オフクロが倒れました。うそつき」

この異常な一幕も、けれど報じたマスメディアはほとんどなかった。新聞では一部のスポーツ紙だけが、「あわやつかみ合いとなるケンカをした」(『日刊スポーツ』二〇〇二年五月十六日付)と伝えていたのにとどまる。

対北朝鮮強硬論から核武装論へ

中山氏は拉致問題から手を引いた。三月二十六日に国会内で会見し、日朝議連と拉致議連の両会長職を辞職すると発表。拉致議連はこれを受け、議員連盟そのものを解散した。

「あんなに誠心誠意、一生懸命にやってきたのに。有本さんのお母さんが、娘を拉致したという八尾恵と一緒にテレビに出て、仲良く笑ってるのを見ちゃうとねえ。不思議というか、なんだか薄気味が悪くなってきた。私が実行犯ですと証言した八尾がなぜ逮捕されないのか。拉致問題はかなり前から知っている人は知っていたし、与党訪朝団以前の政府間交渉でも調査を申し入れてきたことなのに、なぜ平成七年になって突然、『警察白書』に載ったのか。日朝交渉を実際にやっていた私にして、疑問はいくらでも出てくる。

そう思い始めたら、なんだかものすごい世界大戦略のすそ野が見えてしまったような気がします。拉致を利用している勢力がどこかにあるんだね。それは公安かアメリカか、あるいは中国なのか。対立を激化させて、いつかどこかの国がバンとアジアで叩いた時に、日本人がみんなで拍手するような状況を作っておくための準備なのかなとも思う。そのためには石原慎太郎君のような存在を祭り上げておくことが必要で、逆に和平派、穏健派は邪魔になってきた……」

いわゆる〝陰謀史観〟に近いような考え方を、中山氏のような立場の政治家がするようになっている。対北朝鮮強硬派には〝親ピョンヤン〟と揶揄され、右翼からは国賊呼ばわりだ。が、彼の思想信条が以前と変わったわけではない。

二〇〇〇年五月、当時の中山正暉建設相は、徳島市の吉野川可動堰計画をめぐる地元市民団体との対話に際して、「二度の逮捕歴がある人もいる。日本の国を潰そうとして走り回って逮捕された人と、どうして話をしなければいけないのか」と発言したことがある。タカ派を貫いている彼は、しかし近年、中学生時代の戦争体験を思い出す機会が多い。

「私が大阪の旧制生野中学に通っていた頃、近くの生活保護世帯のための病院に直撃弾が落ちたんです。それで学校で棺桶を作りました。カマキリというあだ名の工作の先生と一緒に、棺桶を。

私の親父も政治家でしたが(中山福蔵・元衆・参議院議員)、粛軍演説で有名な斎藤隆夫の味方をしたために、大政翼賛会に入らず、昭和十七年の選挙で落選した。大臣にも政務次官にもなれずに終わりました。演説しようとすると、サーベルを下げたお巡りさんが止めに来ましたね。戦争に反対する者の息子ということで、私まで学校でいじめられました」

〝八尾証言〟を機に、この国の中枢が北朝鮮を見る目は過去に例がないほど厳しくなった。マスメディアの世界では、たとえば朝鮮人を強制連行して戦地に赴かせたり従軍慰安婦として働かせた戦前戦中の日本軍の行為を、議論の俎上に乗せることも難しい状況である。軽々しく戦争を口にするスタイルも、ひとり石原慎太郎氏の専売特許ではなくなってきた。

拉致議連の解散を受けて、〇二年四月二十五日には超党派の「北朝鮮に拉致された日本人を早期に救出するために行動する議員連盟」が発足した。拉致〝疑惑〟を人権問題である前に国家主権の侵害と捉えた、略称「新拉致議連」である。

新拉致議連の初代会長は石破茂・衆議院議員(自民党)。やがて小泉訪朝の直後に組閣された第二次小泉内閣で、四十五歳にして防衛庁長官の要職を射止めることになる彼は、石破二朗・元自治相を父に持つ世襲政治家で、趣味は戦車のプラモデル作り。かねて過激なタカ派として知られていたが、新拉致議連を率いて間もない五月にも、衆議院憲法調査会の「基本的人権の保障に関する調査小委員会」で、「徴兵制は違憲でない」旨を強調して話題になった。

「日本においては、徴兵制は意に反した奴隷的苦役であるとして憲法違反であるとの意見がある。しかし、国を守ることが奴隷的苦役であるような国ならば、国家に値しないと考えるが、いかがか」(議事録より)

幹事長に就任した西村眞悟・衆議院議員(自由党)もまた、西村榮一・元民社党委員長の四男という世襲政治家で、石破氏同様、徴兵制の導入が持論である。九九年十月には週刊誌で核武装を叫び、防衛政務次官を辞任に追い込まれた。お笑いタレント・大川豊との対談だった。

〈「核とは「抑止力」なんですよ。強姦してもなんにも罰せられんのやったら、オレらみんな強姦魔になってるやん。けど、罰の抑止力があるからそうならない」

「だからボク、社民党の(集団的自衛権に反対を唱《とな》える)女性議員に言うてやった。「お

前が強姦されとってもオレは絶対に救ったらんぞ」と」〉(『週刊プレイボーイ』一九九九年十一月二日号)

新拉致議連を強力にプッシュしてきたのは安倍晋三・内閣官房副長官である。当初は陰の立役者的な存在だったが、五人の拉致被害者の帰国を羽田空港で出迎えたのを契機に、俄然、目立つ行動をとるようになった。被害者家族たちの信任が厚く、「家族会」が窓口を彼に一本化するよう小泉首相に働きかけた結果と伝えられるが、岸信介・元首相を祖父に、安倍晋太郎・元外相を父に持つ、これまた世襲政治家のタカ派ぶりも並大抵ではない。有事関連法案の国会審議が大詰めを迎えていた〇二年五月十三日、早稲田大学での講演で「核兵器の使用は違憲ではない」と発言した問題が記憶に新しい。

〈「憲法上は原子爆弾だって問題ではないですからね、憲法上は。小型であればですね」〉

〈「大陸間弾道弾、戦略ミサイルで、都市を狙うというのは駄目ですよ。都市を狙うというのは駄目ですけど、日本に撃ってくるミサイルを撃つということはですね、これはできます。そのときに例えば、これは日本は非核3原則がありますからやりませんけども、戦術核を使うということは昭和35(1960)年の岸(信介)総理答弁で、違憲ではない、という答弁がされています。それは違憲ではないのですが、日本人はちょっとそこを誤解しているんです」〉

〈「ただ、法律論と政策論は別ですからね。できることを全部やるわけではないですから。（略）法律では相当できることを広くしておいて、政策としてはその中の選択肢をその時その時の状況の中で選択することになるんだと思うんですがね」〉

これは『サンデー毎日』〇二年六月九日号が掲載した講演内容の一部である。同誌の取材によれば、岸首相の答弁は「核武装」だったが、内閣法制局はこれを「保有は憲法違反ではない」と解釈しているとの見解で、安倍・副長官は「使用という表現をしましたが、それは保有という意味で言ったまで」と語っていること、大陸間弾道弾（ＩＣＢＭ）は自衛目的といえども保持が認められないとする防衛庁長官の国会答弁が残されているなどの事実が明らかにされている。

前記の石破発言はこの安倍発言の十日後、また本章の冒頭で紹介した福田康夫官房長官の非核三原則見直し発言は、さらにその翌日のことだった。

彼らにとっての仮想敵国は、明らかに北朝鮮である。拉致〝疑惑〟が金正日体制による現実の謀略事件であったことが白日の下に晒された現在、そして彼らの対北朝鮮強硬姿勢は、長引く不況などで閉塞感を抱いている大衆の琴線に触れるようになっていった。

当選三回の若手でしかなかった安倍官房副長官は、たちまち近い将来の首相候補に躍り出た。〇二年末には女優の菊川怜さんやサッカーＪリーグの宮本恒靖選手らとともにベストドレッサー賞まで受賞して、とりわけ女性人気が凄まじい盛り上がりを見せているという。また第二次小泉内閣の顔ぶれを報じた組閣翌日以降の新聞各紙は、徴兵にまつわる石破・新防衛庁長官の発言や持論をまったく報じなかった。ある全国紙の幹部は、筆者の疑問に対して、こう答えたものである。

「新拉致議連の会長をしていた石破さんを入閣早々批判できるはずがないだろう。拉致事件の情報から締め出されるおそれがあるから」

これだけのコメントですべてを決めつけるわけにはいかない。それにしても、彼のような人物がまさに軍事力を掌握するポストに就くことができ、そのことの意味どころか客観的な事実そのものさえも一般に伝えられないでいるような事態は、これまでの戦後社会では考えられなかった。

戦争や核や徴兵が平然と語られるようになっていく過程で、石原慎太郎という人がどれだけの役割を果たしたのか、数値化することはできない。だが少なくとも彼は、まだはっきりしたことは何も証明されていなかった段階で、メディアなどを通して人々の北朝鮮に対する嫌悪、いやここでは憎悪を煽りたて、戦争してもよい、すべきだとの空気を充満させていたことだけは間違いないのだ。小泉訪朝以降の国内世論は、だからこそここまで単純化され、燃え上がったのである。

マーラ騒動をめぐるプチ・ファシズム

石原都知事が君臨する東京都庁でも、一連の動きに先がけて、小さな、どこか可笑しげで、しかし戦慄すべき事件が起こっていた。ファシズムとはどのようにして形成されていくものなのかをよく示しているエピソードなので紹介したい。

都議会にも日朝友好促進東京都議会議員連盟がある。やはり超党派の同議連が橋渡しをして、東京と平壌の動物園が、過去十年来、〝日朝親善大使〟と名づけて動物を寄贈し合ってきた。九三年にはカラシラサギが東京へ。九七年にはシママングースが平壌へ。そして二〇〇一年は、野うさぎにも似た南米原産のマーラというテンジクネズミ科の動物が上野動物園から平壌に贈られる予定だったのだが――。

語るのは都庁関係者である。

「動物園を所管する建設局の幹部が、土壇場になって難色を示し始めたんです。シママングースの時には全面的に協力した同じ幹部たちが、突然」

理由は明らかだった。この間に都知事に就任していた石原氏の北朝鮮嫌い。動物のプレゼントなどに手を貸したら、後でどんな処分を受けるかもわからない恐怖。プラス、次のような伏線もあったそうである。

「連合(日本労働組合総連合会)が二〇〇一年からメーデーを五月一日に実施しない方針を決めたので、共産党系の全労連(全国労働組合総連合)が代々木公園の当日の占有許可を申請してきた。知事の共産党嫌いを忖度《そんたく》した周辺が「公園の補修工事を口実に不許可にせよ」と指示してきたが、まともな役人にそんなことはできません。建設局の幹部は許可を出すしかなくて、早くほとぼりが冷めないかと怯えていたのです」

まさに最悪のタイミング。建設局幹部らは日朝議連の都議たちに頭を下げて協力拒否を告げた。

困り果てた都議たちは、ウルトラCを捻り出した。都内大田区の某ペット会社に埼玉県内の動物園からマーラのつがいを購入してもらい、議連がこれを買い受けた。北朝鮮との取り引き実績がある運輸会社が動物の輸送を渋ったため、日朝議連の事務局長を出している都議会民主党都議団政策調査会事務局の職員らが車で新潟港まで運んで、船に託したという。

「何も都知事が命令してきたわけじゃない。だけど下の者が勝手に上を慮《おもんぱか》って、それまでなんとか仲良くやろうと考えていた相手との関係を、簡単に断わってしまおうとするんです。人はこうして権力に操られていくのでしょうか」

関係者が悄然としていた。彼によればマーラの代金は三二万六〇〇〇円。輸送費は五万五八二一円だったという。

第三章　台湾海峡で危険な火遊び

太田記念館に託された日中友好の夢

真っ直ぐに伸びた木々の葉が、風にそよいでいる。立っているだけで汗が吹き出てくる猛暑も、その敷地内にまでは及んでいないように見えた。

杉並区久我山、東京都太田記念館。鉄筋コンクリート造り二階建て、延べ床面積約一九〇〇平方メートルに四十一人分の個室が用意された公営施設だ。中国人留学生向けの宿舎として一九九〇年四月に開設され、二〇〇一年度まで北京市長の推薦を受けた中国人学生らに利用されてきたのだが、このほど入居の応募条件が大幅に緩和された。

都生活文化局の荒川満・文化振興部長が語る。

「二〇〇二年七月から北京以外の都市から七人の留学生を受け入れています。ソウル三人、台北二人、バンコク一人、ジャカルタ一人。今日の社会情勢や東京都周辺の状況を見ました時に、北京、中国との友好関係も確かに重要ですが、アジア全体との交流を深めていく必要があると考えました。石原慎太郎都知事が提唱し、二〇〇〇年十月に発足した「アジア大都市ネットワーク21」の参加都市出身の留学生たちを対象にしていく意向です」

時代は変わったのだと言う。とすれば意義深い話題だろうに、都は格別の発表を行わなかったし、都庁詰めの新聞やテレビの記者たちが独自に報道することもなかった。

実は太田記念館には、これだけで片づけられてはならないはずの事情があった。建設当時の時価で三十億円にも見積もられた用地を無償で都に寄贈した人物の遺志である。

故・太田宇之助氏(一八九一—一九八六)。八三年十月に記された、彼自身の手になる「寄贈の趣旨」全文を示しておく。

〈私は半生を専ら中国関係に献身して参りました。大学在学中、孫文氏の下に中華革命軍海軍総指令王統一の秘書として渡華し、袁世凱が皇帝たらんとする野心を打倒するための第三革命に従軍した経歴を持ち、新聞記者としても孫文氏に親しく接して参った者で、斯《か》る経験者は日本人として恐らくただ一人の残存者と思います。

現職時代は常に多くの中国留学生と交わり、また救援の手を差しのべました。よって生涯最後の企てとして現住の土地・建物及び中国関係を主とする一般に利用し得べき蔵書のすべてを含めて東京都に寄贈し、都の手によって地内に中国学生の寮舎を建造して頂き、日中友好の実践に資したい念願であります。〉

すべてはここに語り尽くされている。あえて補足するなら、孫文の革命軍は日本の元海軍兵を多く雇っていたため日本人秘書を求めていたこと、文中の〝新聞記者〟とは戦前の朝日新聞で北京特派員や論説委員などを歴任した太田氏自身の職歴を指していること、等々だろうか。

戦中戦後を問わず、太田氏は〝中国留学生の父〟と呼ばれ続けるほど彼らの世話をした。長女である縫田《ぬいた》曄子《ようこ》氏によると、自宅は常に留学生たちに開放されていて、彼らに留守宅を守ってもらっていた時期さえあったという。終戦直後には将校たちの住宅用に洋館を手当していたGHQに接収されかけたが、留日中国学生総会の尽力などがあって、難を免れもした。

「まだガスが通っていなくて不便だったのが、接収されなかった本当の理由だったような気もするのですけど(笑)。戦前の留学生たちの多くが戦後は大陸には戻れず、台湾に渡っていかれました。七三年に台湾に招待された父は、そこで昔の留学生たちの大歓迎を受け、嬉し涙を流したそうです」

そのような思いの末の、太田氏の自宅土地建物の寄贈であった。贈与契約の成立は八四年十月。家族たちも莫大な資産の相続を放棄した。

用地は無償でも、これだけの施設の建設費用、運営費が少額で済むはずもない。このため紆余曲折があり、結局は当時の鈴木俊一都知事が、前任の美濃部亮吉《みのべりょうきち》都政の遺産である北京市との友好都市交流事業に乗せる形で実現にこぎつけた。

太田氏が亡くなった翌八七年に旧住居の解体、着工と運び、八九年秋に竣工した。総建設費は約七億円。存命中に亡夫の夢の実現を見届けたいと、栄子夫人はこの間に転居して、開館式にも出席することができた。

会館の運営は財団法人・アジア学生文化会館に委託された。低廉な家賃と素晴らしい住環境を兼ね備えた太田記念館は、全国の留学生寮の中でも最高の条件だ。入居審査も厳しいが、単なる宿舎ではない、寄贈者の遺志に沿った、日中間の学生親善、交流の場であり続けようとする日々が積み重ねられた。

〇一年度末までにここを巣立った中国人留学生は二九〇人に達した。

骨抜きにされた夢

一九九九年四月、石原慎太郎氏が都知事に就任した。衆議院議員時代の九〇年に米誌『PLAYBOY』(十一月号)のインタビューで「南京大虐殺は中国の作り話」と発言したのをはじめ、かねて中国嫌いを公言していた人物の登場に、太田記念館の関係者や学生たちは漠とした不安を抱いたという。

都職員の大規模リストラが断行され、福祉が切り捨てられていく。太田記念館もいきなり石原都政の財政再建路線の一環に位置づけられた。関係者が振り返る。

「石原さんが知事になって間もなく、都は運営委託費の大幅削減の方法を模索し始めました。都立大学の留学生寮にして所管ごと移してしまおうとか、いろいろなプランが持ち上がりましたが、どれも難しく、結局は生活文化局の担当のまま、運営委託先を競争入札で募集し直そうという話になったのです。二〇〇〇年の秋頃までには内々で決定されていました」

中国や北京という枠組みは、この過程で取り払われた。八九年度から続けられていた北京市との職員の相互派遣事業も、知事本部作成の資料「国際化に関する各局の取組状況」によると、〇一年度には消滅している。前年度までは毎年のように先方からの職員の受け入れがあり、太田記念館は彼らの宿舎にもなっていたのだが、石原都政の下では、そのような役割の必要性もなくなったということか。

早くから石原知事が口にしていたアジア大都市ネットワーク21（ANMC21）構想はすでに二〇〇〇年八月、東京、デリー、クアラルンプール、ソウルの四都市による共同提唱の形が採られており、この流れに乗せないことには太田記念館の存続自体が危ぶまれるとの判断があったとされる。なおANMC21とは「二十一世紀をアジアの世紀に！」を旗印に、〈アジアの大都市が、具体的な事業を共同で実施することにより、大気汚染など都市問題の解決や、産業の振興・育成といった大都市共通の課題に取り組んでいくことを目的とした、新しい都市間ネットワーク〉（「広報東京都」二〇〇一年十月号）で、この他に台北、バンコク、ジャカルタ、シンガポール、マニラ、ハノイ、ヤンゴン、北京の合計十二都市が参加している。

浜渦武生副知事が久我山の太田記念館まで視察に行くと言い出した時には、関係者全員が慌てた。第一章で紹介したような彼の過去や都議会での評判が一部に伝わっていたために、トラブルの発生が怖れられたためだったが、実現しなかった。

太田記念館には学生自治会がある。リーダー格の盧叡氏に振り返ってもらった。

「広くアジア全体で交流することの意義は理解できます。僕たちの視野はそんなに狭くありません。実際に東京都の持ち物になっているのだから、最終的には仕方ないかなとも思う。北京以外からも留学生を受け入れたからには当然、歓迎会もやったし、大いに仲良くしています。ただ、僕は都庁の人に何度も言いました。あなたたちのやり方は酷すぎる、どうして太田先生のご遺族にきちんと納得していただけるだけの手順を踏まないのですか、と」

遺族である前出の縫田氏は多くを語りたがらない。そこで盧叡氏ら複数の関係者の証言を総合すると、東京都は彼女に対し、太田記念館を寄贈者の遺志に反して中国人留学生だけのための宿舎でなくすることについて、正式な相談や連絡を試みたことは一度もなかった。

都の意向はアジア学生文化会館を通じて、あるいは元女性副知事らの個人的ルートを経由して、縫田氏に伝わった。正式な話し合いではないという理由で彼女が反論しないでいると、何もかもを一任したことにされていたという。

それでも縫田氏は、ようやく〇二年の二月初め、高橋信行・東京都生活文化局長との会談の約束を取り付けた。ところがその二週間以上も前、一月十八日付の『東京都公報』は、すでにこう伝えていたのである。

〈東京都太田記念館管理規則(平成二年東京都規則第二十五号)の一部を次のように改正する。

第一条中「東京都・北京市友好都市交流事業の一環として、」を「東京都と別表第一に掲げる都市(以下「アジア諸都市」という。)との友好促進のために」に改める。

第二条第一号中「中華人民共和国」を「アジア諸都市」に改め、「であって、中華人民共和国北京市長の推薦を受けたもの」を削り、同条第二号中「北京市」を「アジア諸都市」に改める。……〉

「別表第一」には、前記ANMC21参加都市のうち東京を除く十一都市が列挙されていた。その上で実現した縫田氏との最初の話し合いの場で、都の高橋局長は、「これは決定です。中国からの留学生五〇、他のアジア諸都市からの留学生五〇の比率にする」と繰り返したという。ややあって都側は、二度にわたって「太田記念館の運用方針(案)」なる文書を発行する。二月十九日付の文書には、次のような記述もあった。

〈今回の変更は、開館以来12年目の実績の上に立って、さらに発展させるため、初めて行われるものである。(中略)変更に当たっては、太田記念館設置の趣旨・目的が損なわれることのないように運用方針を明確にし、新たな運用方針による留学生をできるだけ早期に募集するとともに、在館生が留学生としての本分を発揮できるように、都とし

ても十分配慮する。〉

決定済みだとした政策に〝案〟もない。実際、努力目標以外は公報の内容を追認したにすぎなかった。〇二年三月には予定通りに委託業者の競争入札が行われ、民間企業に運営が任されることになった。四月に担当の部課長が、七月には生活文化局長が異動していった。

縫田氏は結局、都の太田記念館に対する新しい運用方針を全面的に拒むことをしなかった。訴訟などで争う道も選ばず、とりあえず初年度の一部妥協だけを認めて、来年度以降についての話し合いは先送りにしている。

縫田氏は呟いた。

「私は石原都知事が部下に命じてやらせたことだとは考えていません。大袈裟に騒ぎ立てられるのも嫌です。ただ、父のことを思うと、とても残念なのです」

見事な半生を送ってきた女性である。ＮＨＫ初の女性ニュース解説者、美濃部都政で自治体初の女性局長(民生局長)。その後も国立婦人教育会館初代館長、財団法人・市川房枝記念会理事長、総理府男女共同参画審議会会長などを歴任して今、彼女は古巣である東京都と、こんな形での相対を強いられている。

「共産中国」への嫌悪と「親台」の変質と

石原慎太郎氏は中国を罵倒し続けてきた。前述の「南京大虐殺は作り話」はすでに十数年前の発言だが、政界を引退した九五年から四年間のブランクを経て政治の世界へ返り咲き、〝石原待望論〟がマスメディアを賑わすようになった近年のエスカレートぶりは凄まじい。

「支那は六つの国に分裂すべきだ。台湾もそのひとつ」

「日本はこのままだと主体性を喪失して何人だかわからなくなる。中国に吸収されてチベットみたいになるかもしれない」

「（北京市との友好姉妹都市は）前の知事の時の決定でしょ。俺は知らないよ。副知事が行けばいいんじゃないの」

九九年春の都知事選に立候補した直後から、彼の発言は中国人たちを憤激させていた。選挙戦の終盤にはジャーナリストの莫邦富氏や蔣豊・『日本新華僑報』編集人ほか二十六人の在日中国人個人・団体・法人が、名指しを避けつつも「私たちの懸念と期待」と題した共同声明を発表し石原氏の言動が日中の友好関係を損なうことに対する不安を投げかけ、彼の当選後には中国外務省の報道官が「中国国民の感情と中日関係を損なう、はばかることのない言論に憤りを覚える」と述べた。「香港教育専業人員協会」（香港最大の教職員組合）など香港の三団体が日本総領事館にデモをかけ、当時の小渕恵三首相宛に善処を求める公開書簡を提出する事態まで起こった。

華僑・華人社会に詳しいジャーナリスト・和仁《わに》廉夫《ゆきお》氏の『歴史教科書とナショナリズム』（社会評論社、二〇〇一年）に掲載されている訳文によると、同書簡は石原氏の中国蔑視に対する強い懸念を表明。彼の態度が日本の軍国主義を復活させるようなことがあれば敢然と立ち向かい、心ある日本国民や世界の人々にその危険を訴えるとして、次のように結ばれていた。

〈首相閣下、私たちは閣下が石原慎太郎先生の（中国批判の）言説を自制させ、再び中国人の感情を損ねることがないよう、切に要望する次第です。〉

今後は支那とは呼ばないと、石原知事も一度は引いてみせた。が、殊勝な姿勢は長くは続かなかった。

「支那はいくつかの小国に分裂すればいい」（二〇〇〇年四月、ドイツの週刊誌『シュピーゲル』のインタビューで）

「彼らは他国のパテントを堂々と盗む。WTO（世界貿易機関）に入る資格はない」（二〇〇二年六月六日、在日米国商工会議所の講演会で）

「支那」はいつの間にか復活した。かの「三国人」発言はもちろん、韓国・朝鮮人だけでなく、中国人も対象にしていた。

あからさまな差別意識を綴った文章も書かれた。警視庁の科学捜査研究所で聞かされ

た話とかで、殺した相手の顔の皮を剝いで身元の確認を遅らせる手口の殺人事件を例にとり、

〈やがて犯人も挙がったが推測通り中国人犯罪者同士の報復のためだったそうな。しかしこうした民族的DNAを表示するような犯罪が蔓延することでやがて日本社会全体の資質が変えられていく恐れが無しとはしまい。(中略)この件に関して中国や他の外国政府の積極的協力なぞ有り得まいから、将来の日本社会に禍根を残さぬためにも、我々は今こそ自力で迫りくるものの排除に努める以外ありはしまい。〉(石原「日本よ／内なる防衛を」『産経新聞』二〇〇一年五月八日付)

一方で石原氏は、同じ漢民族の後裔が住む台湾への親愛を強調する。九九年十一月には二千人以上の死者を出す大震災に遭った台湾を訪れ、李登輝総統(当時)、馬英九・台北市長とそれぞれ懇談して、台湾を国家として認める見解や、台北市との友好都市関係締結に前向きに取り組む姿勢などを示した。

李登輝氏は翌二〇〇〇年五月に引退し、激しい選挙戦を経て民進党の陳水扁氏が新総統に当選した。蔣介石以来、国民党政権が続いてきた台湾では初めての政権交代。就任式に石原氏は出席し、この時も「(台湾が独立を目指せば武力行使も辞さないという)江沢民主席はヒトラーの言っていることと同じだ」と述べていた。北朝鮮の日本人拉致事件については事実関係が立証されていなかった頃から再三再四、「私が総理だったら戦争し

てでも取り戻す」と繰り返してきた彼自身の発言との整合性が、どうにもわからない。

李・前総統との懇談も陳・新総統の就任式への出席も、いずれも一介の私人としてではない、都知事の身分を前面に出しての行動である。一九七二年の日中共同声明や七八年の日中平和友好条約を原則にせざるを得ない日本政府の立場を無視した格好だったから、それぞれ青木幹雄・官房長官(当時)や河野洋平外相(同)らが火消しに努めた後日談もあった。

中国と台湾に対する石原氏の態度の差が、とりあえず政治体制の違いに起因していることは間違いない。彼はかつて、自民党内の反共タカ派集団「青嵐会」の幹事長を務めていた。東京都とは友好都市同士の関係にあるのに北京市に冷淡な理由を都議会で問われて、「私が嫌いなのは北京市じゃない、北京の政府、共産主義が嫌いなんです」と答弁したことがある(二〇〇〇年九月二十六日の定例会)。

台湾海峡には、なお根深い対立が残っている。だが現在の中台関係、あるいは台湾国内の政治情勢は、東西冷戦の時代とは様相を異にしている。東海大学平和戦略国際研究所の元教授で、自民党きってのアジア通でもあり、中国・台湾双方ともに議員間交流を自ら積極的に行っている武見敬三・参議院議員が語る。

「八〇年代後半以降、台湾は明らかに変わりました。国民党という政治的アクターの骨格はそれまでと同じでも、そのポリシーは〝とにかく反共〟から、〝まず現状維持〟

になっていった。民主化も推進されましたね。

日本国内の親台派も、この過程で変質していきます。岸信介・元首相ら六〇年代までの第一世代は何よりも反共だった。青嵐会など第二世代の人たちも、彼らの強い影響下にありました。ところが次の第三世代は、台湾の民主化につれて、民主主義的な価値観に対する共感を優先するようになったのです。反共というより反天安門事件の感覚。小林興起、中川昭一といった人たちですね。そんな時に李登輝さんが現れた。新しい時代の台湾を彼は体現し、それでいて政治基盤は国民党政権のままでしたから、日本側の親台派としては、李さんを窓口にしていけばよかったのです」

民主化されていく台湾で、李登輝・前総統は、国号である「中華民国」を「中華民国在台湾」と称することで、台湾本土化を推し進めるイデオローグとしての相貌をあらわにしていく。台北郊外出身の本省人(中国大陸から戦前までに渡ってきていた漢民族およびその子孫)である彼は、農業経済のテクノクラートとして出発し、蔣経国総統に乞われて国民党入りした人物だ。やがてその後継者となり将来の中国統一を願う国民党の旗を降ろすことなく、しかし本省人らしい「台湾優先」主義も隠さずに、大陸中国との違いを強調するという折衷主義を使い分けていった(若林正丈『蔣経国と李登輝』岩波書店、一九九七年など)。

一方で石原氏は武見氏の言う第二世代に属している。自ら古いタイプの反共思想を隠さない。建前とは裏腹に台湾独立を夢見ている李登輝氏の心情と、その点で惹かれ合ったものか。武見氏の分析はこうである。

「第二世代の親台派には、アジア主義的な思想が第一世代よりも強まっていた傾向があります。日米同盟の下で反共の砦として台湾を捉えるだけでなく、独自の日本外交を展開する場として、あの地域を考えるわけですね。石原さんは震災直後に訪台するというシンボリックな行動を通して、そのアジア主義という価値観における日本の位置づけといった部分で李登輝さんと共鳴したのだと思います」

どういうことか。台湾や中国をめぐる石原都知事の言動は、そして何を意味し、いかなる事態をもたらしていくのだろうか。

二二八平和紀念公園にて

台湾総統府に向かって「凱《ケ》達《ダ》格《カ》蘭《ラン》大道」と呼ばれる大通りが伸びている。ここは台北市の中心だ。大日本帝国台湾総督府だった時代の面影をそのまま残している歴史的建造物の正面右手に広がる公園の一角に、「台北二二八紀念館」は立地していた。

太平洋戦争が終わり、台湾が中国に復帰して間もない四七年二月二十七日夕刻、台北市内の盛り場で闇タバコを売っていた寡婦が外省人(戦後、大陸から移住してきた漢民族)の取締官に銃床で殴られた。取締官が群衆に発砲して一人を死亡させたのを契機に、市内は騒乱状態に陥る。翌二十八日には抗議デモをしていた民衆が憲兵に機銃掃射され、暴動が台湾全土に飛び火した。当時の陳儀・行政長官はいったん懐柔姿勢を示したが、大陸からの増援部隊が三月八日に到着すると、徹底的な弾圧を進めた。犠牲者の数は今なお判然としない。国民党政府の行政院(内閣に相当)による九二年の報告によれば、死者総数約一万八千人から二万八千人——。

現在に至るまで台湾社会に暗い影を落とし続ける、これが二二八事件である。いわゆる省籍矛盾(本省人と外省人との間に横たわる溝)や多様な先住民族らが織りなし繰り広げてきた、複雑で深刻な対立構造が凝縮された悲劇だった。やがて共産党の戦いに敗れ逃亡してきた蔣介石の国民党政権が八七年まで三十八年間に及ぶ戒厳令体制を敷き、暴力機構による恐怖政治を続けていく、二二八事件はその嚆矢であった。

二二八紀念館を囲む公園の、池のほとりに紀念碑が立っている。碑文は事件がタブー視されていた過去を嘆き、こう結んでいた。

〈今後、彼我を問わず一体となって相互扶助し、誠意を尽くし、恨みをなくし、永遠の平和の起点としたい。宝島(引用者注・台湾島のこと)に天の佑助があり、永久に栄えんことを。〉

陳水扁・現総統が台北市長を務めていた一九九七年に、この紀念館は正式に開館した。目的は犠牲者の慰霊と、多くの台湾人の心にしみ込んだトラウマの克服、および未来への糧とすることである。凱達格蘭という通りの名前もこのあたりに居住していた先住民族の呼称を採ったもので、これもまた陳市長時代にそれまでの介寿路（蔣介石の長寿を祈念して命名）から改称されたものだった。

複雑すぎる社会構造が、しかし一朝一夕に解決されるわけもない。この碑文にしろ、書き直されたものだった。〝和解〟を強調した最初の文章は、なお外省人を許せない人々によって引き剝がされていた。

平和の起点にと願いつつ、事件の性格上、二二八紀念館も外省人に厳しい視線を向けている。一七世紀以降の台湾の支配者を辿るパネルで、スペイン、オランダ、鄭氏（明朝の遺臣で台湾に亡命政権を樹立した鄭成功のこと）、清国、日本に続いて「中華民国」と記されていたのが興味深い。李登輝総統が登場する八八年まで、蔣介石・蔣経国の親子二代による独裁政権は、大陸中国の国民党に統治されていた時代だったという理解なのである。

紀念館では年配の、流暢な日本語を話す台湾人ガイドが案内してくれた。外省人たちの暴虐を示す写真や新聞記事などのパネルを説明しながら、彼は力を込めた。

「日本の統治下にあった時代はよかった。台北の都市機能は後藤新平さんが作ってくれたのです。戦後、台湾人はその恩を忘れて大陸の人間を歓迎しました。差別され裏切られて、こんなふうにされました」

ごくごく大雑把に、現在の台湾には国家としての正式な独立を望む独立派が三割、中国との統一派がやはり三割、後の四割は現状維持派で、現状維持派のうち、もし中国からの武力侵攻がないことが保証されれば、その大半が独立に傾くと言われる。とまれ、統一か独立かをめぐる志向は、民族や世代、階層によって縦横のモザイク状に細分化されるのだが、ガイド氏はある世代以上の独立派の典型であるように見受けられた。

石原氏の〝変節〟

戦前の日本語教育を受けた台湾の一部の人々が、日本統治時代を懐かしむ発言や行動をとるようになって久しい。蔡焜燦氏や許文龍氏、彭榮次氏といった企業家を中心にしたグループが代表格だ。故・司馬遼太郎氏が九三年から九四年にかけて『週刊朝日』に連載し単行本化された『街道をゆく／台湾紀行』(朝日新聞社)と漫画家の小林よしのり氏が二〇〇〇年に発表した『台湾論』(小学館)の現地コーディネーター役を彼らは果たし、李登輝氏への取材にも一役買っていた。

〈「日本の若い人達に『日本のことを』わからせる必要がある」〉

〈「日本が台湾にやったことというのは、実は一つの重要なストーリーでね」〉

〈「つまり台湾がもし日本の領土にならなかったら、今の台湾は海南島以上にひどい場所だったろうとみんな言うでしょう……」〉

『台湾論』には、たとえば李登輝氏のこうした言葉が大きく取り上げられている。日本名「岩里政男」として京都帝国大学の農業経済学科に学び、学徒出陣で千葉の高射砲部隊で見習い士官をしていた頃に終戦を迎えたという経歴と台湾の民主化を進めた功績を持つ彼を、『台湾論』は「日本精神《リップンチェンシン》の継承者」「元日本人であり、純粋な「公」の精神を宿す男」だと称えた。そこから導かれていく主張、日本軍による従軍慰安婦の強制連行はなかったなどとする言説がモザイクの別の層に猛反発を受け、やがて作者である小林氏の入国拒否にも発展した騒動が記憶に生々しい。日本統治時代への関心の高まりは、支配していた側の日本国内では「新しい教科書をつくる会」をはじめとする〝大東亜戦争肯定論〟への若者たちの高い支持をもたらし、また台湾への日本人観光客を大幅に増やしもした。

台湾ブームの火付け役たちは、ストレートに蔡焜燦氏らのルートに結びついたわけではない。彼に司馬氏を紹介したのは産経新聞の吉田信行・台北支局長(当時)であり、『台湾論』には在日の台湾人評論家で台湾政府の国策顧問も務める金美齢《きんびれい》氏が案内役として登場している。

金美齢氏は一九五〇年代から続いている在日台湾独立派の中核メンバーだ。日本学術振興会の森宣雄《もりよしお》・特別研究員によれば、彼女は〝日本の植民地支配に寄生した台湾の旧勢力〟と一括りにされがちな層の出身では必ずしもないらしく、かつては日本の台湾人に対する搾取や虐殺を激しく攻撃していた。態度を一変させた理由とその影響を、森氏は次のように推論している。

〈日本にアジアのリーダーになってもらい中国の覇権主義を阻止する、台湾はそのサポートをする。中国に対してアジアで唯一対抗できるカード、潜在力を豊富に有している日本を台湾の独立のために活用し、それを台湾の対中外交カードに役立てようとする戦略である。〉

〈金のすべてをカード化する戦略論は、日本の保守主義者たちを植民地主義者としてあらためて鍛えあげる効果を呼び起こしている。すなわち表面上従順にみえる植民地人／奴隷たちに騙《だま》されることの恐怖に取り憑かれた植民地主義者たちは、一方で騙されるものかとさらに鞭をふるい、もう一方は自分たちは騙されない者、理解者なのだとつぶやきながら、騙されない／覆されない支配の安定を求めてにじり寄りつづける。〉（森宣雄『台湾／日本――連鎖するコロニアリズム』インパクト出版会、二〇〇一年）

『台湾論』に代表される日本のメディア状況は、そして都知事に就任して以降の石原慎太郎氏の言動と軌を一にしてはいないか。台北の事情通やマスコミ関係者の話を総合すると、小林よしのり氏らと同様に、石原氏もまた、日本語世代の独立派による対日工作の影響を受けている可能性が高いという。

特に彭榮次氏の名前が挙がった。李登輝・前総統の側近中の側近と言われる彼は、原子力発電所や新幹線など台湾の巨大プロジェクトを日本企業が受注するたびにその活動が取り沙汰される人物である。ただし彭氏への取材は叶わなかった。

司馬遼太郎氏の『台湾紀行』に〝老台北《ラオタイペイ》〟の愛称でしばしば登場する蔡焜燦氏には会うことができた。〝台湾のシリコンバレー〟こと新竹市で半導体のベンチャー企業を経営している彼は、石原氏を礼賛していた。

「二度ほどお会いしたことはあるんだが、直接のお付き合いはないんです。俳優の石原裕次郎のお兄さん、青嵐会のイメージが強い。あの頃は台湾人、というより蔣介石を支持していた感じです。台湾の歴史には光と影があるけれど、日本の方は光の部分しか見てくれていなかったから。

でも、最近の石原さんはガラッと変わりました。きっと、すごく勉強されたのでしょう。私は右翼とか左翼とかはどうでもいいんです。国を愛しているかどうかが大切だ。靖国神社に参拝したり、尖閣諸島に乗り込んでみたり。堂々としていて立派ですよね。私は慎ちゃんに武士道を見ています。日本にはもう、彼しかいないんじゃないかな」

沖縄・八重山諸島の北方に浮かぶ尖閣諸島には海底油田の存在が囁かれ、日本と中国、台湾の間で領有権争いが絶えない。後に核武装発言で防衛政務次官を追われることになる西村眞悟・衆議院議員がその中の魚釣島に上陸して見せた九七年五月、石原氏も母船で付近まで同行していた。知名度の差から、一般には石原氏が主役のパフォーマンスだと記憶されているが、実際に危険を冒したのは西村氏の方だった。

もちろん日台中の関係は一筋縄ではいかない。蔡焜燦氏への取材では、同席していた社団法人台湾安保協会の黄昭堂理事長が、少しだけ首を傾げた。黄氏は一九五八年に東京大学に留学し、長く日本で学究生活を送ってきた学者である。

「石原さんは頼もしくていいんだが、尖閣諸島だけはいじらないでほしいんです。だってあれは、本当は台湾の領土なんですから。あまり日本のものだと言われると、台湾としても騒がざるを得なくなる。そしたら日本は共通の敵だということで、台湾と中国が心理的に近くなってしまうじゃないですか。実効支配している日本が一番強いんだし、もしも石油が出てきたら、みんなで分ければいいんです(笑)」

台湾問題も台湾の人々も、その複雑さは想像を絶している。まだしも平和な戦後史を送ってきた日本人には手に余る。それだけに一部だけを取り出して拡大すれば、どのような結論を持ってきても一〇〇%の誤りにはならない。特定の層にとっての真実は必ず含まれることになる。

小林氏の『台湾論』は、単純化が甚だしかった。司馬氏の『台湾紀行』にしても、作家のエッセイとしてはそれでよいのかもしれないが、政治的な意味を持つ事象が情緒的に描かれすぎた点は否めない。彼らのような形では表現しなかった石原氏は、では強大な影響力を持つ政治家に相応しい思索や呻吟に基づいて行動していると言えるだろうか？　その時々の時流に乗ってかつての植民地の歴史の襞《ひだ》を弄《もてあそ》び、無邪気な火遊びをしているだけではないのか？

彼は青嵐会の幹事長だった。反共を旗印にした彼らは、田中角栄政権での日中国交正常化以降も親蔣介石、親台湾を貫き続け、だから石原氏の今日の立場もある——と、一般には信じられているようだ。

事実はやや異なっている。一九七二年九月、田中角栄政権で日本と中華人民共和国の国交が回復し、日台条約は失効。福田赳夫政権で中華人民共和国との平和友好条約が採択された七八年の国会本会議で、それまでの主張通りに反対の意思表示をした青嵐会メンバーは衆議院で浜田幸一、林大幹《はやしたいかん》、中山正暉の三氏であり、参議院では源田実、玉置《たまき》和郎《かずお》の両氏だけだった。

中山氏が述懐する。

「本会議に先立つ外交委員会での採決の時、石原慎太郎君は私の前の席にいましてね。「正暉さん、日中に賛成するのは今しかないよ」と私を振り向いて言い放ったかと思うと、すっくと立ち上がって賛成起立したんです。驚きました。後に書かれた自分の本では、この話を日中航空協定の顚末にすり替えて書いている。彼は私やハマコー（浜田幸一氏）に負い目があるものだから、歴史をねじ曲げてしまうんですよ」

石原氏は同志たちを裏切ったのだった。もう一人の有力な証言者になり得る浜田氏には取材を断わられたが、彼の著書『石原慎太郎くんへ　キミは「NO」と言えない』(ぶんか社、一九九九年)は、まさにこの事実を基調に、指導者としての石原氏の資格を問うていた。

〈いよいよ、外交委員会で日中平和友好条約を採決するときが来た。中山くんは反対の意思表明をしていたので、国対委員長三原朝雄も官房副長官森喜朗も慌てた。福田総理も園田外相も手を合わせて頼んだ。その時青嵐会の同志石原慎太郎は「賛成するときはいましかない」とつぶやいて中山正暉以外の全員自民党から共産党まで、すっくと立ち上がった起立多数のなかに長身の彼の姿もあった。(中略)

石原くんは本会議を棄権した。

国民に選ばれた国会議員が、二国間の友好条約を決定する場に出席することなく、賛成・反対を表明しないことが正しいことであろうか？　それは国民の判断に任せるしかない。だがしかし、ひとつだけ許せないことがある。

石原くんはあらゆる場において「NOといえる日本になりたい」といっているけれど、それではなぜ、血判まで求めた青嵐会幹事長の彼が、本会議に上程される前の外務委員会において、日中友好平和条約に起立賛成したのだろうか？〉

蔡焜燦氏にこの話を伝えて感想を聞いてみる。彼はやや当惑したように言った。

「中国と付き合うのはいいですよ。ただ、(田中)角さんに対しては、五十年も歴史を共にした台湾を見捨てるなんてと、恨み、憤りもありました。石原さんも日中に賛成していたのですか。それは知りませんでしたが、それも仕方なかったのではないですか。世界の流れだったのだし、バスに乗り遅れてもいけなかったわけだから」

なお蔡焜燦氏は、日本の新宗教「生長の家」の教えに深く共鳴しているとも語っていた。一九三〇(昭和五)年に創設された「生長の家」は唯物論の対極にある唯心論(あらゆる事物は心の変現したもので、ただ人間の精神のみが真の存在だとする思想)を教義とし、戦時中に開祖である谷口雅春氏が「心がしっかりしていれば、銃弾など当たらない」と全国を行脚して回っていたこと、戦後は数多くのタカ派政治家の支持母体であり続けていることなどで知られている。

台湾・中国での石原評

蔡焜燦氏らの他にも、台北ではさまざまな立場の要人たちに石原都知事についての意見を聞くことができた。一部を記録しておきたい。

最大野党・国民党の連戦主席。陳水扁体制が確立された二〇〇〇年三月の総統選挙で、ポスト李登輝の最右翼として出馬しながら大差で敗れたのは、当時の国民党主席・李氏が裏で同じ本省人である陳氏の応援に回ったためだったとされている。

——日本の保守化、右傾化についてどのように捉えているか。

「保守化は冷戦後の世界的な傾向です。日本は自由民主国家であり、多元的な社会ですから、さまざまな価値や観念を自由に主張できますし、民族の伝統を重んじるのも自然の流れでしょう。第三の道を許さない欧州の右傾化に比べたら、日本のそれは、まだ穏和なものだと思います」

——ただ、石原知事は欧州の極右政治家とやや異なり、インテリ層の支持があると言われ、首相待望論さえ浮上しています。台湾との関係でも独立派との繫《つな》がりがあり、戦前の植民地支配を肯定していますが。

「日本人がどのような人を首相に選んでも、私には何の意見もありません。石原さんには一度だけ会ったことがあります。私が行政院長で、彼は国会議員でした。『「NO」と言える日本』を書かれた頃で、中華民国に対する関心が深く、支持してくれているという印象でした。しかし、それ以上に接触することはありませんでした」

——台湾と日本の歴史を、どのように総括しておられるか。また大陸との両岸関係については。

「第二次世界大戦から半世紀以上が経過しましたが、すべての過去は、許しても忘れてはならないと思います。これが基本です。

中国はいずれ統一されなければいけません。現在の国民党の考え方ははっきりしていますから、いずれ政権を取り戻せば、両岸関係には大きな変化がもたらされるでしょう。

台湾と日本とは経済・文化の関係が密接で、知識層が関心を持ってくれるのはありがたいことです。最も重要なのは安全問題です。厳しい対立は避けなければなりません。集団的安全保障の考え方で特定の国を敵視しないことが大事です」

落ち着いた語り口が印象的だった連戦主席だが、台湾取材を終えて一カ月後、台北からこんなニュースが流れてきた。テレビのトーク番組に出演した彼にキャスターが「あなたの友人の李登輝（前総統）さんですが」と水を向けたところ、「彼は私の友人なんかじゃない」と突き放したという。〈連氏の発言は総統選の〝おん念〟が晴れない心中を表したといえる〉と、『毎日新聞』（二〇〇二年八月十四日付）が書いていた。

統一派の重鎮である梁粛戎・海峡両岸和平統一促進会会長に取材を求めると、錚々《そうそう》たるメンバーによる座談会をセッティングしてくれた。石原氏に直接関わる発言は多くなかったが、その人気に象徴される日本の空気を深刻に受け止めている意見が相次いだ。

王作榮・前監察院院長「中国には膨大な資源があり、日本には先進的技術と豊富な資本がある。双方が協力すれば脅威などあり得ない。数十年後に中国が強大になることを恐れるアメリカが脅威を煽っているのではないか。台湾三百数十年の歴史を辿っても、独立の実績はない。中国人同士が戦わずに済むためには、時間はかかっても統一しか道がないのだ」

林郁芳・立法委員（国会議員に相当）「日本の極右・軍国主義者の台頭を恐れている。

南京大虐殺や慰安婦の存在を否定したり、核保有を認める福田(康夫)内閣官房長官の発言などの延長線上に、中国は六つに分裂すればよいなどとの石原発言がある。台湾の与党政治家の態度も姑息で、日本の軍国主義者、新自由主義者らに誤りを正当化させてしまっている」

許介鱗・台湾大学名誉教授「私は東京大学で丸山眞男先生に政治学を、小林直樹先生に憲法学を学んだ。血を流してこその独立、中国と戦争しても独立を勝ち取るのだという発想を日本の右翼はしたがるということも知っている。そうした考え方に洗脳されているのが李登輝だ。石原知事の女性蔑視も酷い。こんな男が日本の首相になったら大変だ」

梁粛戎「中共は毎年数十万人の留学生をアメリカや日本に送り、民主的生活に馴染んでいる。台湾からは企業の進出などで何十万人もの人々が上海に住んでいる。一般の民衆は自然に大陸を向いている。日本も韓国も台湾も同じ漢字を使う。われわれはアジアの隣国で引っ越しはできない。平和安定で共存していくことが大切だ」

改めて指摘するまでもなく、中華人民共和国の石原都知事を見る目はより警戒的だ。北京市にある中国社会科学院日本研究所では、日本の右傾化、ナショナリズム高揚をテーマに共同研究が続けられている。来日中の崔世廣・高級研究員に会うと、痛烈な石原論、日本人論が返ってきた。

「石原さんはどこまでも日本人の優越性を叫びたいのですね。私たちは極端な民族主義者として認識しています。近代以前の東アジア文化の中心だった中国に何かコンプレックスでもあるのかと感じてしまいます。八〇年代以降の発展が凄いものだから、恐怖を感じてしまったのではないですか。対中国の文脈で台湾を見下しつつ利用し、さらにアジア全体を対米、対西洋の道具にしたがっている。そのくせ和だとか家族だとか、日本の価値観しか知らない彼の発想は、どこまでも戦前の大東亜共栄圏なのですよ。

アジアはひとつだなどと言いながら、どうして中国だけは世界の覇権を求めているなどと思うのでしょう。中国もアジアなのですけれども。そもそも彼は、中国の歴史についての知識もありません。六つに分かれろなどと言ってくれますが、中国は昔から多民族国家なのですよ。石原首相待望論は日本の不正常な現状における国民心理の反映。彼自身は以前と何も変わっていません。日本国民が変わったのです」

崔研究員の私見に全面的に与《くみ》したいとは思わない。けれども石原都知事のために日本中が強大な隣国の知識人にわざわざこんなふうにまで受け止められて、少しでもよいことがあるのだろうか。

台北市の女性局長に示した不快感

一九九九年十一月十四日、台北・中山北路の晶華酒店《リージエント・ホテル》。震災の見舞いに訪台してきた石原都知事と馬英九市長との会談には、龍應台・台北市文化局長も同席していた。

かねて石原氏の言動に違和感を抱いていた龍局長は、彼に自著『百年思索』(台北・時報文化出版、二〇〇二年)を手渡した。

「私はあなたの歴史観に異議があります。どうか私の考え方も知ってください」と彼女は言い、ぜひ伝えたい部分に黄色い付箋を付けておいた。たとえば次のようなくだりである。

〈日本に謝罪を要求するのは、狭隘《きょうあい》な民族主義の問題ではなく、普遍的な歴史罪責の問題である。(中略)李登輝の人権価値への尊重は人後に落ちないと信じるが、彼の反中共と親日の枠組みの中で、人権価値が知らず知らずのうちに萎縮して見えなくなってしまい、三千万人の犠牲は〝個人の恩讐〟とされて、歴史は再び提起する必要のない昔のこととなってしまった。〉

せつな、龍局長はなんとなく嫌な感じを受けた。細かな内容をその場で話したわけではないのに、石原氏は渋面を作ったという。

龍局長の回想。

「女のお前がどうして俺に対等の口をきくのか、という態度でした。彼は男性中心主義者で、女性と平等の立場にあることに慣れていないのではないかと思いました。日本が改めて信用を勝ち取る上で、アジアでも重要な位置を占める都市である東京都知事の役割は重大です。歴史を否認せずに真正面から受け止める、石原さんには責任があるはずなのですが」

三カ月後、台湾のテレビ局が東京で石原都知事のインタビューに成功した。台北で放映されたその映像を見て、彼女はショックを受けたという。あの女局長は反日的で無礼だ、馬市長にはよく監督するように言っておけ、という意味の日本語を、彼は話していた。

「私は礼儀を尽くしたつもりでしたし、反日のつもりもありませんから。だって、あの日は、石原さんに反発する人たちのグループがホテルの前に百人近くも詰めかけて、卵を投げつけようとしていたんです。彼の見方に反対するのは自由だけど、公務で訪れてきてくれた人にそんな非礼なことはしないようにと、私はマイクで彼らを説得してから石原さんに会ったのですよ。東京と台北で芸術家や作家の交流をしませんかと持ちかけた覚え書きに対する返事もありませんし、私の本を読んでくれたわけでもないと思います。それなのに、どうしてあんなことを言われなければならないのか」

筆者は卵を投げつけようとした群衆の中にいた人々や、地元のマスコミ関係者の話などを聞くことができ、ある程度の事情がわかった。群衆の中心は大陸中国との統一を求める政治団体と、蔣親子支配の時代に弾圧された左派の運動家たちだった。もともとの官僚ではなく著名な作家・評論家で、その実績やアメリカ、ドイツなどでの長い海外体験を買われて馬市長にスカウトされた龍局長は、彼らを説得する際、大要こんな表現をしたらしい。

「私も本当ならあなた方の側にいるべきだと思う。でも、今の私は市役所で石原さんをお迎えする立場。わかってください」

その時のシーンが、当日夜のテレビで流れていた。石原氏はその映像を台北の宿舎かどこかで見、周囲の人々に何らかの説明を受けるなどして、彼女を中国に近い統一派と見なした可能性も大きい。

龍局長はいわゆる統一派とは一線を画している、ただ自由を愛する自由人なのですと、周囲の人々は口を揃えた。もしかしたら中国も台湾も、あるいは資本主義も共産主義も実はあまり関係がなく、彼女のそのような人間性こそが、最も石原知事の癪《しゃく》に障ったのかもしれない。

日本の植民地でも何でもない台湾の馬英九市長が、彼の命令口調に従うこともあり得なかった。龍局長に示された嫌悪の真意を石原都知事本人に確かめたかったが、取材申し入れは、またもや拒否された。

第四章　社会的弱者への冷たいまなざし

「ババァが生きているのは悪しき弊害」

〈「これは僕がいってるんじゃなくて、松井孝典がいってるんだけど、〝文明がもたらしたもっとも悪しき有害なものはババァ〟なんだそうだ。〝女性が生殖能力を失っても生きてるってのは、無駄で罪です〟って。男は80、90歳でも生殖能力があるけれど、女は閉経してしまったら子供を生む力はない。そんな人間が、きんさん、ぎんさんの年まで生きてるってのは、地球にとって非常に悪しき弊害だって……」〉

石原慎太郎都知事のこのような発言が女性週刊誌に掲載されたのは、二〇〇一年十月末のことである(『週刊女性』二〇〇一年十一月六日号)。特段のテーマもない一問一答形式のインタビュー記事で、今や人類は滅亡に向かって突き進んでいるなどとした話題の流れだった。

前後して彼は、都の福祉局が政策立案の参考にする目的で設置している「少子社会と東京の福祉」会議でも同趣旨の熱弁をふるっていた。都政専門紙『都政新報』(十月二十六日付)によれば、この時は次のような表現がなされたという。

〈「この間すごい話をしたんだ、松井さんが。私は膝をたたいてその通りだと。女性がいるから言えないけど……。本質的に余剰なものは、つまり存在の使命を失ったものが、生命体、しかも人間であるということだけでいろんな消費を許され、収奪を許される。特に先進国にありうるわけだ。でね……、やっぱりやめようか（笑）。あれが実は地球の文明なるものの基本的な矛盾を表象している事例だな」〉

一連の発言は強い反発を招いた。たとえば東京・小金井市議会が知事に反省を求める決議を行い、自由法曹団東京支部幹事会や都庁職員労働組合執行委員会、国際婦人年連絡会などが抗議を申し入れた。

都議会でも質問が出た。石原氏はこの際、「発言の片言隻句をとらえて都合よく断じるのは共産党の古来常套手段でファッショ的なデマゴーグ以外の何物でもない」と反駁《はんばく》（二〇〇一年十二月十二日定例会）。寒村の姥捨て山伝説を描いた故・深沢七郎氏の小説『楢山節考』まで持ち出し、「年とった女の人が、他の動物の生存の仕方に比べれば、かなり横暴な存在であるという表現の、実は逆説的な一つの証左」と語って、むしろ前言をエスカレートさせている（二〇〇一年十二月十一日定例会）。

だがなぜか、一般紙やテレビはこの問題に触れても、踏み込んで取り上げようとはしなかった。そこで事実関係が周知されるまでには時間がかかり、都内在住・在勤の女性ら約四五〇人が知事答弁を受けた公開質問状を連名で提出したのも、半年後の〇二年六月になった。

――（男女共同参画社会基本法や東京都男女平等基本条例の条文などを挙げて）あなたの一連

の発言は、国の法を遵守し、かつ東京都の条例を実施し推進する立場にある東京都知事としての責務に反していると私たちは考えますが、いかがですか。

――これらの発言は、女性に対して子どもを産むものとしてのみ存在価値を認め、閉経後は生きる価値がなく、生きているのは罪であるとする重大な女性差別発言であり、「言葉による暴力」だと私たちは考えますが、これについてあなたはどう思われますか。

――私たちは、これらの発言の撤回と謝罪を求めます。撤回し謝罪する意思がありますか。また、公の場で釈明する意思がありますか――。

回答はなかった。いや、回答しないという返事だけがありましたと、事務局を務めた中野麻美弁護士は語る。

「絶対に許せません。石原さん個人が何をどう思おうと自由です。しかし公人が公人の立場で、公人として言ってはならないことを発言した事実が放っておかれるなら、それはすでに民主主義ではない。暴力はますます助長されてしまいます。

彼は権力をバックにメディアに露出し、反論の機会が与えられることのない他者に対する個人的な悪感情を根拠もなく広めることで、大衆の社会的偏見を煽り誘導している。その政治手法は言論の自由とは明確に区別されなければなりません。一見わかりやすいのは論理的でないからで、他人の生命を勝手に云々しながら、理を尽くした議論に入らせないやり方は卑劣です」

中野弁護士らは石原発言についての確認作業を重ねている。彼はいずれの場でも、「これは松井(孝典)さんの見解」との前置きを述べていた。惑星物理学を専攻する東京大学教授。東京MXテレビでの対談で聞いたとの都議会答弁だったのでビデオを取り寄せ検討すると、松井教授はその番組『東京の窓から』で、次のような話をしていた。

現在の人類だけがなぜ、一万年もの間にわたって繁栄してきたのか、という話題で、

「実は、現生人類だけが持っている生物学的特質によるのかもしれないんですよ。脳の中の。それはふたつあると言われていて、ひとつは「おばあさん仮説」というんだけど。現生人類だけがおばあさんが存在する。おばあさんっていうのはね、生殖年齢を過ぎたメスが長く生きるってことです。普通は生殖年齢を過ぎるとすぐ死んじゃう。哺乳動物でも、猿みたいなものでもね。(中略) これがいろいろな意味で人口増加をもたらすんですよ」

おばあさんがいると、その経験が生かされて次世代の出産がより安全になる。生まれた子の世話もしてくれるので、次の出産までの期間も短くなる、だから人口が増えるという。番組では十分に語られていなかった因果関係も、松井教授の講義録などで突き止められた。

番組編集の過程でカットされた部分の内容は不明だし、わかったところで意味もない。松井教授が少なくとも公には人類を繁栄させた要素として肯定的に捉えているらしい

「おばあさん」を石原知事は逆説的に、腐った文明を生き永らえさせた罪作りな存在と解釈したのか、首都行政の長として、その生命を否定したのだった。

公開質問状を提出した女性たちの声を拾ってみる。とりわけ中年以上の人々の怒りは凄まじかった。

「私は閉経しているので子どもを産む〝能力〟を持たない〝有害なババァ〟ですが、これまで一度も、自分が〝無駄〟だと思ったことも、思わされたこともない。ところが石原都知事によって、〝生きていてはいけない人間〟だと全否定されたような衝撃を受けました。生殖能力を基準に女性が選別されていることに深い恐怖を覚えます。こうした優生思想は彼の根幹を成している思想であり、都民の暮らしを支援する都知事としては不適格です」

「私は五十六歳の会社員で非婚、子どももいません。都知事の発言が人々にどのようなメッセージを伝えることになるのか、少しは真面目に考えてみてもらいたい。出口のない不況や就職難で将来が見えなくなってしまった時代、〝親父狩り〟や野宿者の襲撃に見られる一部の若者の暴走の矛先は、高齢者や女性、子どもたちにも向かいつつある状況です。石原発言はそれを助長、いえ煽動するものでさえあると思うのです」

「政治家や権力者が人間を安易に分類するのはとても恐ろしい。それはすべての差別に繫がるからです。人は他者の生存の意義にまで踏み込むべきではないと、石原さんと同じ一九三二年生まれの私は考えます。人はそれぞれに生まれてきた意義を持っていて、それを見つけるために生きていると思うのです」

「知事がインタビューや会議の席で、ニヤニヤしながら言っているのかと想像すると、憤りはもちろんですが、あまりのことに力が失せてしまうようにも感じます。女性の存在を根底から否定する発言です。彼自身が歪んだ人間形成をされてきたのではないですか。松井某などと他人の言葉を借りた形で自分の責任を回避しようとする言い方も卑劣ですね」

「なんと破廉恥な人だろう。そんな人を知事に選んだなんて、都民の一人として恥ずかしい。今は怒りと馬鹿馬鹿しさはもちろん、同時に深い哀しみのような感情が、ずっしりと重く、心の奥深くに沈んでいる感じがしています。五十九歳になる私もまた、すべての人々が少しでも生きやすい社会にしたいと考えて、自分なりに活動してきた者です。石原発言に、私のそんな人生も冒瀆されてしまいました」

公人が発言の責任を他に転嫁することはできない。公開質問状への回答を拒否された彼女たちはこの間、「石原都知事の「ババァ発言」に怒り、謝罪を求める会」を結成。集会などを開いて会員の意思を確認し、〇二年十二月には一一九人が石原氏本人を相手取り、発言の撤回と謝罪、一人につき十一万円、総額約一三〇〇万円の損害賠償を求める訴訟を東京地裁に起こした。

中野弁護士によれば、石原知事は明らかに職権を濫用して罪もない女性を深く傷つけた。人格権の侵害が争点になるという。

東京女性財団はなぜ廃止されたか

公開質問状への回答を拒否したのとほぼ同じ頃、石原氏は幻冬舎から『老いてこそ人生』と題したエッセイ集を上梓している。わずか三カ月足らずで六十万部以上を売り上げるベストセラーになった。あとがきにこうある。

〈老いを迎え討ち、人生の成熟の時代をさらに成熟させて、人生という劇場の決して短くはない最後の幕をたっぷり味わっていくためには、人生の経験を重ねてきた人間としての意識を構えて、老いをしっかりみつめて味わうことだと思います。世にいろいろ味わい深いものもありますが、自分自身の老いていく人生ほど実は味わい深く、前後左右を眺めれば眺めるほど面白く、味わい深いものはないのです。〉

同じ表現の多用が気になるものの、石原氏が人生における〝老い〟というものをどう考えているのかはよく伝わってくる文章だ。それだけに〝ババァ発言〟との落差が理解できない。

それにしても石原氏には、この種の差別的な言動が多すぎる。二〇〇〇年四月の、いわゆる〝三国人〟発言。その前年九月、都知事に就任して半年後の、府中市にある重度身体障害者の施設を視察した直後の記者会見での発言も記憶に新しい。

「ああいう人ってのは人格あるのかね。つまり意思持ってないんだからね」

普通なら公職を追われかねない暴言を繰り返しつつ、石原氏はそれでも致命傷を負うことがない。ばかりか、彼の女性観、人間観は、そのまま都政に反映されてきた。

小皇帝の発想がいかにして政策に移されていくのか。一つの典型的パターンを、二〇〇二年いっぱいで解散に追い込まれた東京女性財団の顚末に見ることができる。

女性財団の廃止を東京都が最初に打ち出したのは二〇〇〇年十一月、「監理団体改革実施計画」に盛り込まれていた。六十二団体のうち十五団体を統廃合するという大規模計画だが、このうち廃止を宣告されたのは二団体だけ。特に女性財団の二〇〇〇年度中すなわち四カ月以内の廃止方針は、政府の男女共同参画社会への取り組みが急がれていた時期だけに、いかにも唐突に映ったが、実はシナリオ通りの成り行きだったと言ってよい。

佐藤洋子・元東京女性財団理事長（東京ウィメンズプラザ館長、元朝日新聞編集委員）が語る。

「石原都政になっても、初めのうち大きな変化はありませんでした。ただ九九年度の末、ある出版社に編集を委託していたセクシャル・ハラスメントの本の校正段階で、都庁の担当者が字句の一語一語について細かいチェックを入れてきたことがあります。変だなあと思っているうちに、イベントに招く講師の人選やテーマにも口を出してくるようになった。やがて「ジェンダー」という表現がご法度にされてしまいます。

女性財団を廃止したいという都の意向を、私は公表の一、二カ月前に伝えられました。担当の生活文化局長とも何度も話し合いましたが、財団は役割を終えたので年度内につぶすというだけで、とても納得できるものではありません。これは財政改革などではなく、要するに思想への攻撃なのだと考えるようになるまで、さほどの時間はかかりませんでした」

東京女性財団は九二年に設立されている。美濃部亮吉都政時代からの懸案が二十年近い歳月を経て実現した同財団は、男女平等社会の実現を目指して各種の啓蒙・支援活動を行うほか、女性団体の活動拠点である東京ウィメンズプラザの運営・管理を都から請け負うなど、女性をめぐる思想領域のシンボル的存在になっていく。なお「ジェンダー」とはフェミニズムから発生してきた用語で、生物としての雌雄を示す「セックス」と異なり、文化的・社会的に形成される男女の差異を意味している。

それだけに女性財団への風当たりは強かった。刊行物やイベントの内容が保守系メディアの攻撃に晒されるケースは珍しくもなかったし、タカ派で鳴らす都議会議員が自ら望んで評議員会に名を連ね、会合にやって来ては、「ここは左翼の集団だから」などと毒づいていく場面がしばしばだったという。

石原知事の登場で、彼らはにわかに活気づいた。風向きを見るのに敏な都庁官僚らも同調して、女性財団廃止への流れがたちまち形成された。

監理団体改革実施計画の公表に先立つ二〇〇〇年十月、東京都の意向を察知した国際婦人年連絡会(加盟全国組織四十九団体)が女性財団廃止反対を決議する。関係者らは石原都知事に面会を申し入れたが多忙を理由に断わられ、やむなく都議会の超党派組織「男女共同参画社会推進議員連盟」メンバーを中心にロビー活動を展開する一方で、財団の理事、監事、評議員全員から成る「東京女性財団のあり方を考える会」およびコアメンバーによる「作業部会」を発足させた。

翌〇一年六月には都議会議員選挙が行われている。女性票を気にする都議たちを横目に時間を稼ぎ、「作業部会」は人的・財政的に自立した財団への脱皮を図る再建案を打ち出したが、まったく顧みられなかった。二〇〇一年末の評議員会と理事会で、ことごとく否決されてしまったのである。

当時の評議員の一人で、内閣府の男女共同参画会議委員などを務める山口みつ子氏(市川房枝記念会常務理事)の証言。

「もともと理事会には都庁の幹部、評議員会には都議会議員らが参加していたのに加え、都は外部からメンバーになっていただいている識者の方々に、出席せず委任状を生活文化局長に出すようにと工作したり、ありとあらゆる手を使ってきたのです。中立であるべき職員に何をやらせるのかと理事会でも激論になりましたが、向こうの勢力の方がどうにも強かった。こじれにこじれて、それでも財団廃止の決議だけには持ち込まれないまま、今日に至っています」

すでに〇一年四月には、財団の中核的事業であったウィメンズプラザの運営が、都の直営事業に移管されてしまっていた。行政の直営では思想的自由が保障されないとする佐藤理事長らの主張は、どうしても一般に届きにくい。

再建案の否決は関係者たちに諦めムードをもたらした。一年近い店晒《たなざら》し状態を経て、〇二年十一月には存続を主張する理事が更迭されるに至り、東京女性財団の十年間の歴史は幕が下ろされた。

東京女性財団にまつわる都議会二話——。

「この女性財団は、基本財産のうち百万円を除いて、ほぼ全額が東京都の出資であります。（中略）それから、運営費の九八％も都の出資です。さらに、常勤職員のすべてが都からの派遣職員でありまして、どうも眺めたところ、世間に比べて、これが自立した組織として体をなしているとは言いがたく、監理団体総点検の結果、その存続は困難であると判定いたしました。

皆さんそれぞれ選挙がありまして、女性に対する意識から、この問題についてはなかなか積極的に発言されにくいと思います。しかし、まさにこれはおんぶ日傘、おんぶに抱っこの財団でありまして、世間では通らないと思いますな。（中略）しかしながら、財団の廃止については、さまざまなご意見があることは承知しておりますから、今後、関係者で十分議論を尽くすことも必要であると思います。したがって、財団事業の直営化は四月より実施しますが、今後の財団のあり方については、基本的には財団自らが、その存廃を含めて根本から見直し、（平成）十三年度内に結論を出していただきたいと思っております」

二〇〇一年二月の定例会での、石原都知事の答弁である。選挙中の気遣いなど当選してしまえば知ったことか、という与党都議たちの本音の代弁。では独立採算を可能にしようではないかと計画された作業部会の再建案を、にもかかわらず東京都は葬り去ったのだった。

他方、やはり〇二年は三月の都議会予算特別委員会。引退していく自民党都議が、最後の締めくくりに言わせてほしいと、大要こんな質問をした。

――都知事は浜渦武生副知事がチェックした書類だけを自分のところに持って来いと指示しているとか。都政専門紙のインタビューで自ら語っているが、十八万人の職員がいる中で、浜渦さんだけが窓口という感覚はいかがか。それでは裸の王様にならないか？

「心配ご無用」とは石原知事。そして実際、東京女性財団の廃止問題についても、浜渦副知事のチェックは働いていたことが、今回わかった。

関係者たちの証言を総合すると、時期は石原知事が国際婦人年連絡会の面会を断わった二〇〇〇年の秋頃だった。女性が子供をあやしたりオムツを替えたりするための部屋に案内された浜渦副知事は、おもむろに洗面台の排水口の蓋を手に取り、こう言ったという。

「ちっとも汚れてないじゃないか。髪の毛一本落ちていない」

都民に利用されていない証拠だ、と。

表の顔と裏の顔

女性財団の関係者たちは、もともと石原都知事に不信感を抱いていた。偏見と決めつけることはできない。彼には表の顔と裏の顔とがあることを、彼女たちは現実に思い知らされていたのである。

話は九九年八月十一日に遡る。前年の夏に当時の青島幸男知事から「男女平等参画の推進に関する条例の基本的考え方について」の協議依頼を受けていた東京都女性問題協議会(以下、女性協)が報告書をまとめ、その総会の場で石原新知事に提出した。

「この報告書には、都民とりわけ女性の願いが込められています。知事が快く受け取ってくださるよう、祈るような思いです」

女性協の会長だった樋口恵子・東京家政大学教授はそう言って、報告書を石原知事に手渡した。折しも国会では「男女共同参画社会基本法」が成立し、公布・施行された直後のタイミング。樋口教授によれば、この時の石原氏は終始上機嫌で、概ね次のような話をしたそうである。

「いやあ、昔テレビで大激論を交わした仲の樋口さんから報告書を受け取ることになるとはね。私は差別主義者のように言われているけど、決してそんなことはないんだ。あなたならわかってくれるだろ。(作家である)私は、素晴らしい女性編集者を三人も知っている。でも誰も編集長にはなっていません。よくないことだから、そのうち一人については上司に言ってやったこともあるくらいなんです。

今日は嬉しいなあ。この報告書を元に、働くお母さんたちのためになる条例を作りますよ。今はまだ内緒だけれど、アッと言わせる施策を考えていますからね」

期待していいます、と樋口教授は思わず答えていた。険悪な雰囲気などこれっぽっちもなかったと、彼女は振り返る。

「別れ際に私が、「知事と私は同い年ですから、お互い体には気をつけましょうね」と声をかけると、石原さんは「嫌なこと言うなよ」って、破顔一笑。清々しかったですよ。ああ、これだからこの人は人気があるんだなあと素直に思い、女性政策をきちんとやってくれる限り、どれほどタカ派であろうと私だけは石原さんの悪口を言うまいと思ったくらい。とてもいい感触でした」

石原知事の株が、フェミニストたちの間でも一気に上がった瞬間だった。ところがその後、まだ任期の残っていた女性協メンバーへの東京都からの連絡が途切れる。不審に思った樋口教授が担当部局に問い合わせると、いつの間にか条例案が完成していた。その前文には、女性協があえて避けていた〈男女は、互いの違いを認めつつ〉の文言が盛り込まれていたのである。

樋口教授の話。

「違いを強調しすぎるから差別に繋がるんだと、私たちは訴え続けてきたんです。それを前文に入れてしまうのなら、何のための議論だったのか。でも取り付く島もない。この文言を入れない限り条例は通さないと知事が言っているという。私は女性協の参集を求めましたが、すべては決定済みで、どうしようもなくなっていました」

女性協総会の場での笑顔とは裏腹に、石原都知事は樋口教授の何もかもを切り捨てていた。やがて成立した東京都男女平等参画基本条例に基づき、その具体的施策を検討するため二〇〇〇年七月に設置された「男女平等参画審議会」には、彼女ばかりか、ただ一人の女性協メンバーも任命されていない。

この種の審議会や研究会は、論議の継続性を保つためにメンバーの半数前後を留任させるのが通例だ。ここでも担当部局はその線での人選を進め、知事室に上げていたのだが、三週間ほども放置された末に却下されたという。過去の経緯がわからなくてはその先の議論に入れない。審議会の会長に就任した坂本春生《さかもとはるみ》・セゾン総合研究所理事長（当時、元札幌通産局長）が事務方の反対を押し切って樋口教授へのヒアリングを決める一幕もあった。

ヒアリングの当日、樋口教授は三分間だけと時間を区切って都への不満を述べた。

「最後に審議会の人事について一言。行政の権限である以上、誰を委員にするのも結構です。でも長年この問題に関わってきた私たちに対して、「ご苦労様」の挨拶もないのは納得できません。行政として甚だマナーに欠けているのではないですか」

このくだりは、最初に公開された議事録では削除されていたので彼女自身が書き足したという。東京女性財団の廃止はその直後に決定された。

「卑劣なやり方ですね。石原さんの笑顔が爽やかだっただけに、本当に裏切られた思いです」

樋口教授が、寂しそうに笑った。

男女平等への〝バックラッシュ〟

つくづく酷い世の中になってきた。小泉純一郎政権の進めるいわゆる構造改革の〝痛み〟は、しかも公平に分かち合われることにはまったくならない。もともと立場の弱い人々にばかり、ただ一方的に押し付けられていく。

男女共同参画への潮流も、いつしか男女平等の理想から大きく変質してきている。近年はむしろ、経済界寄りの経済学者ほどこの言葉を多用するようになった。総人件費抑制のための雇用リストラが常態化した結果、一般の勤労者家庭では、それぞれの考え方以前に、もはや夫の稼ぎだけでは生活を維持できない。安手の労働力としての働く女性の増加が経済界あるいは政府にとっても好都合となった所以《ゆえん》である。だからこそ、樋口教授をはじめとする東京都女性問題協議会は、安易な論理のすり替えを防ぐ意味でも〝共同参画〟ではなく〝平等参画〟を謳ってきた。

女性たちの社会進出への願望を逆手に取り利用するのが構造改革の手法なら、それでも男女平等とは絶対に言わせたくない旧来型の保守層との親和性が、事態をより深刻なものにしている。専業主婦など贅沢だとされ、事実そうなってきている一方で、保育園や学童保育の貧困は放置されたままだ。男女平等を語る識者が右翼の襲撃や嫌がらせに遭ったり、シンポジウムが混乱させられたりする事例も増えてきた。

国に対しても強い姿勢を取るポーズで人気を集めている石原都知事が、しかし、このような理不尽には異を唱えない。男女平等への〝バックラッシュ〟などと呼ばれる一連の傾向が、彼の率いる東京都では、かえって突出して顕れる。首都の動きはやがて全国へと波及して、たとえば男女共同参画条例に男女の性差を強調する文言を盛り込む手法はよりエスカレートしていく。

二〇〇二年六月に成立・施行された山口県宇部市の「男女共同参画推進条例」には、「男らしさ」「女らしさ」の表現も登場した。〈性別による固定的な役割分担意識〉が〈男女の自由な選択を阻害することのないよう配慮に努めること〉としながら、〈専業主婦を否定することなく、現実に家庭を支えている主婦〉を〈男女が互いに協力し、支援するよう〉などとして、個人の家庭生活、ライフスタイルにまで行政が踏み込んだ、異例の条例に仕上がった。

女性政策だけではない。あらゆる社会的弱者に対して、石原慎太郎という人は徹底して酷薄だ。そこから導かれる政策も、かくて新自由主義改革の推進でアメリカとの一体化を目指す小泉政権とやはり軌を一にする結果となる。そこにはソニーの盛田昭夫会長との共著『「NO」と言える日本』(光文社、一九八九年)などで対米従属を批判してきた石原氏の姿はない。

都の福祉改革は弱者切捨て以外の何物でもなかった。シルバーパスの全面有料化。老人医療費助成の廃止。心身障害者医療費助成への本人負担の導入。公立保育所の市場化・民営化。〇二年七月には都立の入所型福祉施設三十六カ所(高齢者施設七、児童養護施設十、障害者施設十九)のうち二十二施設を廃止または規模縮小、民間委譲する方針が決められ、年末には都立病院半減計画の第一弾として、都立母子保健院(世田谷区)が閉鎖された。産科・小児科と乳児院が併設され、小児夜間救急に対応できた同院の存続を求める署名が短期間のうちに九万人分ほども集められたが、まるで顧みられなかった。小児救急医療の不備が全国的に叫ばれている中で、東京都は今後も、清瀬、八王子の両小児病院の廃止などを進める予定でいる。

もちろん、知事だけの暴走で〝改革〟は成立しない。ただ、現在の東京都には直言居士の生きる余地がない。〝ミニ石原〟にどこまで成り果《おお》せることができるかが保身の分かれ道となる。

二〇〇一年四月末、現在に至る〝改革〟の道筋を敷いた前川燿男《まえかわあきお》・福祉局長(当時)が、幹部職員を集めた連絡会議で、以下のように語っていた。

「一昨日でしたか、介護保険を育む会の第一回目の総会がありました。私も出席して話を聞かせていただいたのですが、そのときにある施設の代表の方がいらっしゃって、こういうことを言われる。つまり、これまでは都の行政というのは、たとえば、職員の増配置であるとか、公私格差の是正であるとか、非常にいいことをやってくれた。それが介護保険になって一切なくなった、非常に退歩した、というようなことをぬけぬけとおっしゃる方がいるわけであります。私から見れば、こういう発想こそがまさに現在の病症の根源であると考えております。こういう意識を払拭する、それがまさに福祉改革であろうと私は考えております。東京都のそういう取り組みを通じて都の存在を復権させて、オーバーに言うと、いわば東京都が歴史の最前線に立って戦っていく、そういう世界を作りたいと私は考えております。

では、福祉改革とは何だろうか。何度も言いますが、一言で言えば、ちょっとキザですけれども、やはりできるだけ多くの人が人間として誇りを持って生きられる世界を作ることでありましょう。行政が一方的に、あるいは、事業者が一方的に対象者を保護するとかですね、いわば、介助をし、検診をするというそういう世界ではだめである。対象者、利用者の皆様が自分で選んで、あるいは自分で応分の負担をして、それを通じて誇りを持って生きられる世界を作ることであろうと思います。

そのために、何度も申し上げているのは、努力をする者が報われる世界を作りたい。事業者の方々が、利用者の方々のために日夜そういう工夫をして、どうやったら喜んでもらえるのか、どうやったら誇りを持って生きていけるのか、そういうサービスに心を砕く、そういう人たちが報われる世界を作りたい。行政の保護、補助にあぐらをかいて、その補助が減ったからけしからんと声を上げるだけの人たちは消えていただきたい。そういうことであります」(傍点引用者)

この発言は翌々六月には福祉局総務部によって文書化され、〈各事業実施に当たっての参考に〉として庁内で配布されたが、公になるまでには一年二カ月もの時間を必要とした。〇二年六月、都議会の代表質問で共産党議員が質したのである。

たとえ異論があるにせよ、「ぬけぬけと」とか「消えろ」などと都民の率直な意見を抑え込むような発言は行政としてしてはいけないことではないかとした質問に、しかし答弁に立った石原知事はせせら笑った。福祉に関する個別具体的な他の質問内容とも併せて、

「相も変わらぬステレオタイプの質問で、恐れ入るというか、同情したいぐらいのつもりなんですが」

当の前川局長も答弁に立った。彼の物言いもまた、〝ババァ発言〟での石原氏の弁明の仕方に限りなく近かった。

「福祉改革の考え方そのものに対するご質問ではなく、私の発言全体の文脈から切り離したごく一部だけを利用したご質問をいただくのは大変残念であります」

前川局長には多忙を理由に取材を断わられた。先に紹介した彼の発言内容も、本人の希望を容れて要約をしていない。文書に残された該当箇所をそのまま引いたので冗漫になったが、それだけに貧しさの原因を努力の不足にだけ求める小泉構造改革に共通する発想、福祉行政とは住民ではなく有能な事業者のためにあるといった都の福祉改革を貫く価値観がよくわかる。

都庁職員たちのリストラと公務への不安

答弁の十日後に発表された都の局長級人事異動(二〇〇二年七月十六日付)で、前川・前福祉局長は知事本部長へと栄転した。一方で東京女性財団潰しに手間取った生活文化局長は、格下とされる港湾局長に事実上の降格。またこの人事では、就任して一年しか経過していなかった木内征司・前都市計画局長と山下保博・前建設局長が定年まで一年を、小林紀歳・前法務部長は数年を残しながら、それぞれ退職していった。特に小林前部長の場合は、石原都知事の肝いりで推進された大手銀行を対象とした外形標準課税条例が東京地裁で地方税法違反と判断されたことへの叱責に嫌気がさしたものとの評判がもっぱらだ(「慎太郎離れ都庁で進む」『AERA』二〇〇二年八月五日号など)。

将来の副知事候補と謳われていた女性幹部たちも、いつの間にか全員が失脚していた。荻野澄子・元選挙管理委員会事務局長は石原知事の登場直後に以前から内定していた福祉局長となったが半年後に退職、翌二〇〇〇年十月に死亡した。茅野祐子・前生活文化局長は都が二五％を出資している「東京熱供給㈱」の社長。中山弘子・前人事委員会事務局長は〝中二階ポスト〟と言われる監査事務局長へと横滑りさせられた。ただし彼女は、〇二年十一月の新宿区長選に出馬し当選を果たしている。

幹部だけではもちろんない。中堅かそれ以下の地位にある都庁職員たちに話を聞くと、石原都政の下、数万人規模で進むリストラとも連動した個々の内面の支配にまで及ぶ職員管理の強化、結果としての職場の荒廃を怒り、嘆く声が噴出する。

自律神経失調症などの精神疾患に悩む職員も急増しているそうだ。知事部局に限られた調査によれば、石原知事が誕生した一九九九年(暦年)、病気を理由に長期の休暇(三十日以上)を取った職員九三九人のうち精神疾患と診断された者は二二五人で全体の二四・〇%を占め、千人あたりの罹患率も五・二%となった(調査対象職員数四万三二六七人)。リストラで調査対象が一万人近くも減少した翌二〇〇〇年は六一二人中一九〇人でそれぞれ三一・〇%、五・八%と跳ね上がる。九〇年代半ば以降は増加傾向にはあったというものの、彼が都政を司るようになる前年の九八年は二〇・四%、四・四%だったというのだから、やはりトップとの因果関係を疑わざるを得ない。

「特に女性が辛い目に遭うケースが目立ちます。何かと言えば「オンナ、オンナ」と、女性を見下したがる管理職がやたらに増えていますから。この類のセクハラは管理職個人の人間性でもありますが、下の者にはそういう態度を取ってもよい、いや取るべきだという雰囲気が蔓延したのは、明らかに石原都政になってからの傾向です」

都庁職員労働組合の関係者らが口を揃えた。匿名だけでなく、支部名も出さないでほしいと彼らは懇願する。証言者の名前が万が一にも特定された場合、その報復が支部全体に及ぶ可能性が大きいためだという。

怯《おび》えながら働くことへの嫌悪から、この不況の中で、それでも自ら辞めていく職員が引きも切らない。

東京女性財団を解散に至らしめた生活文化局のある中堅職員は、石原都知事の登場以前はもり立てるのに懸命だった女性政策を、同じ自分が葬り去る手伝いをしていることが耐えられずに、退職していった。福祉局の、これも中堅幹部だった女性は、上があらかじめ出している結論とわずかでも違うことをすれば鼻であしらわれ、それではと上の考え方を推し測ることが最大の課題になっていく毎日が、「仕事ではなく思想教育に感じられ」て、辞表を出した。

筆者は彼女から、悲鳴のような手紙を受け取っている。本人の承諾を得て一部を引用する。

〈彼は弱者といわれる者、すべてが嫌いなのです。障害者、高齢者、女性、外国人。貧しい人、失業者、ホームレスetc。でも、地方自治体において、これらの人々のために行う施策は大きな比重を占めるものであり、嫌いだから切り捨ててよいものではないはずです。

しかし、石原慎太郎は、それを行っているのです。弱者や福祉などという言葉は、彼の前では禁句のようなものでしょう。二代前の福祉局長は女性でしたが、就任して一年位で、ガンで亡くなりました。庁議などでガンガンやられて、忍びがたきを忍んでいたためだろうと、多くの職場の仲間たちのウワサでした。〉

〈本日は、都の福祉政策を全面的に民営化または廃止するとの方針が決定されたとの報道がありました。これも知事の意に沿うため、福祉局長が率先して自らの組織を差し出したのでしょう。そしてまた、都議会も知事与党として、すんなり承認するでしょう。想定問答を作る職員は、これまで作り上げてきた福祉の理念がガラガラと崩れるのを、自ら率先して、理論構成していかねばなりません。

知事はそれを見て笑っているのでしょう。どうせ職員など、局長も含めて、奴隷のようにしか見ていないでしょうから。〉

〈私は今、……で……をしており、追いまくられていた日々も遠いものとなりました。でも、もし石原慎太郎が総理大臣になったら、私は日本を出たいと思います。かといって、どこが良いのやら、とは悩みますが。だから、そうならないでほしいと心から思っています。〉

……の部分には、新しい仕事の内容などが書かれていた。しかし当然のことながら、明らかにすることはできない。

水俣病患者を振り切ってテニスクラブへ

石原慎太郎氏はある時期から人が変わってしまったのではないか、という見方がある。九四年三月、長男である石原伸晃・衆議院議員の生まれたばかりの子供、つまり石原氏にとっては孫に当たる新生児が植物状態に陥り、数カ月後に死亡した事実を指している。

重度身体障害者たちを指して「人格あるのかね」と発言した九九年九月の記者会見。石原氏はこの時、明らかに普通の状態ではなかったという。府中市の施設での彼の様子を知り得る立場にあった関係者の証言。

「知事はまるで夢遊病者のようでした。顔色が変わり、体は硬直していた。視察ですから職員と言葉も交わしていましたが、話にまるで脈絡がない。お孫さんのことがあったからなのか、相当参っているなあと感じましたね。問題の記者会見の時も、後で涙ぐんでいたんですよ。強すぎたショックが、あのような発言になってしまったようです。精神的にものすごく弱い面のある人なんです」

あの発言を翌日そのまま報じたマスメディアは、『朝日新聞』だけだった。記者会見がオフレコでないのは当然だし、その模様は東京MXテレビが実況中継しているので自粛の意味もないのだが、他社はそれぞれ、都庁記者クラブ内あるいは本社社会部との議論の末、書かないことを決めたらしい。

関係者の話を総合すると、朝日の記者も社会部も、知事の受けた衝撃を察しないわけではなかった。が、だからといって公人が言ってよいことではないとする判断が優先されたようである。

発言から一年二カ月後の二〇〇〇年十一月末、衆議院憲法調査会に参考人として出席した石原都知事に向けて、彼によって人格をほとんど否定されながら二十四歳で亡くなっていった障害者の母親の手紙が読み上げられた。小児科医でもある阿部知子・衆議院議員(社民党)の、彼は患者だったのだ。

「親にも背負いきれないハンディを持ってがんばって生きた息子を誇りに思い、私たちは生きる意味を学びました。息子がいたから多くのことを学び、多くの人々と出会うことができたのです」

手紙が朗読されている間じゅう、石原氏は目を瞑っていたという。阿部議員の持ち時間切れということで、感想が語られることもなかった(『朝日新聞』十二月一日付)。

筆者と岩波書店の編集部が幾度となく重ねてきた取材申し込みに、石原都知事は断固として応じてくれない。したがって彼の内面の奥底まではわからないが、身内の不幸との因果関係をこれ以上追及したいとも思わない。だから他者の生命を軽んじてよいということには絶対にならないだけでなく、少なくとも政治家としての石原氏の目線は、かつても今も、何ひとつ変わってはいないからだ。

石原氏は七六年十二月、福田赳夫内閣の環境庁長官に就任している。四十四歳にして初めての大臣ポスト、彼はいきなり難題に直面した。

水俣病である。翌七七年二月、患者団体など被害者グループ約五十人が、はるばる熊本県から環境庁を訪れた。彼らはそれ以前に石原新長官の公害に関する基本姿勢を問うた公開質問状を提出していて、その回答を受け取りに来たのだった。

石原長官は、だが事前の約束のないことを理由に面会を拒否した。被害者グループは大臣室の入口まで押しかけたが、押し問答の末、彼はエレベーターに乗って庁外に出て行った。

一行の一員だった平石義則氏が回想する。平石氏はこの当時、水俣病認定申請患者協議会の事務局長を務めていた。

「私は一階の玄関で待ち構えていて、建物から出てくる石原さんと鉢合わせしたように記憶しています。知らん顔で通り過ぎようとしたから、待てと言って追いかけたら、護衛のSPに投げ飛ばされた。真空投げというのか、気がついたら宙に浮いていましたね。

環境庁長官になった頃、あの人は〝まほろばのアメニティ〟とか何とか、わけのわかんないこと言ってましたよ。それで文学者だって。政治的にもよくわかんなかったけど、あの瞬間、とにかく自己中心的な奴だと思いました。だって目の前に水俣病の患者がいるのに平気で無視できるんだから」

患者たちを振り切って出向いた先は、南麻布のテニスコートだった。皇太子御用達の「東京ローンテニスクラブ」。三週間後の記者会見で、石原長官自身の口から明らかにされた。

当時もその後も、石原氏の主張は今日に至るまで基本的に変わっていない。ただ表現だけが微妙に違ってきた。

〈人間として社会人として最低限のルールを守り合わぬ限り、いかなる話し合いも有り得ないのではないか。水俣の当事者とて同じことではないか〉と、九九年に文藝春秋から彼自身が上梓した『国家なる幻影』にはある。陳情団はその前にもアポなしで来たので、次回からは社会人として最低のルールを順守してくれと伝え約束していたのだ、という。

一方、まだ余韻の冷めやらない時期に「環境庁と石原慎太郎長官」を特集した『朝日ジャーナル』(一九七七年四月二十九日号)は、テニスの話題が出る以前の会見で彼が「今後、住民運動などの陳情は役所が人数、形式などを制限し、あらかじめ質問が整理されたものだけに会う。名刺も持たず名前もわからないような住民団体の団交型の陳情には一切会わない」と語ったと伝え(市雄貴「環境庁で聞いた石原長官の評判」)、また事件が参院特別委で問題にされかかった際に石原氏自身が野党委員の間を「穏便に」と根回しに走ったとする情報を報じていた(木内宏「政治家石原慎太郎に「体制内革新」のタレントはぁるか」)。

同年五月、石原氏は水俣に飛んだ。当時の報道によると、彼は現地で患者施設や在宅患者を見舞い、あるいは対話集会をこなした。施設で抗議文を手渡してきた二十歳の女性患者に「話をしようよ」と近寄ったら後ずさりで逃げられたとか、集会で関係者の席が一段高く設えられていたのを怒った患者たちにつとめて笑いかけた表情が、〈昂《たか》ぶる気持ちを鎮めようと、自分にいい聞かせているようでもあった〉などと記録されている（「熊本―東京目撃ルポ／大臣・石原慎太郎と水俣病患者の50時間」『週刊現代』一九七七年五月十二日号）。

食事に供された魚を食べるのは「複雑な心境だった」と集会で打ち明けた彼に対して、「三木さん（武夫・元首相）はおいしかったと食べたけん」との囁きがあったともいう。海上保安庁の巡視船「むろと」に乗り込み、水俣の対岸に浮かぶ獅子島と桂島を視察した不知火海《しらぬいかい》上での視察が、三泊四日の水俣行きで最も生気に溢れていたという同じ週刊誌記事の記述が、生々しい雰囲気を伝えている。「美しい豊かさがある。それも恐ろしい豊かさだ。静かだが、不気味だ。まるで火薬庫の静けさ……」と、石原氏は〈作家長官らしい表現をした〉のだそうである。

帰京の前夜、胎児性患者三人と二人の支援者が、石原氏の熊本市内での宿泊先を訪れた。初日に患者施設で渡された抗議文に対して彼が、「これは決して物事を疑うとか彼女たちを傷つけるつもりじゃないんだが、ごく素朴にですね、今会った患者さんたちもかなりIQが低いわけですね。この手紙（抗議文）は非常にしっかりした文章というか、ある種のタイプの文章と思えますけど、これはやっぱり彼女たちが書いたんですかね」と発言したと報じられていたことの真意を尋ねるのが彼らの目的だったが、だがやはり、石原氏は会ってはくれなかった。

「夜遅くまでホテルで待っていたのですが。お付きの人に用件はお知らせしましたから、ご本人に伝わらなかったはずはありません」

同行していた支援者で、現在は「水俣病互助会」の事務局をしている伊東紀美代氏は言う。前記の平石氏にも感慨を聞いた。

「あらゆる機会をとらえて自分を演出する人だったね。典型的な〝鳴り物入り〟っていうのかね、大きな船に乗って、まあ政府がこの問題に取り組むポーズというか、姿勢を示すのにはちょうどいいプロパガンダの役割を果たしたんでないの？　結局、水俣病患者にとって、石原さんが何かしてくれたかなあ。うーん。そうね、中身はともかく、彼のアピールにはなっていたよね」

二〇〇二年十月、ＣＳチャンネルの「ＪＮＮニュースバード」で、彼の水俣視察などを材料に制作されたドキュメンタリー番組『大臣　石原慎太郎』が再放送された。「スカイパーフェクＴＶ！　ガイド」の番組紹介欄。

〈福田赳夫内閣当時、環境庁長官として入閣した、石原慎太郎氏の孤軍奮闘ぶりを描く(１９７７年11月27日放送作品)。四十四歳だった石原氏は、陳情者そっちのけでテニスに興じたり、記者クラブと大喧嘩したり、世間の注目を浴びていた〉――

水俣病の患者たちが、逆に利権あさりの公害企業のように読め、彼の引き立て役にされていた。歴史はこんなふうな形でも、少しずつ改竄《かいざん》されていくのだろうか。

第五章　東京を舞台に戦争ごっこ

「乃木将軍みたいなもんだね」

一九七七年二月二十五日、石原慎太郎・環境庁長官(当時)は、水俣病の患者団体など被害者グループ約五十人の訪問を受けたが、事前の約束がないことなどを理由に面会を拒絶した。追いすがる患者らを尻目に出かけた先が南麻布のテニスクラブだった事実など一部始終を前章で紹介した。そこに盛り込みきれなかったエピソードから始めたい。石原長官が長官室を離れたのは、被害者グループが押しかけていく直前の、まさに間一髪のタイミングだった。SPや職員たちに守られながら廊下を駆けていく彼を見咎《みとが》めた二人の支援者が追いすがり、エレベーターへの同乗に成功した。

そのうちの一人、井上澄夫氏の回想を聞いた。現在も文筆業の傍ら反戦市民運動を運営している彼は、当時は東京大学の宇井純助手(二〇〇三年まで沖縄大学教授)らと連携して「東京・水俣病を告発する会」の活動をしていた。

「扉が閉まる寸前に、なんとか乗り込んだんです。私らも含めて十人いたかいないか、でも狭くて一杯になったエレベーターの中で、石原さんを思い切りどなりつけてやりましたよ。どうして逃げるんだ、不自由な体でここまでやって来た患者さんたちに会おうともしないで救済も何もないだろう、と。そしたら彼、SPたちに囲まれながら、顔面蒼白になって後ろを、壁を向いちゃった。自分に逆らう者はすべて過激派か、でなけりゃ火星人だぐらいにしか考えられないんだね。

会えばいいじゃないですか。患者側にどれほど厳しいことを言われたって、それが職務でしょ。外せない仕事があるなら、改めて時間を設定すればいい。ところが彼は、エレベーターが下に着くと差し回しの公用車に飛び移って逃げていった。なんと気の弱い、肝っ玉の小さな人間だろう。私たちはＳＰに突き飛ばされて、それでも長官室に戻ってしばらく待っていたんですが、彼は帰ってきませんでした」

当惑したのは主に出て行かれた役人たちだったろう。井上氏によれば、彼らは被害者グループに対して長官をさし置いての応対も、強引に追い返すこともできないまま、時折、無言でやって来ては長官デスクに積まれた書類を持ち出していったという。石原氏がテニスを楽しんでいる間、残された側はずいぶんとバツの悪い思いをさせられていた。

四半世紀が過ぎた。衆議院議員時代の石原氏の言動にはとりたてて反応することもなかった井上氏は、しかし彼が東京都知事に就任し、身体障害者や外国人に対する差別的な発言を繰り返す様子を眺めながら、強い危機感を抱くようになった。

石原氏がマッチョを気取り、勇ましく好戦的な言葉を使いたがるのは、今に始まったことではない。ただ少し前までは、世間の方がまともに相手にしていなかった。自民党内でさえも、彼は完全に浮き上がっているように見えた。

ところが九〇年代も後半になると、世の中の空気は一変した。折しも石原都知事が誕生した直後の九九年五月には、新ガイドライン(日米防衛協力のための指針)に基づく周辺事態法が成立している。一方では人々を覆う閉塞感が、景気の後退とともに日を追って深まっていった。

「例の三国人発言をむしろ喜んで受けとめた都民が、確かに少なからずいたようです。何かあるとチマチョゴリを着た朝鮮高校の女子学生に石をぶつける奴らが出てくる現実と一緒。言いにくい本音を公言できるカッコいい存在として、石原都知事が認識されている側面があるわけですね。一度は引退したはずの政治に彼が戻ってきたのは、戦争のできる国へと突き進んでいく時代状況、それを後押しする大衆心理をすべて承知した上での判断でしょう」

そう考えて井上氏は都知事の言動に注目し、彼の主だった発言を集めてネットに流す作業を始めた。やがて都と自衛隊とが連携して大規模な防災訓練を実施する構想が打ち上げられる。九九年七月に発売された月刊誌のインタビューで、そして石原都知事は防災訓練が同時に軍事力による治安出動、対ゲリラ戦のための用意も兼ねる旨を語っていた。

〈石原 (前略)小渕総理(引用者注・当時)と私は陰と陽というか、漫才の掛け合いみたいにして東京の問題についてもやりあっていく。国が動かなければできないことがたくさんありますから、彼にもいろいろ話そうと思う。

そこで、やっぱり陸海空の「三軍」を使った災害時の合同大救済演習をやってもらいたい、東京を舞台に。総司令官は小渕総理だから、彼が先頭を切って。私は二〇三高地で苦戦している乃木将軍みたいなもんだね(笑)。なんていったって首都・東京ですから、首相が総司令官になった陸海空の大演習が行われるということは、政治的なパフォーマンスといったら怒られるかもしれないけれど、大事なことだし、すべての意味でマイナスのものは何もないから。

――ないですね。それはものすごくいいアイディアだと思います。

石原　じつはこれは私のアイディアではないんです。中曾根さんが防衛庁長官をやっているときに計画を立てたけど、美濃部知事がノー・サンキューといってやらなかった。君がなったらやれよっていうから、そのアイディアをいただきだと。(中略)動と静で、静のほうが動を使った形になれば結構な話ですが、そんなことより何より、絶対日本のためになるし、東京のためになる。そしてそれは同時に、北朝鮮とか中国に対するある意味での威圧にもなる。やるときは日本はすごいことをやるなっていう。だからせめて実戦に近い演習をしたい。相手は災害でも、ここでやるのは市街戦ですよ。(後略)〉(『Voice』一九九九年八月号)

関東大震災における朝鮮人大虐殺の悪夢が再現されかねない危険と恐怖。水俣病患者たちに対する石原氏の態度を鮮明に記憶している井上氏には、インテリ好みの楽観的、否、冷笑的な見方が、どうしてもできなかった。

災害対策を名目に実動演習

究極の差別表現のひとつに戦争がある。無辜《むこ》の一般人を含む集団を巨大な軍事力で攻撃する、あるいは生身の他人を戦闘に赴かせるという行為には、自らとその周辺以外の人間に対する余程の差別感情を伴わざるを得ない。

石原都知事の構想は、翌年の九月三日に「平成十二年度東京都総合防災訓練」(ビッグレスキュー東京二〇〇〇)として実現した。西新宿の東京都庁を本部に、晴海、木場、駒沢など都内十カ所で展開された大規模訓練・演習には約二万五〇〇〇人が参加し、うち自衛隊員が約七一〇〇人を占めた。銀座を装甲車が走り抜け、練馬に駐屯する陸上自衛隊の部隊が都営大江戸線で都心に移動するパフォーマンスが注目されたこの年以降、そして都と自衛隊は例年、「防災の日」かその前後に、同様の催しを繰り返してきた(詳細は次章のルポ参照)。

二〇〇一年は三多摩地区の調布飛行場跡地やJR八王子駅前など七会場で、約一万五〇〇〇人が参加した。自衛隊員はこのうち約二〇〇〇人にとどまったが、首都圏七都県市合同訓練の一環として位置づけられたこと、都立南多摩高校の全教職員と生徒七十五人が災害ボランティアに組織されたこと、福生《ふっさ》市など六市町にまたがる米軍横田基地が自治体の訓練会場として初めて使用されたこと、「ビッグレスキュー二〇〇〇」でも強調されていた自衛隊による戦場さながらのトリアージ(負傷者の選別)訓練が全面展開されたことなどに特徴があった。

井上氏は過去三回の総合防災訓練のことごとくで、仲間たちとともに反対・監視運動を重ねてきた。もはや恒例となった大規模訓練・演習の本質に、最も近づき得た民間人の一人と言っていい。二年目までの「ビッグレスキュー」を、彼は次のように総括している。

「実は最初の年から、自衛隊は独自の構想を持って訓練に臨んでいました。彼らは都の催しに参加する一方で、その正式名称とは異なる、陸海空三自衛隊による「第一回統合防災実動演習」と名づけられた行動を進めた。事態は二本立てで展開されてきたわけです。防衛庁・自衛隊の専門紙『朝雲』や軍事評論家の話などによると、この時期、練馬駐屯地の第一師団は対テロ・ゲリラ機能を強化した〝政経中枢型師団〟への再編成を控えていました。ビッグレスキューは、そこへの格好の足がかりに位置づけられていたのです。

二年目の〇一年はこの二本立て構造が一本化されました。ただし自治体主導でも対等でもなく、自衛隊が都を指導するという主従の関係が明確になった。横田基地の使用も自衛隊の側から東京都に打診していた経緯が情報公開請求で明らかになっています。訓練が広域化していく動きとも併せて、日米安保と国内の防災システムとが、これで結びつくことになった。都の災害対策を名目にしつつ、マッチョイメージを打ち出したい石原知事と実を取りたい自衛隊が互いに利用し合っている構図が、次第にはっきりしてきました」

そして二〇〇二年九月一日、日曜日。首都圏の直下型大地震を想定したという今回は「ビッグレスキュー」とは銘打たれず、都と練馬区の合同防災訓練に自衛隊や米軍横田基地、その周辺六市町が参加する形となった。参加者総数約一万四〇〇〇人。練馬区内を練馬、石泉(石神井《しゃくじい》・大泉)、光が丘の三地域に分けて初期消火や負傷者の救助、給水、炊き出しなど地元住民を主体とする訓練が展開された中で、警視庁と東京消防庁の隊員らによる光が丘公園でのNBC(核・生物・化学)災害対策訓練が人目を引いた。硫酸を積んだタンク車が横転し有毒ガスが流出したとするシナリオには、明らかに震災に乗じたテロやゲリラ戦が意識されていた。

自衛隊員の参加は、公式発表では約二六〇人だったという。従来より大幅に縮小されてはいたものの、地域密着型の訓練であっただけに、その存在感は際立っていた。やはり光が丘公園には陸上自衛隊の装甲車が展示され、子供たちを遊ばせる光景が見られた。

井上氏はこの日、練馬区役所の防災課に陣取った。合同防災訓練の本部は一般には公開されていなかったが、見学者席が用意され、他に地域紙の記者や自治体の防災担当者らが数人だけ座っていた。

「石原さんも視察に来ましたよ。ヘリコプターで区役所の屋上に降り立つ様子が正面のスクリーンに映し出され、やがて防災課までやって来た本人の周りを、ほぼ同じ背格好のSP三人ほどが固めていました。現れた瞬間に号令がかかって、防災課のオフィスにいた三十人ほどが一斉に敬礼していました」

見学のための交渉の過程で、井上氏は当局に災害時の身体障害者対策について質したことがあった。自らも左半身の麻痺があるためだが、区は車椅子がなければ移動できない区民の人数さえ承知していなかったし、特段の対策など立てていないことも認めたという。弱者のための防災訓練などではまったくないのだと、彼が改めて思い知らされた瞬間だった。

戦時下の満ち足りた思い出

人々の戦争観には、それぞれの、あるいは肉親の戦争体験が色濃く反映されるものである。石原慎太郎都知事の場合はどうだったか。

石原氏は一九三二(昭和七)年、石原潔・光子夫妻の長男として神戸市須磨区大手町に生まれている。父親の潔氏が勤務していた山下汽船の創業者である山下亀三郎氏は、戦前を代表する政商、戦争成金として日本経営史上に名前を残すことになる立志伝中の人物だった。

愛媛県宇和島地方の漁師の三男坊から身を起こし、石炭商を営んでいた一九〇三(明治三十六)年、ロシアとの緊張が高まっているとの極秘情報を旧知の聯合艦隊参謀・秋山真之中将から知らされた山下氏は、三〇〇〇トン級の船舶を購入。はたして翌年二月には日露戦争の火蓋が切られ、彼の船は海軍の御用船に任じられて大儲けの端緒を摑んだ。宴会の名人。そのえげつない商法から〝ドロ亀〟〝ヤマ亀〟の異名を取っていたと、いくつもの評伝が伝えている。

一九一九(大正八)年発行の雑誌『寸鐵』(一月号)に載った、KO生なる筆者による「怪傑山下亀三郎(現代成金ロマンスの一)」によれば、

〈して日露開戦後二年間を経ない中《うち》、氏は既に一百万円といふ巨大なる資産の所有者となった。覇気満々たる氏は、其《そ》の得たる百万円を以て山下汽船会社なるものを創設して東京に支店を置く外に、神戸や門司其の他全国枢要な商港に支店又は出張所等を設置して益々海運界に其の騏《き》足《そく》を伸ばす事にした。其の活動振りの如何に花々しくして、活気に富んで居たかは尚ほ世人の記憶に新たなる処であるが、戦後経済界の恐慌時代に遭遇して、少しく困難に際会したが、其の時は信用を築き上げたる際の失敗であるから差したる困難もなく直ちに恢《かい》復《ふく》する事が出来た。する中《うち》、今回の欧州の大戦乱が勃発して

社外船所有の覇王である氏が巨富を所有するに至った事は今更贅《ぜい》するまでもない事であるが（後略）〉

〈最後に山下氏が社員待遇の一端を紹介すれば曰く「本社の社員の賞与等は決して他社に劣る様な事はないと思ふ。之は利益配分といふ主旨を幾分にても発揚したものである、又功労者、即ち本社の逆境時代からの社員に対しては、現在に於て十分賞与するものである云々」と。実にこの数語は輓近《ばんきん》各地に起りつつある労働者対資本家の紛争を解決すべき一標的ではあるまいか。〉

とある。欧州の大戦乱とは第一次世界大戦、社外船とは政府の援助を受けず主に不定期船を運航する海運会社を、それぞれ指していた。山下氏はその後も建設会社や兵器メーカーなどに進出し、太平洋戦争当時は東条英機、小磯国昭の二つの政権で内閣顧問も務めることになる。

故・石原潔氏の郷里も宇和島地方であった。彼が山下汽船に入社したのも、その地縁のゆえだったろうか。なお山下汽船は戦後になって合併などを繰り返し、九九年に海運業界二位の商船三井に併合されて現在に至っている。

重要なのは、戦時下における石原慎太郎氏の生活だ。彼は一九三七年七月に日中戦争が始まった頃、北海道小樽市にいた。初代支店長として赴任した父親に伴い神戸から転居していたためだが、栄華を誇った当時の北の商都で彼は、二歳年下の弟である故・裕次郎氏とともに、何一つ不自由のない少年時代を過ごすことができた。亡くなった裕次郎氏を偲んで石原氏が著した『弟』(幻冬舎、一九九六年)には、小樽での〈満ち足りた〉思い出が綴られている。

当時の山下汽船の北海道における勢いと、そのことがそのまま父親の社会的地位の証しだったこと。一家して参加した支店の慰安旅行の宴席で、兄弟が父親とともに上座に座らされ着飾った女性たちにサイダーでもてなされたこと。父親が小樽一の幼稚園に入れてくれたこと。近所にルンペン村と呼ばれる〈失業者と怠け者の吹き溜まり〉があって、そこに住む人々のために母親が自宅のゴミ箱の上に余ったものを置いてやっていたこと。父親が北海道随一の大料亭の常連で、そこの女将とわりない仲だと噂されていたこと……。

戦争は山下汽船を潤し、社員の好待遇をオーナーが自画自賛していた同社にあって、小樽支店長の家庭だけがその埒外に置かれる事態はあり得なかった。石原氏が公にしたものを読む限り、彼が戦争の悲惨と多少とも直接対峙するのは、終戦前年の一九四四年春、これも父親の東京本社への転勤で神奈川県逗子に転居してからのことだったと見てよいのではないか。

四五年四月、彼は神奈川県立湘南中学校(後の湘南高校)に入学した。そこからの帰り道で米軍機の機銃掃射に遭ったという。学徒動員で厚木基地に駆り出され、空中戦に出撃した航空兵たちを整備兵たちと待ち続けた体験もあるそうだ。

そうした記憶は、しかし石原氏によれば次のように語られるのである。半世紀を経た後の、漫画家・小林よしのり氏との対談で――。

〈石原　気を揉みながら数人の整備兵が夕焼けのなか、滑走路の端でずーっと座っているわけ。それでも1機は帰ってきたんだ。それが不時着して、みんなで走り寄ってその傷ついている兵隊を運び出すのを手伝った。

小林　なんかやっぱりそういう原体験が本当にあるわけですね。

石原　あれがやっぱり国家なんだよね。だから、何度思い返しても、悲しいとかなんかじゃない。やっぱり感動的だったな。あのとき兵隊さんたちと一緒にしみじみぼくは国家と座っていたんだと思うね(と、ハンカチで涙を拭く)。

小林　うーん。

石原　(引用者注・機銃掃射の件について触れて)麦畑のなかで敵の艦載機に襲われてさ。パァーっと伏せるわけ。そこで一人撃たれるんだけど、さらにその先に森があったんで、そこまで走ろうとしたら、今度は畝《うね》の低い芋畑のところで、また次の飛行機がくるわけだ。伏せる場所がないからそのまま走っていると、今度は撃たれない。なぜだって、振り仰ぐとそれが日本の飛行機でさ。濃い褐色に日の丸が描いてある。それがとっても鮮やかで、こう震いつきたくなるようなものがしたたな。〉(「『戦争と国家』熱論2時間」『SA

PIO』一九九九年八月二十五・九月八日合併号）

帰ることができなかった航空兵、敵機に撃たれた友人への思いは、最後まで語られることがない。対談の席では触れられていた可能性もなくはないが、少なくとも雑誌掲載時にその部分を残そうとする気遣いは、石原氏には無縁なのである。

石原氏が十三歳になる少し前に戦争は終わる。彼も彼の家族も、ついに兵役にとられることはなかった。

自らと国家との一体感を、石原氏はしばしば強調している。この対談でも、彼の『弟』を楽しんで読んだという小林氏と、こんなやり取りをしている。

〈小林　普通、この本は石原兄弟の深い肉親の「絆」に感動したという取り上げられ方をされますけど、わしが驚いたのは生まれもって輝かざるを得ない、強烈な個人がよりによって兄弟二人でこの世に現れているという物語の希有さです。わしは最近、「個と公」っていう風なことを作品などを通して考えているんですけれど、これまでは、いわゆる「個」というのは、個性とか個人とかいうこととしてずっと言われてきましたよね。しかし人間は、個別性ということでは人それぞれであるかもしれないけれども、本当に個性といえるようなものは、もうある程度選ばれている人にしかないなぁって感じるんです。読んでいて刺激を受けたのは、選ばれた人間の個性というものがあって、その選ばれた人間は本当にまったく自由勝手にやっててそれでいいんだっていう、その部分ですね。

石原　ああ、なるほどね。でも、それはぼくとか弟だけがただ選ばれたということじゃなくて、その選ばれた人間なんだという自覚があれば、誰でも何やったっていいんだと思い込むことが大事だと思うね。

小林　なるほど、自覚ですね。

石原　ぼくなんか、自分が死んじゃったら、日本国家は消滅すると思ってるもの(笑)。それはつまり、僕の体の内に日本があるという一体感です。〉

そういう捉え方をしなかったら、「私」と「公」との関わりを考えることはできないと、石原氏は続けていた。だがそうだろうか。彼はむしろ、「私」の利害を国家のそれと混同しているだけなのではないか。

石原氏は衆議院議員時代の約六年間、派閥横断的な政策行動集団「黎明の会」を主宰していたことがある。八九年の発足時から九五年の議員辞職で自然消滅するまで一貫して事務局長を務めていた防衛大学卒の元陸上自衛隊幹部・大貫悦司氏の著書に、こんな一節があった。

〈外交・防衛をライフワークとする石原氏にとって、軍隊への思い入れはひとしおである。アメリカの州兵にならい、陸軍は練馬、海軍はお台場、空軍は横田を基地とする「都兵」を持つべきだと、半ば冗談、半ば真面目(この点がまさに氏らしい〔原文ママ〕)に記者たちに語っているのは、それを如実に示している。「憲法が禁じているのは、国が軍隊を持つことであり、都についてはなんら規制していない」という論法だ。〉(『元側近が明かす　石原新党』ビジネス社、二〇〇二年)

大貫氏に確認すると、例の〝三国人〟発言が公になされた二〇〇〇年四月九日、陸上自衛隊第一師団の創隊記念式典の際、控室での番記者との懇談で出た表現だという。また石原氏の〝軍隊〟への思い入れの証明として、大貫氏はそうした式典の席などにはつきものの観閲式で彼が自衛隊員らにやたらと挙手の敬礼をしてみせる様子を例示した。

「死が十分に予想される局面でも職務を遂行しなければならない自衛隊員にとって、絶対なのは指揮権です。観閲台の上に立った来賓が、自らの祝辞に対する部隊長らの敬礼に答礼することはあっても、観閲行進などに際して自衛官が敬礼するのは指揮命令系統上の観閲官だけに向けてであり、したがって観閲官以外の、つまり陪閲者の答礼もあり得ない。規則的にもそうなっているのですが、石原さんは気が高ぶるためなのか、得々とまさに敬礼をし、また総理や防衛庁長官と同じように、「諸君」という呼びかけをされますね。現場の自衛官たちには、いささか違和感もあるようです」

都兵という表現。自分は選ばれた人間なのだから何をしても許されるという、根拠のない、子供じみて軽々しい思い上がり。そして大貫氏の話を聞くうちに、否応なく連想されてしまった言葉がある。

私兵――。

彼の謂うテロ・ゲリラ対策は、とすれば誰を護り、誰を排除しようとするものなのか。明確にされる必要がある。

ベトナムの野砲陣地にて

一年近くもの間にわたって説得を続けてきたのだが、その人はどうしても首を縦に振ってはくれなかった。報道写真家・石川文洋《いしかわぶんよう》氏のことである。

あのベトナム戦争を最も長期間にわたって撮り続けた日本人カメラマン。六十代も半ばを迎えた今もなお、戦争の悲惨さを訴えるためなら世界各地の戦場に飛ぶことを躊躇《ちゅうちょ》しない男に、どうしても石原氏に対する思いを聞きたかった。六六年十二月二十三日。二日間のいわゆるクリスマス休戦に入る前日の夕刻、サイゴン北部のチャンバン市郊外にあったアメリカ軍の野砲陣地で、二人の間に、ある重大な出来事が起こっていたからだ。

芥川賞受賞から十年。作家活動の他に映画やヨットレースなどでも華々しい活躍を繰り広げていた石原氏は、『週刊読売』の特派で現地に赴き、かねて戦場取材に当たっていた石川氏に合流してきていた。

当時の状況をよく知る関係者によれば、彼らはこの一年余り後のテト攻勢でほぼ全壊させられることになる以前の古都・フエ市などを回ってきたらしい。基地の島・沖縄の出身で、苦学しながらカメラマンへの道を切り開いていった石川氏と石原氏とではまるで異質なコンビだったが、野砲陣地にやって来るまでには幾度か酒も酌み交わし、大いに意気投合していたようである。「サイゴンのナイトクラブでは、ペギー葉山の『学生時代』を一緒に歌った」といった思い出話を、後の石川氏は周囲に残していた。

互いの呼び方は、「石原さん」「石川君」だったとの由。まだ二人とも若かった。ベトナムでの彼らの行動を直接か間接か承知し記憶している証言者の言葉を、コメントの形で紹介してはならない事情があるのが残念である。石原氏にはここでも取材を拒否されているので、文献からの引用が多くなった。

野砲陣地には二人の日本人記者も同行していたという。取材に応じてくれていた中尉が、夕食後、彼らに「大砲の引き金を引いてみないか」と誘った。一人の記者が言われるままに砲撃し、次に石原氏の順番になった。一度は頷いたが考え直して断わった石原氏に、石川氏が言った。

〈「そうですよ、引くべきじゃない。あなたが撃ったタマがベトコンに当たって殺すかもしれないんだから」〉

それでも石原氏は再び考え直し、手渡された鉄兜を被って、引き金に繋がる紐を握った。ウインクしながら、「Kill fifteen Vietcon!」と叫ぶ中尉。だが次の瞬間、休憩の命令が出て、その砲撃は未遂に終わった……。

石原氏自身が、『週刊読売』で発表した原稿に書いている。以下のような心境であったそうだ。

〈軽く、ぜんぜん手ごたえのない感触というが、この戦争の手ざわりに違いない。ここで大砲を撃ち、周囲の他の地方で戦っているアメリカ兵たちにしても、しょせんは第三者的な軽い反応のない戦争をしているだけなのだ。私が、いま、そそのかされるまま、この引き金を引いてみるのと同じように、彼らも、いわば、偶然この場に立ち会わされたものでしかない。それをあやつるものは、ここと違う、遠いどこかにあるのだ、と私は思った。〉

砲撃未遂の直後には、

〈私はほっとし、同時にそれ以上に、好奇心を満たせずに惜しいような気もした。

そのときの私の精神ならびに心理状態を、日本のベトナム戦争反対派はどう評価し、どう非難するかは知らないが、私が感じたものは、正直そんなところだ。

そして、第三者にとっての戦争とは、大なり小なりそんなものでしかないと私は思う。

自分の上に砲弾が落ちてきてはじめて、人間には、その戦いがなんであるか、なんのためのものであるかがわかるに違いない。私はそのとき、戦争絶対反対を唱えるにしても、人間の、ただ理念がそうさせた行為が、どれほど感傷的なものでしかないか、ということも改めて理解してみたと思う。〉（一九六七年一月十三日号「現地ルポ・ベトナム48時間の平和」）

意味不明の部分が少なくないが、取材者であったはずの石原氏がアメリカ軍のベトナム解放戦線あるいは解放区に対する砲撃に面白半分に加わりかけたことだけは事実だったらしい。彼はこの挿話を同年末に読売新聞社から刊行された石川氏の『ベトナム最前線　カメラ・ルポ　戦争と兵士と民衆』に寄せた序文「石川君の黒い瞳」でも、石川氏の戒めをより際立たせる書き方で紹介している。朝日新聞の元記者で、現在は『週刊金曜日』の発行人をしている本多勝一氏がこれを引用して、何度となく石原批判を重ねてきた。こんな具合である。

〈こういう小説家の神経と体質について、私がここで解説を加えるまでもありますまい。私はこのあと解放区の取材に長く潜入していましたから、時間と場所がすこしずれれば、ことによると石原の撃った砲弾が私のいた村にとんできたかもしれませんね。

ここに見られるように、石原はベトナムへ行ってもせいぜい陣地までしか行けはしない。石川文洋の苛烈な体験はもちろん、私がやったていどの歩兵との最前線従軍さえできず、安全地帯にいて、卑劣にもそんな中から大砲だけは撃ってみるような、子どもの戦争ごっこくらいしかできないのです。〉（『貧困なる精神N集　石原慎太郎の人生』朝日新聞社、二〇〇〇年）

石原氏の名誉のために、ただし二点ほど補足しておかなくてはならないことがある。当時のベトナム特派員によれば、現地に駐在していた西側ジャーナリストはまず例外なく、拳銃かライフル銃で武装していたという。実際、アメリカの特派員など北ベトナム側から見れば敵以外の何ものでもない。南ベトナム解放民族戦線(当時の俗称ベトコン)に襲撃される危険は絶えずあるわけで、ほとんど兵士のような記者も少なからずいたとされる。

日本からの特派員は丸腰だったが、平和憲法の国から来た人間だろうがなかろうが、アメリカ軍とともにいる者は、当然、ベトコンにとっては敵なのだ。アメリカの軍人に砲撃を誘われて断わらなかったのは、何も石原氏らに同行していた新聞記者だけではなかったに違いない。

『週刊読売』に石原氏が寄せた文章にしても、言うまでもなく戦争賛歌ではなかった。六七年の年明けから合計三回にわたって連載された彼の現地ルポは、ありきたりの反戦論文などよりもはるかにナイーブな感性に溢れ、戦争への怒りや悲しみが綴られてもいた。

連載の最終回のラストで、石原氏は若い気弱な二等兵について描写している。撃ち合いになると壕の中で相手に背を向け、ライフルだけを頭上に掲げて狙いも定めずに引き金を引いていたというその二等兵は、しかし、親しい同僚の足が撃ち抜かれた瞬間、人格が変わったという。

〈何やら叫ぶと、先刻の伍長の止めるのもきかず、ワトスン二等兵はライフルを腰にかまえて、友人を倒したタマの飛んできた茂みに向かって突進し、途中にはえていた一本の樹にはりつくと、マガジンを三本とり替えるまで撃ちつづけた。

そこから引き返してきた時、彼の長い面に浮かんでいた笑みは、緊張と興奮に引きつりながらも、壕の中で見せた笑顔とは別人のように違っていた。

「兵隊は、ああやってできるんだ」

私の横で、先刻彼をけとばした伍長がいった。〉

紅顔の二等兵がそうして本格的な軍人になっていったとして、彼や彼の祖国に何がもたらされるというのか、別の戦場で見た黒人兵は、明け方近く、照明弾に照らし出されたベトコンを、あたかもジャズのドラムを叩くかのように歯を剝き出し、機関銃を乱射していたなどと、石原氏の記述は続く。かくて導かれた結語は以下の通りである。

〈いったい、何のための戦さに、アメリカは、これらのアメリカ人たちに耐え難い苦しみと恐怖を強《し》い、その人間までを変えようとしているのだろうか。かわいそうなアメリカ人――。

第三者の立場で、アメリカ軍側からこの戦争をながめて私が何よりも感じたものは、それでしかなかった。

そして、この精神と生命の消耗でしかないこの戦争に満足している人間がいるとしたなら、彼らこそが人間全体の敵でなくてなんだというのだろう。〉

アメリカ人への思い入ればかりが過剰な気がしなくもないが、戦場取材の経験のない筆者にはそれ以上の何も言えない。不可思議なのはそれから三十余年の後、石原氏が自身の政治家生活を振り返った『国家なる幻影』(文藝春秋、一九九九年)の最初の一章に書かれた一節である。

〈おおよそただの野次馬として赴いたベトナムで私が体得した至上のものは、国家というものを人格になぞらえて考えるという習慣だった。結果としてそれが私を日本で政治に向かって曳いていったのだ。〉

『週刊読売』のルポから受ける印象とは正反対の心情のようにも思える。この間の石原氏の内面の変化の故なのか、それとも当時の記述に偽りがあったのか。

それを解く手掛かりは、やはりあの、野砲陣地での一件ではなかったか。石原氏がアメリカでも他の西側先進国でもない、この日本の指導者の座に就く可能性があるとされる以上、それは彼の戦争観、人間観を知る上で重要な意味を持ってくる。周知の話題ではあっても、だからこそ一方の当事者である石川氏の思いを知りたかったのだが、ようやく会うことのできた彼は「あまりよく憶えていない」と繰り返すだけで、それ以上は口を閉ざした。ベトナムでの友情を裏切りたくないとする石川氏の覚悟を、石原氏はどのように受け止めるだろうか。

三宅島へ夜間離着陸訓練を誘致？

伊豆諸島・三宅島の全島避難から、すでに二年半以上が経過した。島の中央部にある標高八一四メートルの雄山が二〇〇〇年七月から噴火を繰り返し、八月十八日午後五時二分の大噴火で凄まじい有毒ガスが放出されて、人々が生活できなくなった。このため東京都が、「東京ビッグレスキュー二〇〇〇」の前日に当たる九月二日に下した行政命令。火山活動は沈静化に向かっているとはいうものの、約三八〇〇人を数える避難島民が元の暮らしに戻れる見通しは、依然立っていない。

彼らの窮状は、折に触れて報じられる。住宅問題。収入の道を絶たれた人々の就労問題。いつまでも宙ぶらりんの立場では定職に就くことも難しい以上、避難生活が長引けば長引くほど、どこで何をして食べていくべきかという将来への決断を迫られる島民が増えていく。深刻すぎる不安に、行政による支援の不備が指摘されて久しい。

二〇〇二年の夏、そして一部の有力島民たちに、次のような文面の残暑見舞い葉書が届いた。差出人は三宅島の元村会議員である。

〈わが郷里三宅の将来を思うと、この猛暑も忘れてしまいそうです。財源確保の一つの選択肢として、そろそろ官民共用空港をオープンに議論すべき時期ではないでしょう

か。〉

受け取った島民たちは、ただちに差出人の意図を理解した。太字で強調されていた「官民共用空港」とは、すなわち三宅島への米軍機のＮＬＰ（Night Landing Practice＝夜間離着陸訓練）基地の誘致を意味していたのである。

発端は七三年、当時の田中角栄政権が米軍の空母ミッドウェーの母港に横須賀港を提供したことから始まっている。艦載機パイロットのとりわけ実戦に必要な夜間の離着陸に求められる技術水準はきわめて高く、空母が補給や整備のため入港している間も陸上の滑走路を甲板に見立てたタッチ・アンド・ゴー（進入→着地→全速急上昇）の訓練を積み重ねておかないと危険だ。そのためには主に厚木基地（神奈川県）が利用されたが、やがて基地周辺の市街化に伴い制約が増え、ＮＬＰに向かなくなった。関係者らの証言や関連文献などを総合すると、そこで日本政府が複数の代替地案を米軍側に提示し、それぞれの地元自治体がいずれも受け入れを拒否していた八三年当時、三宅島の一部村議らが住民に諮《はか》ることもないまま画策を進め、十二月の定例議会で突然、「官民共用空港」誘致を決議してしまったのだった。その中心には案の定、土建会社を経営している村議がいた。

住民たちは怒りを爆発させた。有権者の七七％に相当する署名を集める反対運動が展開され、翌八四年一月、決議の白紙撤回が決定。選挙を経て一新された村議会によって軍用機能を有する飛行場の誘致には絶対反対の意思が改めて決議されたまま、現在に至っている。

「でも」と、少なからぬ三宅島民がこぼすようになったという。

「島へはいつ戻れるのかわからない。だったらこの際、村ごと米軍に売ってしまおうよ」

「NLPをせめて都や国との取引材料に使ったらどうか。行政の冷たい眼差しが変わってくるはずだ」

といった声が交わされる場面が増えてきたと語るのは、NLP中立派を標榜する現職の村議である。

三宅島に逃げられた格好の政府と米軍は協議の末、NLPを硫黄島の自衛隊基地に分散させるなどで対応してきたが、なお三宅島を諦めてはいない。例年の『防衛白書』にも、その旨が述べられ続けてきた。避難生活の長期化につれて、そこに救いの手を求め、または起死回生のチャンスをうかがいたくなる心情が広がり始めても、それは不思議ではなかった。

問題は、そうした島民心理が、一定の意思の下で誘導されてきた結果ではないか、という疑念である。三宅島村の中枢にいる人々が政治的立場を超えてそう口を揃えるほどに、石原慎太郎都知事は彼らの前で、今回の噴火による全島避難、さらには復興計画と、

ＮＬＰ誘致問題とを絡めて語り過ぎていた。

都側の反応を考慮すれば、証言者たちの姓名は、またしても匿名にしておかざるを得ない。二〇〇〇年六月二十九日午後二時過ぎ、大噴火への予兆が高まっていた時期に現地を訪れた石原知事は、三宅島空港で迎えのマイクロバスに乗り込むやいなや、開口一番、こう言い放ったのだという。

「三宅は食い物が不味いんだよな。で、いつまでＮＬＰに反対してるんだ。受け入れちまえば復興だって簡単だろうに」

同じバスに乗っていたのは村長、村議会議長、同副議長、東京都三宅支庁長（いずれも当時）と、知事と同行してきた青山佾《あおやまやすし》・副知事や担当部長ら東京都の面々だ。誰も言葉を返せないままでいたら、石原氏も黙り込んだ。複数の同乗者による別々の証言が一致していた。

バスはいくつかの避難所を回った。同行者の一人が、石原氏の振る舞いを回想する。

「あの人はブーツのような、普通よりちょっと長い靴を履いていましたね。で、小中学校の体育館に入る際、お付きの人間にそのボタンを外させて、押さえさせておく。自分は屈《かが》むことも足に手を触れることもなく、ただ脱いで上がっていくんだ。挨拶はしてくれました。これもお付きの人が、被災者たちを並べさせて花道みたいなのを作っていたけど、知事はみんなとは離れた場所に立っていただけで、そこまで歩いていかなかった。それで五分ほどで出ていっちゃいました。天皇陛下だって一人一人に声くらいかけてくれます。みんな呆然としていました」

定例記者会見の場で三宅島の復興計画について質されて、「その財源を確保する方法が、あの島にはあるんだがな」と首を捻って見せた一幕が、一般の新聞やテレビで取り上げられることはなかった。一部の村議が東京MXテレビの中継でこの発言を知り、どういう意味かはっきりさせるよう申し入れるべきだと村長を焚きつけたが、いつの間にかウヤムヤになった。

三宅島NLPへの石原氏のこだわり、そのような彼に対する島民たちの不信感には前史があるという。そもそも八三年の官民共用空港受け入れ決議も、直前の十月に村最大の集落の四百戸が溶岩流に埋まった大災害の混乱に乗じる形でなされていた。三宅島はほぼ二十年周期で大きな噴火を繰り返してきている。また伊豆七島と小笠原諸島は衆議院時代の石原氏の選挙区だったから、彼は自民党政治家として反対派切り崩しの先兵役を担ってもいた。

八六年二月七日のことである。一般乗客に混じって三宅島空港に降り立った石原氏は、集まっていた住民ざっと百人ほどに向かい微笑みかけ、軽く手を振りかけて、次の瞬間、顔色を失った。「何しに来た！」などとする罵声と、イシハラ帰れ、帰れの大合唱とに、彼は出迎えられたのだった。

帰れコールを浴びせる側にいた有力者が苦笑する。

「何を勘違いしたのか彼、自分を歓迎するために大勢集まってるんだと思ったらしい。例の白紙撤回、NLP反対決議から二年経ち、その年の五月に開催される東京サミットまでに逆転の見通しをつけたいとして、あの頃の自民党はものすごく焦っていた。石原さんが下工作をしに来るという情報が入っていたんで、我々は待ち構えていたんです。そうしたら出迎えの車に飛び乗ってサァーッと走り去って行っちゃった。相当の屈辱というか、ショックを受けている様子でした」

はたして一週間後の二月十五日には、藤尾正行・政調会長を団長に、宇野宗佑・幹事長代理、中山正暉・国民運動本部長、粕谷茂・都連幹事長ら、自民党の国会・都議会議員団が大挙して三宅島にやって来た。もちろん石原慎太郎・財務委員長も(肩書きはいずれも当時)。NLPの見返り事業計画総額七百億円の手土産を抱えての正面突破作戦は、しかし無残な大失敗に終わった。

それから二十年近い歳月が流れた。在日米軍や自衛隊をめぐる軍事情勢の変化は改めて指摘するまでもない。水面下ではさまざまな動きがあるらしく、〇三年一月には米軍岩国基地に近い瀬戸内海の大黒神島(広島県佐伯郡沖美町)へのNLP移転計画も浮上したが、表面化したとたん県知事はじめ住民の猛反対に遭いたちまち頓挫。相対的に三宅島の価値がいや増す結果になった。一方には東京都の首長となった石原氏。そして前回の噴火とは比較にならない打撃に打ちひしがれ、ややもすると自暴自棄になりかけている三宅島島民たち。

佐久間達巳・三宅村村議は奇妙な体験をしたことがある。彼もまた、NLP中立派を強調する若手議員であった。

「三宅村はこの際、被災の現状を踏まえた上で、改めてNLP問題についての判断をしておくべきではないかと、私は〇一年十二月の村議会で村長に質したんです。村としてはあくまで反対を貫くと村長は答弁してきたので私も、それはそれで結構だが、以前のように島民が真っ二つに分かれてしまうような事態だけは避けなければいけない、NLPに頼りたい島民を排除するような行政であってはならないと返した。

そうしたら東京防衛施設局の三宅島出張所長から電話があった。旧知の人でしたが、情報交換をしたいと言うんです。一度は会う日時も約束したのですが変更になって、なぜかその後は連絡が途絶えてしまった。こちらから電話してみると、『現時点では佐久間村議と接触しないでもらいたいという東京都の意向』なのだそうです。興信所に見張られているわけでもあるまいし、それはおかしい。もしも再びNLPの議論をということになれば、窓口になるのは私しかいないのに、外して困るのはあんただよと言ってやりましたが」

いかようにも解釈できる顚末ではある。石原知事の東京都は、被災地の弱みにつけ込もうとするやり方が卑劣だからやめさせたいのか、逆に下のレベルで勝手に動かれては邪魔だと判断して止めたのか。

都は二〇〇二年秋、島民たちの全面帰島時期を判断する目安にするための科学的検討会を設置していた。専門家や国、村の関係行政機関を交えて、火山ガスの人体に与える影響や安全対策を検討するというのだが。

第六章　防災スペクタクルの一日

――〈検証〉ビッグレスキュー東京二〇〇〇

在日朝鮮人虐殺の記憶

東京都墨田区の西北部、隅田川に臨む東白鬚公園で、山谷地区を拠点とする日雇い労働者とその支援者など約二五〇人が、集会を開いていた。対岸の荒川区南千住、いわゆる白鬚《しらひげ》西地区一帯では、自衛隊や消防が道路障害物の除去や倒壊建物群からの救出訓練を展開している光景が見渡せる。

「治安出動反対！」

シュプレヒコールを繰り返す彼らを、機動隊と私服警官の集団が取り囲んでいた。川岸に用意されたヘリポートめがけ、バラバラと轟音を響かせた攻撃用ヘリコプターが舞い降りていく。自衛隊員たちの愛称「コブラ」という機種だった。

隅田川の堤防沿いに、路上生活者たちの〝住まい〟が並んでいる。廃材を利用して組み立てられたバラック小屋の〝各戸〟を東京都の職員が訪れ、「撤去通告」の貼り紙をしていったのは、前々日のことだった。

「ガードマンみたいなのがずっとウロウロしてたね。イシハラシンタローが来るからだろ、退去しろというのは」

ここに居を構えて五年になるFさんの話だ。Aさんはこう言った。

「来年になったら、この川べりも公園として整備されるらしい。いつかは追い出される。それが早まるかどうか、だけの問題ですよ」

二人とも、別れ際に同じことを言った。「ま、どのみち俺たちには関係ないことだけどな」

在日朝鮮人向け新聞の女性記者・Kさんは、集会や周辺のデモ行進を取材していた。二十代前半の彼女は、日雇い労働者たちの中ではひときわ目立つ。どこに行くにも、公安の私服がぴったりと張りつき、威圧してきた。

Kさんが振り返る。

「カバンの中を調べられて、外国人登録証を見つけられたらどうしようと、ずっと怯えていました。それだけで警察の態度はさらに悪くなるはずです。もしかしたら他に誰もいない場所に連れて行かれて、殺されるかもしれない。そんな恐怖さえ覚えました」

一九二三(大正十二)年九月一日の関東大震災で、多くの在日朝鮮人が虐殺された。上海で刊行されていた『独立新聞』が国際的な支援を得て行った調査によると、被害者は六六六一人を数えたといわれ、これが現在も定説になっている。

震災に乗じた騒擾《そうじょう》計画ありとの出所不明のデマを名分に戒厳令が敷かれ、続いて朝鮮人取締まりを命ずる緊急通達が、内務省警保局長から各地方長官宛に出された。これを受けた軍隊、警察、および民間の自警団が一体となり、さらなる流言蜚語《りゅうげんひご》の飛び交う混乱の中、朝鮮人を次々に殺し、あるいは火炙《ひあぶ》りや鋸引きの拷問を加えていった(金賛汀『在日コリアン百年史』三五館、一九九七年など)。

朝鮮人街が点在した、このあたりの下町でも、犠牲者が続出した。それから七十七年と二日目。二〇〇〇(平成十二)年九月三日の日曜日。

東京都が白鬚西地区を含む都内十カ所で、史上最大規模の総合防災訓練を展開した。「ビッグレスキュー東京二〇〇〇〜首都を救え〜」。陸海空の三自衛隊員七一〇〇人をはじめ警視庁警察官三〇〇〇人、各地消防団員やボランティア団体メンバーなど総勢約二万五〇〇〇人が参加し、車両約一九〇〇台、航空機約一二〇機、艦船二十二隻が投入された。

繁華街に溶け込んだ自衛隊——銀座会場

午前九時五分頃、日本一の繁華街・銀座のメインストリート、中央通り。五丁目の商業ビル「ニューメルサ」前の路上に、男性三人、女性二人が倒れている。

新橋の方向から、真紅のコスチュームを着込んだ消防隊員たちが真っ赤なオートバイに跨《また》がって、次々に駆けつけてきた。助け起こされた怪我人役たちは、地元の防災団員たちの担架に乗せられ、手際よく搬送されていく。

女性の防災団員も多い。黄緑色のジャケットがユニフォーム。彼女たちのヘルメットには、「京橋防火女性の会」とあった。

これも女性の声で、アナウンスが流れる。「本日の訓練には大勢のボランティアが参加しています。自分たちの街は自分で守るというテーマを実践しているのです」

――午前七時、都内区部でマグニチュード七・二、震度六強の直下型大地震が発生。被害は広域に及び、多数の死傷者が出ている模様、というのが「ビッグレスキュー」全体の想定である。

首相官邸も機能不全に陥ったことになっている。防衛庁の中央指揮所で関係閣僚会議が開かれ、そこで緊急災害対策本部長に就任し指揮を執る森喜朗首相に、都の防災センターに陣取った石原慎太郎都知事が、八時二十分にテレビ会議で自衛隊の派遣を要請した、という筋書きだ。

八時三十分には、練馬区の都営地下鉄大江戸線の車庫から、練馬駐屯地の陸上自衛官約一七〇人が次々に地下鉄車両に乗り込んだ。彼らは三十キロ東南の江東区木場《きば》に集結する。地上交通網がマヒした場合に備える訓練とされた。

銀座中央通りでの訓練は、ビルから落下したガラスなどによる負傷者への応急救護で幕を開けた。怪我人役の顔をドーランで汚す演出が凝っていた。

やがて装甲車の隊列がやってきた。上空には対戦ヘリの大編隊。迷彩服に身を包んだ自衛隊員たちが街中に溢れ出た。

ビル内に取り残された被災者を特殊車両やヘリを活用して救助する訓練も、主役は自衛隊員たちだった。とにかく華々しく、騒々しい。甲高いホイッスルやサイレンが、ひっきりなしに鳴り響いている。

ヘリが乱舞する空は抜けるように青い。モニター画面に映ったと言って大喜びする若い夫婦。軍用車両をバックの記念写真に興じる女子大生のグループ。訓練そのものの緊迫した雰囲気とは裏腹に、ヤジ馬の大半は、明るい笑顔を見せていた。

九時二十分を回った頃、石原都知事と森首相が視察に訪れた。盛り上がる訓練の様子に目を細めつつ、二人は一丁目から八丁目の方向に歩を進める。カメラを握りしめた報道陣が一〇〇人以上も、その後を追いかけていった。

開始から一時間後の午前十時過ぎ、銀座会場の訓練は終了した。中央通りの通行止めが解かれ、街は日常の風景を取り戻していく。

別の会場に向かう装甲車と、入り込んできた一般の乗用車が中央通りに居合わせた数分間、格別の違和感もなかった。集中的に大量の軍用車両を見せられたばかりの目には、自衛隊が、銀座の街に溶け込んでいるように映った。

ほどなくして四丁目の交差点にある三越銀座店屋上で講評会が催された。一五〇人ほどの関係者が集合し、京橋消防団第三分団長で、松坂屋勤務の後藤某氏が司会。青山佾・東京都副知事の代理で出席した佐々木克己・東京都出納長、矢田美英《やだよしひで》・中央区長と続いた挨拶の後、泉山紀明・警視庁築地警察署長が壇上に立った。

「本日はまことに、銀座の治安を担当する者として同慶の至りであります。多数の自衛隊員が参加されるということで、極左暴力集団が垂れ幕やビラマキで妨害しようとする動きがあったものの、われわれはその対策を粛々と推進し、訓練を無事、かつ円滑に終えることができました」

堤十九夫《つつみとくお》・東京消防庁京橋消防署長を挟んで、陸上自衛隊第三十二普通科連隊長の市橋映・一等陸佐に順番が回ってきた。迷彩服姿のまま登場した彼は、左右に一瞥をくれた後、こう述べた。

「今回の訓練は、われわれ自衛隊にとっても大きなメリットがありました。銀座の現地で、現物の建物を使って訓練できたのは、貴重な経験であります。引き続き、ここにおられる組織や団体との有機的な連携によって、さらに充実した訓練が計画されることを祈ります」

地元・銀座の商店主や事業所の従業員らで組織する「銀座震災対策委員会」の小坂敬会長が、講評会のトリを務めた。訓練を通した防災意識の高まりを讃えた彼は、挨拶の最後を挙手敬礼で締めくくった。

立ち退き家屋で救助訓練——白鬚西会場

石原知事はこの間、救護された被災者への給食・給水、入浴・衛生支援訓練などが行われた駒沢会場(世田谷区駒沢公園)と、大江戸線で移動した陸上自衛隊の部隊が集結訓練を展開している木場会場を視察している。彼がその次にヘリコプターで向かったのが、冒頭でも触れた白鬚西会場だった。

ここでの目玉は、倒壊建物からの被災者救助訓練である。倒れかけた街灯、乗り捨てられた車、そして倒壊した木造家屋が二軒。ありがちなベニヤ製の模造ではない。いずれも実物が使われた。

午前十一時過ぎ、石原都知事の到着を待ちかねたように、けたたましいサイレンが鳴り出した。東京消防庁のレスキュー隊と陸上自衛隊とが、放置された車を移動する。下町の路地が、瞬く間に装甲車や消防車で一杯になった。

家屋への一斉放水。続いて大型重機と自衛隊員らの手作業とで、家屋は取り壊されていく。

隊員たちのかけ声と重機の唸る音が、圧倒的なパワーを物語った。銀座での訓練のような、明るいとか暗いといった形容は難しい。「すごいなあ」。見物人から感嘆の声があがった。

実物を利用した訓練が可能だったのは、この一帯が都の再開発用地で、すでに大方の住人が立ち退き、更地と空家ばかりになっていたためである。地区内にある都第一再開発事務所によれば、二〇〇二年の完成を目標に、約五十ヘクタールの用地内に、四五〇〇世帯が入居する高層住宅と総合公園を建設する計画が進んでいる。

計画の概要を示したパンフレットに曰く、

〈住商工混在の密集地をクリアランスし、建物の不燃高層化等土地の高度利用を図り、災害時における避難広場の確保と安全で快適な生活環境の整備及び地域特性を配慮した経済基盤の強化を目的とする。〉

近くの山谷《さんや》や浅草の喧騒や猥雑とはもはや無縁の、切り離された郊外に変わろうとしている土地。主のいない家屋に何をしようが、誰も困らない理屈だった。

ただ、例外もある。立ち退きに同意はしたものの、さまざまな事情ですぐには出て行けない所帯が、数軒だけ残っていた。彼らは目の前の、少し前までは近所付き合いをしていた人々の家が自衛隊に壊されていく過程を内側から覗く格好になった。

後日、その中の一軒を訪ねてみた。玄関にかけられた簾《すだれ》の向こうで、その家の主人は淡々と語った。

「隣であんなことやられちゃあ、それはいい気持ちはしませんよ。でも、一カ月前だったか、警察官が来て、お宅に被害が及ぶことはないし、注意するからと言われていて、実際、その通りだったしね。十月末までには絶対に立ち退いてくれと言われています。

地区内の都営住宅に入居できることにはなってるのですが、犬を飼ってるので、そう簡単でもないんです」

——自衛隊の力を目の当たりにされて、どう感じましたか。頼もしい、それとも恐ろしい？

「さあ……。まあ、本物の大地震がきたら、あんなものじゃないだろうとは思いますけど。計画通りにはいかないいんじゃないかな」

いくら水を向けても、彼はこれ以上の言葉を口にしてくれない。〝お上〟への気遣いとは、少し違っていた。

あえて推測する。彼の心中を占めているのは、すべてに対する〝諦め〟ではなかったのか。

自衛隊の架橋訓練——篠崎会場

白鬚西会場を後にした石原知事は、次の視察先である篠崎会場（江戸川区篠崎町）で昼食を摂っている。自衛隊員の作ったカレーライスを彼が旨そうに頬張るショットが、後にいくつかの媒体に掲載、あるいは放映された。

各地から集結してきた自衛隊の部隊が江戸川の河川敷に活動拠点を設置し、また幹線道路の落橋を想定して浮橋を架ける訓練などを主体とした篠崎会場に、都の職員やボランティアの活動する余地はなかった。夥《おびただ》しい数の軍用トラックが、川沿いにびっしりと敷きつめられている。十数機もの輸送用ヘリが、救援物資を積んだり降ろしたり、猛烈な勢いで離発着を繰り返していく。自衛隊一色だ。川面が白く波立っていた。

プロペラの轟音が凄まじい。河川敷を見下ろす堤防に詰めかけた大勢の見物人たち。にもかかわらず、辺りを支配していたのは、沈黙と静寂だった。歓声も野次も、会話さえ聞こえてこなかった。

呆然と立ち尽くす中年女性がいた。付近で食肉卸業を営む田沢登美子さん(仮名)。

「ヘリコプターの音にびっくりして、仕事を中断して来てみたんです。何か訓練をするとは聞いていましたが、こんなすごいものだとは思ってもいませんでした。戦時中は私、赤ちゃんでしたから、体験した記憶はないんですけど。ちょっと……怖いです」

地面に腰掛けて訓練を眺める五十がらみの痩せた男性は、涙ぐんでいるように見えた。彼にも話しかけたが、言下に断わられた。「勘弁してください」

石原都知事は、予定の十一時五十五分よりやや遅れてこの会場にやって来た。河川敷のヘリポートからどこをどう回ってきたのか、なぜか堤防の上に現れ、階段を下りてくる。「慎ちゃーん」。小さな歓声があがり、周囲に人だかりができた。

「頑張ってください！」と声をかけた一人の中年女性に、知事は満面の笑みで応じ、右手を差し出した。カレーライスのシーンは、この直後のことである。

河川敷に下りていく石原都知事を見送って、人だかりが散った。どこからかバッタが飛んできて、設えられたテントの中の通信機に止まった。笑い声が聞こえたので振り向くと、幼い兄弟とじゃれ合う三人の自衛隊員と、その様子を見つめて微笑む若い夫婦の姿があった。

オープンな防災訓練、ではあった。石原都知事も自衛隊の装備も群衆の前に堂々と姿を晒《さら》し、報道上の規制もほとんどない。

対照的に、彼らのやり方に少しでも抵抗する人々に対する監視は執拗で、徹底していた。本章の冒頭で在日K記者の恐怖体験を紹介したが、同じ白鬚西地区では、訓練会場と、反対派が集会の拠点とした対岸の公園とを結ぶ水神《すいじん》大橋が機動隊に封鎖されている。通行を妨げられ、抗議する近隣住民もいたが、聞き入れられない。

取材スタッフの一人は、強引に橋を渡ってみようとした。咄嗟《とっさ》に両肩に手が掛かる。それでも足を止めずにいると、羽交い締めにされた。

「あなただけを通すわけにはいかないんだよ!」

責任者らしい機動隊員が、大声で怒鳴りつけてきた。

阪神淡路大震災の教訓——東京都参与・志方俊之氏に聞く

石原慎太郎都知事が、自衛隊との本格的な連携による大規模な防災訓練の構想を打ち出したのは、一九九九年七月のことである。就任から三カ月目、当時の小渕恵三首相に〝南関東大震災〟を想定した訓練の必要を提言し、同意を得て、フジテレビの報道番組などで明らかにした。

東京都は例年、九月一日の「防災の日」に防災訓練を重ねてきた。自衛隊の参加もあったが、あくまでも都や区市町村が設けた個別の場面ごとに、それも二百人程度。だが石原構想が公にされた翌々月の訓練には過去最大の五百人が参加して、一年後への地ならしが始まった。

十一月には陸上自衛隊出身の志方俊之・帝京大学教授が、特別参与として東京都に迎えられている。北部方面総監だった九一年、北海道の演習場で自衛隊初の大規模災害訓練「ビッグレスキュー91」を指揮した実績が買われた人事だった。

訓練名の連続性といい、今回の「ビッグレスキュー東京二〇〇〇」も、この志方参与がグランドデザイナーだった。東京都庁第一庁舎九階の防災センターで、本人の証言を得た。

「あの時の北海道知事は社会党の横路孝弘さん。自衛隊の催しには出席しないという方だったのですが、道民の命を助けるための訓練を見ていただけなくてどうしますかとお願いしたら、来てくれました。すると彼の周りの自衛隊批判がピタリと止んでしまった。みんな官僚的なんですよね。

私はその後、大学の先生に転じましたが、時間の余裕もできたし、ノウハウや経験を国民のお役に立てたいと考えていました。そこに石原知事の構想です。私は旧知の中曽根康弘元首相に相談し、ご推薦もいただいて、こちらから売り込んだのです。知事の方も誰かいないかと思われていたそうで、ではやってもらいましょう、となった」

志方参与によれば、九五年一月の阪神・淡路大震災で救援活動に当たった自衛隊員は約二万人に達した。東京が巨大地震に見舞われた場合には少なく見積もっても同程度の出動が必要で、とすれば訓練にも一定以上のスケールが求められる。問題点の抽出を目的とする以上、ミニチュアの結果を拡大すればよいというものではない、という。

「ざっと三億円の予算を確保することから、仕事は始まりました。高いと思われるかもしれませんが、交通事故死で一人一億円の補償金が出る時代です。五百人死ぬところが訓練のお陰で四百人で済めば、安いものではないかと。

次に日程です。今年平成十二(二〇〇〇)年の防災の日はウィークデイの金曜で、それでは関係者にしか見てもらえません。できるだけ多くの都民に参加してもらいたいという知事の強い意向で、九月一日に最も近い日曜日に決定できました。これは当たったと思っています」

「主人公はあくまでも住民ですよ。阪神大震災の発生直後も、まず静寂が襲い、次に比較的元気のよい人々が立ち上がる。しばらくして警察、消防がやって来て、最後に自衛隊の順番でした。防災訓練の基本は〝隣人〟なんです。

　ですから下からの盛り上がりを重視しました。具体的には昨平成十一年十月頃の段階でボランティアのＮＰＯ（非営利組織）などに手を挙げてもらい、それらを束ねている団体にオーガナイズしてもらった。こちらが指図するのではなく、ボランティアの発意を大事にしたつもりです」

「ではなぜ自衛隊なのか。警察や消防のような地域に密着した組織ではない。住民とは少し距離があります。しかし自衛隊には、ナタのような力がある。マッシブ（巨大な）な力による災害対策を展開できる能力を持っているのです。

　反対意見は承知しています。自衛隊と国民とは、いまだにお互いが理解し合っていません。そのままではいけない。多くの国々と同じように、国民が自分たちの財産、息子だと捉えて上手に使う、それが民主主義国家における軍事力のあり方なのではないでしょうか」

市民は主役になれたか――銀座町内会とボランティア団体の場合

志方参与の主張には、耳を傾けるべき部分が少なくない。だが、彼の語る理念通りに「ビッグレスキュー東京二〇〇〇」防災訓練が行われたかと言えば、それは違う。

たとえば銀座会場だ。場所柄もあって最も華々しく、地元と警察・消防・自衛隊の一枚岩ぶりを見せつけた防災訓練の影には、興味深い経緯があった。

銀座五丁目から八丁目までの町内会連合「京橋三之部連合町会」の森連《もりれん》会長を都の防災担当者らが訪れたのは、二〇〇〇年一月のことである。石原都知事の意向で秋の防災訓練は都内十カ所に展開する大規模なものとなる、ついては銀座を会場の一つに考えているので協力してほしいという話だった。

「なにしろ銀座は、昭和五十七(一九八二)年から昨平成十一年まで、十八年連続で独自の防災訓練を積み重ねてきた実績があります。地元で作る「銀座震災対策委員会」が主催で、築地警察署と京橋消防署に指導をいただいている。近年は地元住民五千人前後が参加してくれています。防災の日を控えた八月下旬に行うのが恒例で、今年平成十二年もその頃に予定していたのですが」

そう語る森氏は、銀座に防災意識を根づかせ、現在に至るまでそのリーダーであり続けてきた人物だ。政財界御用達の関西割烹《かっぽう》「新太炉」の経営で名を馳せてはいたものの、この町ではまだ駆け出し扱いだった七〇年代半ば、並み居る大旦那たちに防災の意義を説得した苦労談は、今も若旦那衆に語り継がれている。

だからこそ東京都も森氏に相談した。結果的には例年以上に有意義な防災訓練ができたと喜ぶ森氏だが、都の姿勢が身勝手に映った時期がある。

「もちろん協力はします。日程の調整も問題でしたが、なんとか合わせることにした。

ただ、鳶《とんび》に油揚げをさらわれてはたまらない。わが町銀座がまずあって、それを支援してもらうという形で、第十九回銀座震災訓練を東京都と合同で行うストーリーならと申し上げ、了解してもらいました。

ところが、実際に都の会議に出席してみると、まるで陣取り合戦なんですな。自衛隊や警察の言う通りにしていたら、銀座は場所を貸すだけで、自分たちの訓練ができなくなってしまいかねなくなった。で、いい加減にしてくれ、肝心の住民をボイコットするような訓練はまかりならんと、私は声を上げたんです。当日まで三カ月もない、六月頃でした。都も理解してくれ、車両を間引きしたりして調整し、あのような訓練になったんですよ」

ボランティアの人々にも、行政の下請け意識などなかった。たとえば志方参与が〝ボランティアを束ねる団体〟と表現した「東京災害ボランティアネットワーク」(略称・東災ボ)である。

九八年一月に結成され、日本赤十字社など九十二の団体・企業が参加する(二〇〇〇年一月現在)東災ボの事務局長は連合東京(日本労働組合総連合会東京都連合会)の上原泰男・副事務局長兼福祉局長だ。かつて韓国の民主化運動に関わり、重電メーカーでの闘争や地域労組活動でも活躍した彼は、連合の目を阪神・淡路大震災の救援活動に向けさせた中心人物でもあった。

「自衛隊の存在について、私は誰よりも真剣に考えてきた自負があります。でも神戸で、私たちが軍手で何時間もかけて退《ど》かしていたような瓦礫《がれき》を、姫路から進駐してきた彼らの部隊は、一瞬できれいに片づけてしまっていた。

百万人単位の人間の命がやり取りされる大災害の現場では、どうしても彼らの力が必要になってくる。だから私は、自衛隊とも組みますよ。労働組合の世界ではいろいろ言われることもありますが、装置としての自衛隊を市民がどう使うかの視点が大切なんです。

神戸での原点を絶対に忘れたくありません。混沌の中で、被災した豆腐屋さんが、軒先で道行く人に熱いコーヒーを振る舞っていました。そういう心を、私たちは求めていきたい」

東災ボが都の防災訓練に参加したのは、これが初めてではない。巨大災害に備え、避けられないものなら迎え撃つ彼らの姿勢を貫こうとする限り、あらゆる機会を利用するのは当然だという。

「ビッグレスキュー東京二〇〇〇」でも、彼らは会場の地元小学校に前の晩から泊まり込む訓練スタイルを崩さなかった。銀座での買い物客避難誘導訓練に際しても、コンビニエンス・ストアやトイレの立地を地図に記録していくという、独自の調査を加えた。

都知事の狙いと都職員の戸惑い

震災対策の充実を目指す東京都は、かねて東京都震災予防条例の改正に取り組む方針を固めている。関係諸機関との意見交換を重ねた中間報告が公開されているが、それによれば、新しい条例の基本思想は、以下の四つに尽きるという。

①自らの生命は自らで守る——都民や事業者の責務と役割の強化。

②他人を助けることのできる都民へ——自主的防災活動の活性化と助け合いの仕組み作り。

③より迅速な応急・復興活動を——危機管理の視点からの応急・復興対策の見直し及び強化。

④地震に強いまち・東京へ——地震に強いまちづくりの一層の推進。

東災ボや銀座震災対策委員会だけではない。多くのボランティアや地域の関係者たちが、それぞれの信念に基づき、自発的な防災対策を進めようとしている。これは都の考え方とも一致する。

だが現実の「ビッグレスキュー東京二〇〇〇」が、この島国に住むすべての人間に刷り込んだのは、〝ナタのような〟自衛隊の絶対的な実力だけではなかったか。末端の努力や工夫は、スペクタクルの前に、どうしても影が薄くなる。

「主役はやはり自衛隊でした。災害対策に彼らの力が必要なのは確かですが、一次的な救援活動には向いていない。最後の最後に誰の手にも負えないものを相手にするのが特性であって、一般都民にとって、過度の期待は禁物です。依存心が強くなりすぎれば、かえって個々の自立心が鈍ってしまう。自助の精神とは明らかに矛盾しています」

と、ある都庁幹部は語った。同様の不満を洩らす防災関係者が少なくないが、石原都知事は省みない。彼には誰も逆らえない構造が、すでに都庁内部に築かれてしまっていた。

別の都庁関係者の観察。

「知事のやり方に反発している者はたくさんいます。しかし、従わなければ何をされるかわからないし、逆に、忠誠を尽くせば引き上げてもらえる。都庁は中央の高級官僚ほどではありませんが、権力志向の強い集団であることも事実なので、それを叶えてくれる知事になびく職員が増えているのも確かです」

東京都庁職員組合が二〇〇〇年七月十九日、都知事宛に提出した「申し入れ書」は、そんなメンタリティの産物だった。〈治安出動を想定させる自衛隊主導の訓練は直ちにやめること〉と最初に明記しておきながら、文末では〈自衛隊主導の防災訓練には反対であるが、職員参加を求めるのであれば、局・支部協議を十分に尊重し、職員に過重な負担を強いることのないように、また、訓練への参加については、職員の意思を十分に尊重すること〉と、大幅にトーンダウンしてしまっていた。

この間に、件の三国人発言、治安出動発言が飛び出している。陸上自衛隊練馬駐屯地の創隊記念式典に出席した石原都知事は、「不法入国した三国人、外国人の凶悪な犯罪が繰り返されており、大きな災害が起こったら騒じょう事件さえ予想される。警察だけでは限度がある。皆さんには、災害だけでなく、治安維持も目的として遂行してもらいたい」と述べ、総合防災訓練についても言及した。

「陸・海・空の三軍を使って東京を防衛する。国家にとっての軍隊の意義、価値というものを国民、都民にはっきり示して欲しい」「自衛隊は軍隊である」(『読売新聞』二〇〇〇年四月十日付夕刊)。

伊豆諸島・三宅島の噴火活動が続き、島民の不安が募っていた同年八月にも、石原都知事は大噴火の翌十九日から一週間の夏休みをとり、休暇明けの二十七日には「アジア大都市ネットワーク21」の提唱都市会議のためにマレーシアに出発した。マレーシアのホテルでは、行事の合間にプールで泳いでいた姿を、同行した『朝日新聞』記者に見とがめられている。

〈「対策本部で陣頭指揮をとらなければならないのでは」と尋ねると、石原知事は、「もっと大事な仕事でマレーシアに来ている」などと語った。〉

〈「東京には災害対策のために副知事も局長もいる。休憩中にプールに入って何が問題なんだ」この日の記者会見では三宅島の住民について、「イライラしているだろうし、

気持ちは分かる」と話していたが、その後の取材に対し、「泳いでいても考えている」などと語った。〉(八月三十日付朝刊)

石原都知事は初めから、何も隠し立てをしていなかった。彼の独裁を、それでも大衆人気が支える構図。閉塞状況が続き英雄の登場を待望する日本社会で、支配欲むき出しの強権を行使することに恥じらいを感じず、他者の生に対して限りなく無頓着で開けっ広げな差別主義者が、大衆の最も愚かな部分を癒し刺激して、思考停止に陥らせていく。

多くの識者が何度となく繰り返してきた指摘を、ここでも繰り返すしかない。人々の善意も情熱も、また無関心も憎悪も、そのような構造に呑み込まれていってしまうとしたら――。

日本人としての「自覚」という差別――葛西会場・晴海会場

再び「ビッグレスキュー東京二〇〇〇」当日、午後二時。港区の芝公園で、「多民族共生社会の防災を考える9・3集会」が開催された。会場には約一五〇〇人が集まった。勇ましいスローガンやシュプレヒコールは影を潜め、沖縄伝統芸能エイサーの踊りが披露されるなど、党派色の薄い集会だった。

最初に挨拶に立った人材コンサルタントの辛淑玉《シンスゴ》さんは、紫色のチマチョゴリに身を包んでいた。凜とした声からは、ある種の〝覚悟〟が感じられた。

「石原知事は四月九日の発言(引用者注・〝三国人〟発言)をいまだ撤回していない。もちろん謝罪もしていない。「外国人を殺してもかまわない」と言ったまま、居直っている」

「私は最後の一人になっても石原知事を許さない。最後まで闘う」

少し前の午後一時二十分頃、石原都知事は葛西会場(江戸川区)を視察していた。ここでは消火訓練やヘリやロープを使った高層住宅からの救出救助訓練が展開された。屋上をヘリコプター降下訓練に提供したマンション「メイツ葛西第二」の井手添貢・自治会長の話。

「七月初めに区と都の担当者から協力の依頼がありました。屋上の防水に支障をきたす恐れがあるので気乗りはしなかったのですが、理事会で賛成が決議されました。自衛隊については憂慮する声があるのは知っていたし、知事の人間性を疑問視する意見もあるが、自分としてはあれだけの装備と技術を災害時に使わない手はないと思っています。大勢の消防隊員の参加にも安心感を得ることができ、他の住民にも好評でした。批判めいたことは事前も事後も聞こえてきません」

午後二時三十分、晴海会場(中央区)。五隻の自衛艦も投入した活動部隊集結訓練などが終わり、総合防災訓練も後は本丸の都庁会場でのロープ降下、一斉放水を残すのみとなった。

森喜朗首相に続き、全体の講評に立った石原都知事は、森首相を「陸海空の三軍の総司令官」と紹介した後で、こう述べた。

「私たち日本人の心を合わせれば、この国もそう捨てたものではない。またもう一度大きな自覚を取り戻して、世界に尊敬される、重きを置く国に必ずまた復活していくことと思います。

中にはバカな左翼が数人いて、わけのわからんことを言っていましたが、多くの市民はこれを冷笑したり無視したりしていることが、私は非常に象徴的な光景だったと思っております」

小さいが重要なエピソードがある。翌日の新聞各紙には、「でも助けますよ、同胞だから」というコメントも載っていたが、これは晴海での発言ではない。都庁に戻った後、記者に問われて答えた言葉だった。

ここに至って、なお〝同胞〟と限定してみせることに、この人物の本質がある。メディアをフル活用した、ある種のクーデター記念日として、二〇〇〇年九月三日が振り返られるようになるまで、時間はあまり残されていないと思われる。

第七章　私物化される公共空間

小笠原——協定締結の背後で

それは一見、なんとも美しく麗しい光景だった。二〇〇二年七月九日、東京から約千キロ南に浮かぶ小笠原村父島の、太平洋を望んだ大神山《おおがみやま》公園。深く青い海と湾の向こうの山々を背景に、石原慎太郎都知事と宮澤昭一・小笠原村長とが、固い握手を交わしていた。

二人はこの直前、一部地域の立ち入り規制等を盛り込んだ協定書に署名している。人口約二四〇〇人、〝東洋のガラパゴス〟とも形容される小笠原諸島の大自然を守る目的で、都がこのために制定した「島しょ地域における自然の保護と適正な利用に関する要綱」に基づき、小笠原でも有数の絶景を誇る南島と母島の石門地区を対象に観光客の受け入れ人数の上限や期間を設定、都が認定したガイドの同伴を義務づけるなどとした。北海道の知床岬など地元が自主ルールを作って立ち入りを制限するケースは従来も散見されたが、自治体行政がそこまで踏み込む試みは全国でも初めてという。

「国立公園の自然をみんなが互いに管理し合いながら観賞して楽しむという最初のパターンを、小笠原の皆さんが作ってくれたことに感謝している。かけがえのない島をしっかりと、同胞のためにも、世界のためにも守ってもらいたい」

石原知事は協定締結に上機嫌で、挨拶の声が弾んでいた。宮澤村長も「エコ・ツーリズムを基軸とした地域振興を図り、村が大きく羽ばたくために、地元の一人一人の力を結集することが大事」と続けて、二人は満面の笑みを浮かべあったのである。

観光と環境保全の両立を目指す、共生の時代の、それはモデルケースとして、地元以外の人々の目には映ったに違いない。NHKをはじめテレビ各局が捉えた石原・宮澤のツーショット映像は全国に流され、好もしいメッセージとして視聴者に受け止められた。

華々しい調印式には、しかし、どこか不可解な印象も残った。実は八人の小笠原村議会議員のうち五人が出席を拒否していた。一般村民には式典の開催自体が告知されていない。また村議会の総務委員会（菊池《きくち》聰彦《としひこ》委員長）は協定に反対する意見書さえ採択し、翌々十一日には石原知事に提出することになるのである。

〈協定を締結することは、当事者間の約束事であることから、当村議会は、再度にわたり、東京都に対し小笠原村地域住民からの意思が反映されるよう村内での充分な協議をもって進めることをお願いしてきた。にも拘らず、この協定にあたり東京都は自らの都合だけで進め、地元村民を無視したものとなったことは、大変残念である。〉

として始まる意見書は、協定の前提とされた前記「要綱」が小笠原以外の島嶼地域の自治体とは何らの協議もなく決定された、要綱として認めがたいものであると指摘。その内容も知事権限の拡大ばかりが強調され、住民の意見表明を保障しない点で上位法に当たる都条例に抵触するのではないかと批判していた。

地元関係者が悲憤慷慨している。

「この話には前段があるんです。石原知事は二〇〇〇年十月の視察で久々に訪れた南島が汚れていたから誰も入れるなと言い出し、すると都庁環境局の職員がやって来て、年明けから立ち入りを禁止すると一方的に告げてきた。自然保護の必要性に異論はありませんが、小笠原は彼の私有地ではありません。あまりの自分勝手に漁民や観光業者は猛反発。結局は知床のような自主ルールを作ることで都側と調整し、二〇〇一年夏から運用してきたのですが」

協定の締結が諮られた二〇〇二年六月の村議会が紛糾した原因は、都知事があくまでも主導権を握りたがったことへの不快感だけではなかった。五月には都の意向を非公式に打診されていたのに、それまで一カ月もの間、村議会に隠し続けていた宮澤村長の姿勢にも問題があった。

「反対したい気持ちは皆さんと同じだ。しかし都の幹部に泣きつかれてはどうにもならなかった。ここまできてひっくり返したら、かえって村益を損ねてしまいかねない」

村長は大要このような答弁で妥協を求めたが、ついに総務委員会の同意を得ることはできなかった。調印式は東京都と村長の独走だったのだが、内情が世間の目には届かなかったのには理由がある。再び地元関係者の証言。

「父島には地域福祉センターに、VIP用の式典会場があります。ここだと椅子が並べられるので、議員が欠席すれば目立ってしまう。反対派はその映像が全国ニュースで流されることを期待していました。ところが敵もさるもの。前日になって急遽、会場を野外に変更して椅子を不要にし、テレビの映像では議員の出欠がわかりにくくなる工夫をした。また一般村民に知らせなかった分、都の支庁職員の奥様方を動員し、トロピカルな花を持たせてテレビ向けの盛り上げを図っていました」

もっとも、当初は不満たらたらだった観光業者らは、調印式当日までに態度を豹変《ひょうへん》させていた。関係団体の幹部らも、そろってアロハシャツを身にまとって式典に参加。事情を知る周囲には、「俺たちは過去を振り返らない主義なんだ」と嘯《うそぶ》いていたという。最後まで抵抗していた五人の村議らも、その後の村議会では協定順守のための予算案を静かに可決・成立させた。

協定締結の背後には、絶対権力者の独裁と、外にはそれを美しく伝えさせるファシズムのメカニズムが横たわっていた。

空転する小笠原空港建設計画

古くからの小笠原村民にとって、石原慎太郎氏は年来の仇敵だった。

〝海の男〟を自任する彼自身は小笠原を愛しているという。〈私は、小笠原こそ世界一のダイビングのメッカだと思う。特に母島の魚影の濃さは世界でも比類がない〉と書いた著書もある(『弟』幻冬舎、一九九六年)。しかも衆議院議員時代は島嶼地域を含む東京二区の選出、ということはまさに地元の政治家でもあった人物が――。

小笠原空港建設計画の存在が鍵になる。一九六八年に米軍の占領下から返還され、旧島民の帰島が開始されて以来、内地との航空路の開設は、島民の〝悲願〟とされてきた。なにしろ東京の竹芝桟橋から父島二見港までの定期船の運航間隔は五、六日に一度、それも片道約二十五時間半を要する。数年前までは二十八時間かかった。内地とは地球の反対側にあるブラジルよりも時間的に遠く切り離されたままでは、自立も生活もなかったのである。

〝悲願〟には政府も理解を示していた。太平洋戦争末期の強制疎開、ことに同じ小笠原村に属していた硫黄島玉砕の悲劇という歴史への配慮も加わって、七二年の国立公園指定の際も、近い将来の空港用地を構想されていた兄島(人口の多い父島に隣接する平坦な無人島)に強い法的規制を受けない普通地域が多く残されたと言われる。

しかし資材を運ぶだけでも容易でない地理的事情すなわち膨大な建設コストが、空港計画の実施を常に先送りさせた。八〇年代の後半に至るまで、そして小笠原村民が頼り続けたのが、島嶼部も選挙区とする石原衆議院議員であった。

地元の有力者が振り返る。

「何度も陳情しましたよ。自民党の東京都連合会に小笠原空港小委員会というのが組織された時の初代委員長も石原さんだった。都議や都の役人や、もちろん国会議員にも来てもらって、毎日のように朝飯会を積み重ねた。でも、奴は何もしてくれない。必要ないとか反対だという立場なら、それはそれで自由だし、結構です。別の人のところに行くだけの話だ。やろうと言うから、地元としてはアテにしないわけにもいかない状態になっていた。

有能な政治家というのは、たとえば我々と会う時に必要な役人を侍《はべ》らせておき、よく聞いておけ、とやるわけです。彼にはそういう器量がなかった。一緒にいるのはいつも身内の秘書、側近だけ。何もしないのではなく、何もできなかったんですよ」

八八年六月、それでも東京都は小笠原空港建設にいよいよ着手する方針を発表。返還二十周年の記念式典に招かれた鈴木俊一知事(当時)が父島で記者会見し、候補地が兄島であることも明らかにした。

竹下登内閣の時代である。バブル経済の追い風にも助けられて鈴木知事の説得に成功した小笠原の人々は、その上で時の石原運輸大臣を訪ねている。都の方向性が固まっても、国の空港整備計画に盛り込まれ、また財政的な支援がなければ小笠原空港の実現はあり得ない。とすれば長年の陳情先である石原氏の運輸相ポストは計画にとって最高の布陣だとも思われたが、島民たちはここで完全に、政治家・石原慎太郎を見限ったという。

「空港を所管する大臣だというのに、やっぱり一人の役人も同席していなかった。そういう話なら航空局の誰それのところへ行けということもない。頼る相手を間違えていたのだとはっきり思い知らされたわれわれは、別のルートで小沢一郎・自民党幹事長にお会いし、そこから石原大臣の下で運輸政務次官をされていた二階俊博・衆議院議員へと話が通じて、村民の悲願はようやく転がりだしたんです」

かくて小笠原空港は九一年、第六次空港整備五カ年計画の予定事業として採択された。植物や陸生貝類(カタツムリ)の固有種が多く生息する兄島案には自然保護団体などの反対が根強く、環境庁が難色を示すなどの紆余曲折を経ながら、続く第七次空港整備五カ年計画にも継続されていく。九八年には父島・時雨山《しぐれやま》への用地変更が決定。自然保護のための対策を急ぎ、早ければ二〇〇二年度にも着工される予定となった。

だが、バブル経済はすでに崩壊していた。計画はそれ以上の進捗を見せず、またしても不安に陥った小笠原村民の前に立ちはだかったのが、かつては空港推進の旗頭と頼んだ石原慎太郎氏だったのである。

都知事就任後の彼は幾度か、小笠原空港の建設に疑問を投げかける発言を重ねた。冒頭に紹介した南島などへの立ち入り制限を発案することになる二〇〇〇年十月の視察を控えた定例記者会見でも、「あんなものできるわけがない」と一蹴。視察中も村民を見下した態度をとり続けた。

「あなたは黙ってるの。あなたは素人なんだから……。私達行政の専門家が色々案を考えている。あなたに何言われてそれでどうなるもんじゃないから」

「ちっとも重くねーなあ、あんな計画は」

「短絡的に言えばだな、うーん小笠原の人が飛行場を熱望しているだけであって、飛行場あったら、小笠原行きたいっていう日本人がそれほどいる訳でもないし」

ローカル紙『小笠原新聞』(同年十月十一日付)に、現地での発言の数々が記録されている。前年の視察で見たからと石原知事は候補地の時雨山にも足を運ばず、四日間の日程の大半を聟島《むこじま》などでのダイビングに費やす有様だった。

業を煮やした村と村議会は、「都の姿勢に不信感を持った」として都知事宛に抗議文を提出。しかし事態は変わらず、東京都は一年後の二〇〇一年十一月、時雨山案の白紙撤回と新たな航空路案の検討に入ると発表した。この間には実用化された水面滑走の超高速船「テクノスーパーライナー」(TSL)の〇四年度からの小笠原航路への就航決定が先行しており、石原知事自身は「それだけで十分」との考えを定例記者会見の場などで述べている。

石原知事にとっての小笠原

石原知事の結論に、一定の合理性が伴っていないわけではなかった。ＴＳＬがもたらす東京―父島間十六時間への短縮が航空路の代替になるかどうかはともかく、総工費七百億円とされる時雨山案について、「兄島案を潰された役所のメンツの産物」「そんな案を出すこと自体が島民に対して失礼」などとする彼の認識(定例会見などでの発言)は基本的に正しい。南島や石門地区への立ち入り制限も、いずれ不可避ではあったろう。

何よりも財源。時代はバブル崩壊からデフレ・スパイラルへと移行しており、石原知事はそのことを理由に、福祉や医療など、弱者のためのあらゆる政策を切り捨ててきている。わずかな村民のための航空路など顧みられる方が不思議だとは言える。

〝島民の悲願〟というスローガンも、実は怪しくなっていた。悲惨な歴史を引きずる旧島民はもちろん、その子孫を含めた村民も年々減っていく一方である。東京都の調べによれば、石原知事が登場した前年の九八年四月一日現在で、彼らはすでに全島民の二五％を切っていた。

残る七五％は返還後に自然を求めて内地からやって来た新島民と、バブル期以降に観光に訪れそのまま居ついた、いわゆる〝新新島民〟が占めている。小笠原を必ずしも骨を埋める土地として考えていない彼らは、村の将来に関わる事柄について、あまり積極的には発言してこなかった。それだけに大きな声にはなりにくかったものの、小笠原の不便さ、都会とのアクセスの悪さこそをむしろ重要な価値と受け止め、空港建設に内心は反対か、距離を置こうとする人々が少なくない。

純然たる旧島民はいずれ時間の問題で一人残らずこの世から去っていく。とすれば石原都知事のやり方は、結果として時代を先取りしたことになるのかもしれない。

石原氏はしばしば、この国の歴史や伝統の重みを強調してきた。小笠原の空港建設計画に限って、しかし彼が島民たちの三十年余にわたる営みも、戦前からの歴史の襞も綾も、実にあっさりと断ち切ってしまうことができたのはなぜか。石原都知事の謂う〝自然保護〟とは、はたして誰のためのものなのか。

――期待に応えるだけの実力が伴わなかっただけで、むしろ空港建設推進に与しようとしていた自分自身の過去に、では石原さんは、どうやって落とし前をつけるのだ？

前出の有力者が声を荒らげた。彼はややあって冷静になり、それでも怒りに震えながら続けるのだった。

「誰もが一人一人、それぞれの人生を生きているということを彼は理解できないのだとしか言いようがない。東京都が正式に決定したことを同じ東京都が覆すというのなら、人間の社会である限り、それなりの手続きや説明があるはずだ。村民を愚弄した石原さんの言動からは、自分では手も足も出なかったことを小沢・二階ラインにしてやられかけたことへの嫉妬心と、われわれに見限られたことに対する報復を感じざるを得ないね」

空港建設なら発生したはずの土建利権を反故にされたことへの恨み節、だけではない。今でも小笠原で急病人が出れば海上自衛隊の飛行艇が無償で東京まで飛んではくれる。だが一回の出動でン百万円也の燃料費がかかると知らされれば、どうしても負い目が残る。

先にも触れた石原知事の著書『弟』には、彼は実弟である俳優の故・石原裕次郎氏が倒れ大動脈瘤の手術を受けた報を、小笠原のヨットレースに参加すべく「おがさわら丸」で父島へと向かう洋上で聞いたと書かれている。東京に戻る便の出港は三日後だ。残る帰京の手段は自衛隊の飛行艇だけということになるのだが――、

〈島の友人の話だと瀕死の病人の救急だけではなしに、いつかは、親の死に目に会いたいというだけで人を運んだこともあったということだが、こちらの立場が立場だけにまずかろうとそれは諦めた。〉

結局は青嵐会の盟友、故・中川一郎氏(元農水相)が広島県の呉基地から鹿児島県沖の吐噶喇《トカラ》列島に練習飛行する飛行艇を回してくれたお陰で、石原氏は裕次郎氏を見舞うことができたという。後で燃料費二百万円を防衛庁に支払おうとしたが、それでは特別扱いしたことになるからと、殉職した自衛隊員への見舞金の積み立てに充てる形が採られたそうである。

一般村民に同様のはからいはありえない。それゆえの〝悲願〟を摘み取ったのは、実際に特権を行使しておきながら、金で体裁を整えただけで〈胸につかえていたものが下りた思いだった〉と胸を張ることのできる人物だった。

二〇〇二年七月の小笠原でも、石原知事は同行記者団が船で到着する前々日に飛行艇で来島し、兄島、弟島付近でのダイビングを大いに楽しんだ。東京都ではなく国の小笠原総合事務所を所轄する国土交通省の特別地域振興課が作成した日程表には〈観光資源（海中公園地区）視察〉とあり、遊びを公費で賄うための言葉遣いを教えてくれている。また協定を結んでくれと宮澤村長に泣きついたとされる東京都の某局長は、直後の七月十六日付でより上位の幹部ポストへと栄転した。

石原都知事にとって、小笠原は人々が暮らす生活の場ではない。彼自身が遊ぶために浮かぶ島なのである。

石原にとっての政治と文学

一橋大学社会学部に在籍していた石原慎太郎という二十三歳の学生が、『太陽の季節』で第三十四回芥川賞に輝いたのは一九五六年一月のことである。同じ年の『経済白書』は、そして「もはや「戦後」ではない」と宣言していた。執筆に当たった気鋭の官庁エコノミスト、後《ご》藤誉《とうよ》之《の》助《すけ》・経済企画庁調査課長（当時）は一人当たり国民所得など経済の諸指標が次々に戦前の水準に回復していく様子を知り、あるいは本格的な技術革新への予兆を膚《はだ》で感じて象徴的なキャッチフレーズを閃《ひらめ》いたが、貿易部門だけは出遅れていたので一度は諦めていたところ、集めさせた資料の中に日本人の体位が五五年を境に戦前の趨勢線上に乗ったのを発見し、一気に筆を走らせたというエピソードが残っている（岸宣仁『経済白書物語』文藝春秋、一九九九年）。

『太陽の季節』は、性的に奔放で、古いモラルに反逆する青春を描いた中編小説である。主人公の龍哉が恋心を抱いた英子《えいこ》のいる部屋の障子に外から勃起したペニスを突きたてるというシーンが特に有名で、同年五月には映画化もされた。

この時に銀幕デビューを果たしたのが、石原氏の実弟である石原裕次郎氏だった。慎太郎氏の髪型を真似た〝シンタロー刈り〟にアロハシャツ、サングラスで夏の浜辺を闊歩する〝太陽族〟なる風俗も生まれ、彼ら兄弟はみるみる時代のシンボルにのし上がっていく。新しい時代への幕開けに、人々は胸をときめかせていた。

〈文壇の完全崩壊を、今年とくに私に強く痛感せしめたのは、いうまでもなく石原慎太郎を先頭とする一連の若い作家の社会的登場のあり方であった。

芥川賞受賞以来の石原氏のジャーナリズムにおける扱われ方は、これまでの新作家にみないもので、ここに至って「文壇的」評価などは完全に黙殺された観があった。それは、ちょうど映画批評家がどんなに大根よばわりしようとも、映画会社が売り出そうと思う新スターは、なんとしてでも売り出す宣伝戦をおもわせるものであった。意識的に一人のスターを売り出す、あるいは売りものにしようとするジャーナリズムの商業主義の完全な勝利であった。〉

当時の有力な文芸評論家・十返肇《とがえりはじめ》氏がその年の暮れに発表した「「文壇」崩壊論」の一節だ（『中央公論』一九五六年十二月号）。よかれあしかれ、マスメディアの世界の住人としての石原氏の運命は、こうして定められたと言える。

石原氏と同世代の文芸編集者は、彼をどう見ていたのか。講談社で文芸局長や取締役を歴任し、現在は文芸評論家として新田次郎文学賞も受賞している大村彦次郎氏が回想する。

「昭和三十一年当時は私も早稲田の学生でした。『太陽の季節』には、小説を書いている友人がたいそうショックを受けていましたね。それまでの小説が描いてきた題材や主人公の生き方、環境とあまりにも違っていましたから。もうお前の書くものなんか駄目だな、湘南の有閑階級のスポーツとセックスの前には何を表現してみたところで霞んでしまうよ、などとからかいながら、私もまた彼らと同じように、作品の文学性というよりは、提出されてきたものに反応していたように思います。

その年の夏でしたか、忘れられない光景を見ました。学生仲間何人かと有楽町を歩いていたら、石原さんと、やはり作家の藤島泰輔さんの二人による講演会の看板が目に止まった。入ってみると、ちょうど出番が交代するところで、二人とも「よッ」と手を挙げて。石原さんは背が高く、藤島さんは白いスーツを着ていたのに、とても強い印象を受けましたね」

当時どこかの新聞に載った「川崎市の一工員」からの投書を、大村氏は記憶している。俺たちは毎日汗まみれで働いているのに何だ、といった内容で、文学というのは生活層の代弁ではない、これでは文学論になっていないと考えつつも、わかる気がしたという。

新時代のシンボルはそれだけに、一方では激しい嫌悪感をもって迎えられた。そもそも芥川賞の選考会でも、委員たちの意見は大きく割れていた。発表号の選評を読むと、『太陽の季節』を積極的に推したのが舟橋聖一、石川達三、井上靖の三氏で、好きではないが渋々、が瀧井孝作、川端康成、中村光夫の三氏、反対が佐藤春夫、丹羽文雄、宇野浩二の三氏だったと知れる。

〈この作者の鋭敏げな時代感覚もジャナリストや興行者の域を出ず、決して文学者のものではないと思ったし、またこの作品から作者の美的節度の欠如を見て最も嫌悪を禁じ得なかった。

これでもかこれでもかと厚かましく押しつけ説き立てる作者の態度を卑しいと思ったものである。〉

〈これに感心したとあっては恥しいから僕は選者でもこの当選には連帯責任は負はな

いよと念を押し宣言して置いた。〉

選評でもここまで書いた佐藤氏の苛立ちはすさまじかった。前後して『読売新聞』の文化面に掲載された彼の文章は、名指しこそしていないが、ほとんど時代への絶望と、石原氏個人に対する罵倒に近かった。

〈生命力のチョウリョウばかりを知って人間には他の動物とはいささか違った羞恥の情や倫理の観念のあることを知ってこそ、はじめて人間性の擁護もできるのである。ただ良風美俗を破壊しさへすれば新文学だと思ってゐるやうな単純至極なやんちゃ小僧のいたづらみたいな文学を承認し喝采を送るためには、おアイニクとわたくしは少しばかり文学に年をとり、また良識を持ちすぎてゐる。（中略）亡び行くものはすべて亡び行くがいい。〉（一九五六年二月八日付「良風美俗と芸術家――不良少年的文学を排す」）

書かれた石原氏も腹に据えかねたと見え、後になってずいぶんと対抗している。それから四十五年後の雑誌連載をまとめた『わが人生の時の人々』（文藝春秋、二〇〇二年）にも、美的節度がどうのと言ってくれたが佐藤氏こそ谷崎潤一郎氏との間で「細君譲渡事件」を起こしているではないかとか、『秋日雨（引用者注・佐藤春夫記念館によると、『秋日雨』という作品は存在しない。『日照雨《そばえ》』の間違いと見られる）』という小説は、あれはたちの悪い女に振り回された男が相手の肉体的プライバシーを暴いて鬱憤《うっぷん》を晴らしているだけじゃないかといった記述があった。ちなみに佐藤氏は親友だった谷崎氏の千代夫人に恋し、合意の上、十年後に譲り受けていた。日本近代文学史上の重大事件とされている。

文学者の人間性も私生活も、しかし本当はどうでもよいのだ。読者に作品が支持されれば生き残るし、されなければ消えていく。ただそれだけのことである。

問題は、まだ学生だった頃の石原氏に与えられた非難なり誹謗が、作家としては知らず、また批判した側の当時の思いとも一致しないかもしれないが、政治家としての現在の彼にこそ、そのまま的中しているのではないかと思われることである。佐藤氏の言う「羞恥の情」や「倫理の観念」を、たとえば石原氏があちこちに示す差別意識についての文脈で捉え直してみるといい。

デビュー当時の辛辣な石原批判を、そこでもうひとつだけ紹介しよう。美川きよ氏の「操り人形にならないで」。今日では画家・鳥海青児氏の〝押しかけ女房〟として記憶されていることが多いが、『デリケート時代』『恐しき幸福』などの代表作を持ち、一九三八(昭和十三)年の三田文学賞を受賞したこともある実力派作家だった。五十七歳だった彼女は週刊誌の「私の年賀状」という企画に応じ、見ず知らずの石原氏に宛てるというスタイルで、

〈「太陽の季節」の中で例の障子を突き破る場面がもし無かつたらば、あの作品はああまでもてはやされるというか、嬉しがられなかつたのではありますまいか。自分の女を兄貴に金で売買することなども、二十年前三十年前の日本の男性達が若い頃はそれと似

たことを云つてみたり、事実やつた連中もおりました。あなたの年頃は、どぎついことを一度云つてみたり試してみることで、自分の力を試そうとする季節があるものですから。〉

〈あなたの年頃の男性に注文をつけるのは無理ですが、女の心理をこんなものだろう位に書かれるのは、不愉快よりもまだ坊やだなあって感じがします。女性の行動と裏を書かれたつもりでしょうが、女の心の裏の裏までをのぞく眼力はまだ無くて、甘いセンチな感情のひ弱さを感じました。これはうちへ来る若い女性達にも当つてみたのですが、女を甘く見ていると云う意見の方が多いので、実は近代女性がしつかりして来たことに、安堵の胸を撫でおろしたのですが――。〉

と石原氏の坊やぶりをからかい、また痛烈にたしなめた。結びは次のような言葉で締めくくられていた。

〈今の青年の悩みは、「太陽の季節」や「処刑の部屋」ではまだまだ底が浅いのではありますまいか。それと何卒真剣に今年は取りくんで下さい。人気のあやつり人形にならぬように自愛と自戒を切に祈ります。〉（「操り人形にならないで」『日本週報』一九五七年一月五日号）

美川氏の忠告は石原氏に届いたろうか。翌々一九五九年の『新潮』十一月号に、文芸評論家の江藤淳氏が、彼について論じている。初入閣を果たした中曾根康弘氏に詩を書いて贈るなど、この頃から保守政治への傾斜を始めた石原氏を、湘南中学での一級下で、やはり早熟な才能を発揮していた江藤氏は次のように評していた。

〈彼は言論に失望し、只の作家になってしまいそうな自分に苛立った。ヨーロッパのキリスト教文明は彼をむかむかさせ、劣等感をかき立てた。逆に、サウディ・アラビアとエジプトでは、アラブ民族の「個性」が彼を魅了した。日本民族にこのような「個性」を回復させるためには、よるべきものは政治であって文学ではない。そのためには権力に遠い社会党によるより権力をにぎっている自民党に近づくのがてっとり早く、自民党の中でも大臣になって仕事をしそうな中曾根氏を支持するのがてっとり早いのである。これはかならずしも石原氏が自民党のイデオロギイに賛成だからではない。このような言動はすべて「実際家」石原氏のものであって、「肉体の無思想性」を信じる彼は、思想やイデオロギイにほとんど一顧の価値をもみとめていないのである。

この点で、もし彼が明晰な自覚者であれば、彼はほとんど一個のファシストだといってよかろう。彼の内部にあるのはニヒリズムであり、彼の志向するのは権力である。〉

〈かつてのインテリゲンツィアは「思想」に対する信仰から実行におもむいた。石原氏は「思想」に対する蔑視から政治におもむこうとしている。だが、幸か不幸か、この「英雄」は自覚者ではない。彼は「青春」を信じ、日本民族の「運命盛衰は繋りて吾一人にある」と信じ切っている善意の人である。石原氏は、ニュールンベルグにおけるナチの指導者たちより、二・二六事件の青年将校に似ている。彼は被支配者型の人間である。〉(『江藤淳著作集2』講談社、一九七五年第七刷より)

なお江藤氏は後に自ら死を選ぶことになる。一九九九年七月、自らの病気を苦にしてとする遺書が残されていた。

石原氏より二歳年長の編集者である粕谷《かすや》一希《かずき》氏(元『中央公論』編集長)にも話を聞いてみる。戦中派と一括りにされやすいこの世代は、わずかな年齢差で物事に、特に戦争に対する感じ方がまるで異なってくるのだと、彼は言った。

「石原さんが芥川賞を獲った頃、僕は中央公論社に入社して、二、三年目で、『婦人公論』の編集部にいました。原稿を頼んでこいと編集長に命じられて、受賞パーティーに出向いた記憶があります。裕次郎さんを映画に出したいと言うので、当時の嶋中鵬二《しまなかほうじ》社長に紹介したこともあったかな。

僕にとっては、弟の世代の人という感じでした。文士というより一種のスポーツマン。ヒットラーのようなルサンチマンはありませんよね。

僕にとって戦争とは、いつまでたっても結論が出ないものです。特攻で死んでいったすぐ上の先輩がいる。従兄弟はフィリピンで戦死しました。次は自分だ、明日地球が滅びてもおかしくないんだと、ごく自然にそう思っていた。結果的に戦地へは行かずに済んだわけですが、この戦争をどう考えるのかが、物心ついて最初に直面した問題だったのですから。だからといって阿呆らしいと簡単に言い切ってしまうこともできない。弟たちとはそのへんの感覚が決定的に違うんです。

作家というのもね、どのくらいの年齢で認められたかによって、ずいぶん違ってくる。若くして世に出た人は幼児性が残るというか、つまり、チャイルディッシュなんです。ちょっと舌足らずで短絡的。石原さんの陽性に対して陰性ですが、大江健三郎さんにも似たところがある。同じ世代に防衛大学生がいることは屈辱だなんて、つい言ってしまったり。社会人経験がない学生のまま育った人というのは、松本清張さんや司馬遼太郎さんたち、四十歳代になってから世に出た人たちのような大人の文学とは、どこまでも違うもののようです」

文学者としてはそういう部分が魅力になる場合があるかもしれない。やはり早熟だった三島由紀夫氏もまた、しばしばその幼児性を指摘されてきた作家である(伊藤勝彦『三島由紀夫の沈黙』東信堂、二〇〇二年など)。石原氏との親交も深かったという三島氏は一九七〇年十一月、東京・市ヶ谷の陸上自衛隊東部方面総監部に乗り込み、バルコニーから隊員たちにクーデターを呼びかけたが果たせずに、割腹自殺を遂げた。四十五歳だった。

残された石原氏はこの前々年、三十六歳で参議院議員に当選していた。芥川賞受賞から十二年目の夏、彼の幼児性は三島氏のようには自己完結せず、政治という公の場に持ち出されたのである。そして四半世紀にわたって国会議員生活を続け、ややあって都知事に就任して、現在に至っている。

文化行政の長として

東京都は二〇〇二年九月、曲芸やダンス、パントマイムなどを披露する大道芸人に上野公園や代々木公園、都庁都民広場、地下鉄大江戸線新宿西口駅構内など都内十三施設二十カ所でのパフォーマンスを公式に認める「ヘブン・アーティスト」制度を開始した。第一次の募集ではコメディアンの萩本欽一氏や俳優の小沢昭一氏らによる公開審査をパスした芸人たち一四〇組が顔写真入りライセンスの交付を受けている。近い将来は銀座などの歩行者天国にも広げていきたいとしている。

スタートから四カ月が経った頃、『サンケイスポーツ』が大道芸人たちの感覚をよく伝えていたので紹介する。

〈歌、殺陣《たて》で注目度急上昇の男性5人組「海月（KURAGE）」はこう言う。

「今までは規制があって思い切りできなかった。お客さんがいても途中で止められた。それが今まで止めていた人たちが、逆に守ってくれるようになったんです」

リーダーの野口浩彰（三十五）が〝お墨付き〟の威力に脱帽する。

例えば、デモ行進が近づいてきたら警察官が黙らせてくれる。パフォーマンス終了後には警察官から「お疲れさま。今日のデキはよかったよ」と声を掛けられる。いわば〝敵〟が〝味方〟になった形。ほんの数カ月前は想像できなかった。〉(二〇〇二年十二月二十日付「拝啓…路上から／大道芸元年㊤」)

プロデューサーの橋本隆雄氏が、かねてからの持論を石原知事にぶつけ、認められて実現した。世界中で大道芸フェスティバルなどの演出を手がけてきた、日本には珍しい、この分野の専門家である。

「大道芸と呼ばれるものは世界中で見ることができます。ヨーロッパの〝ジプシー〟をはじめ、差別の歴史とともにあった大道芸は、しかしベトナム反戦運動、カウンター・カルチャーの時代あたりから、クオリティの高いものはアートとして、公に認められるようになってきました。フランスやオーストラリアなど、国としても積極的に若い才能を伸ばそうとしている。

ところが日本ではまだまだ。竹の子族みたいに、せっかく芽生えても非行の温床になってしまったり、他人の迷惑も考えずに騒いでいるだけの奴が多すぎる。道路交通法違反による警察の取り締まりも厳しくなってきた。そんな状況を早く脱し、空間や時間を互いにシェアし合えるような線引きをして、自由なパフォーマンスができるような規律を作りたかったんです。焦らなくてもじわじわと、自然にいいアーティストが育ってくるような仕掛けをね」

橋本氏は二〇〇一年十月、自らのプロデュースによる上野公園での大道芸フェスティバルに石原氏を招待した。世界中からやって来た一流の演し物を見てもらい、ライセンス制の導入を進めてくれるよう説得したのだという。

かくて発足したヘブン・アーティスト。各国には都市が発行するライセンスはあっても、東京都のような大きな自治体のものは過去になかったという。二十一世紀の都市文化を支えるべき大道芸人たちのステイタス向上と、一定の秩序が保たれた空間でのパフォーマンスの蓄積は、全体のレベルアップを導くはずだと、橋本氏は期待をかけている。

「実に大きな扉を開けたんだと、僕は思っているんです。確かに石原さんという人には二面性があると思う。文学者としての自由で、大道芸のようなものも一瞬で本質を見抜くことのできるセンスと、強烈な国民国家主義と。実際、いつまでも役人に任せておけば管理が前面に出て、曲がっていってしまいます。ライセンスを与えた芸人は役所が好きなように使えるんだと勘違いしているらしい動きもなくはありません。

でも、それではいけない。いつか大道芸人たちの自主管理の形が定着するはずです。石原さんはそういうことの意味がわかる方だと思います」

作家兼政治家であり続けてきた石原氏は、文化という表現で語られる領域への関心が強い。ヘブン・アーティストという名称も彼の造語だと伝えられるが、なるほど普通の保守系政治家には真似のできない感性と言うべきだろう。

だが、だからこそ心配になってくる。ヘブン・アーティストについての一般の反応を集めていたら、あるサイトで、これは「自由へのパスポート」であり、「民草が好きそうな、この種の施策をさっそく取り入れるところが石原氏の才覚だ」という受け止め方をしている若者の書き込みを見つけた。

いわゆる「公」と「私」の問題、公共空間における市民権とはいかにあるべきかという優れて今日的テーマを、大道芸人のライセンス制のこれからの運用実態は物語っていくことになるのだろう。しかるに現在の都庁に君臨している石原知事は、独裁的な国家主義者としての側面を否めない。たとえば前記の『サンケイスポーツ』の記事にあった、〝昨日の敵は今日の友〟の格言を地でゆく警察官たちの姿勢も、彼の腹ひとつでいつでも再び逆転し得る。心配はいらないというのが橋本説だが、はたしてそうか。

日本中を熱狂させた二〇〇二年六月のサッカー・ワールドカップ。日韓共催をめぐって各地でさまざまの交流事業が展開されていた中で、都の生活文化局では、次のような一幕があった。語るのは同局の関係者である。

「ワールドカップ熱に前年来うかされていた石原知事の強い指示で、生活文化局が日韓友好の歌を作ることになりました。大会の前に発表し、大会期間中をその歌で盛り上げようと知事は考えていたらしいのですね。ところが完成した楽曲を、知事は気に入らなかった。それまでが熱くなりっぱなしであっただけに反動も大きく、以来、局の人間が何を言っても耳を貸してくれない有様。やむなく事業そのものを跡形も残らないように葬ったのです」

友好の歌のタイトルを、『One Heart One Song』といった。森山良子作詞、尹亨桂《ユン・ヒョンジュ》作曲。韓国語と日本語で織り成す静かな曲で、四月から五月にかけて東京とソウルに一流のシンガーが集い、交互に開催された「日韓フレンドシップ・コンサート」でのお披露目も成功していたのだが、気まずい結果になってしまった。

行政の長が文化そのものに口を挟み始めると、こういうことになりやすい。森山良子さんの所属する事務所の関係者の話が、まだしも救いだった。

「要するに嗜好の問題ですから。どのように歌われてもいい、著作権の縛りもない作り方を最初からしていますので、完成した後で行政にどう判断されても、こちらとしては関知しません。それよりフレンドシップ・コンサート以来、日韓両国の歌手同士がそれぞれの持ち歌の歌詞を翻訳して歌おうとか、合同で映画を製作しようとか、面白い話が着々と広がっているのです。東京都が提供してくださったキッカケのお陰です」

国立二小「校長〝土下座〟事件」

東京都世田谷区の公立小学校で教鞭を取っている伴はるみ教諭は二〇〇二年十一月二十八日、東京都教育委員会と東京都人事委員会を相手取り、彼女に対するそれぞれの転は、任処分と裁決を取り消すよう求める訴えを東京地裁に起こした。特に都教委に対しては、二〇〇一年四月一日付で行われたその転任処分が、思想および良心の自由を保障する憲法十九条と表現の自由を保障する同二十一条、生存権を保障する同二十五条、二重処罰を禁じた同三十九条などにことごとく違反しているとして、国家賠償法に基づき金三百万円の損害賠償を請求した。

〈本件転任処分は、最初から結論ありきの不当な人事異動であった。〉

訴状の「請求の原因」は、こう書き出されている。すなわち伴教諭はそれまで国立《くにたち》市立第二小学校(国立二小)に勤務していたのだが、二〇〇〇年三月の卒業式の際に校長への反対意見を述べたことを理由に、転任希望など出していないのにもかかわらず、通勤に片道一時間半を超える現在の職場へと追いやられたという。伴教諭ははじめ戒告に処せられたのだったが、校長はそれに飽き足らず、

〈日頃校長に対して反対意見を表明することの多かった原告を定期異動で国立二小から何とか追い出したいと希望していた。(中略)

折から、被告東京都教育委員会は、「国立の教育改革」という美名の下、組合つぶしを活発化させており、多摩島嶼地区教職員組合(以下「多摩教組」という)の書記次長の要職にあった原告を他地区に異動させることは、被告東京都教育委員会の方針とも合致することになった。〉

違法な転任処分はかくて強行されたと、訴状は強調する。伴教諭には当時八十四歳で心臓に持病を持つ義父を介護しなければならない家庭の事情もあったが、まったく考慮されなかった。

〝反対意見〟とは、はたして日の丸・君が代の問題に関わっていた。

卒業式当日、伴教諭ら数人の教師たちは午前八時十分頃からの約十分間、校長室に赴いて日の丸を何時頃まで掲揚しておくのかと尋ね、また早めに降納してほしい旨を述べた。〝上司〟には敬語を使えが持論の校長に彼女は日頃からそのように接しており、この日も乱暴な言葉遣いはしていないという。卒業式には日の丸・君が代の押し付けに反対する意思を表明するためのピースリボンを着けて出席した。

こうした行為が処分の対象とされた。校長室での話し合いは職務命令に対する〝抗議〟として扱われ、つまりは日の丸・君が代をそのまま受け入れない心は教師として悪であるとされて彼女は戒告され、やがて強行された転任処分に対する人事委員会への不服審査請求は、〇二年八月までに却下されていた。

伴教諭が語る。

「人事委員会の裁決書は、都教委の主張をまるごと認めるものでしかありませんでした。校長の裁量だけで教職員を勝手にどうにでも動かすことができるという内容です。上の言いなりにならない教師は飛ばしてよい、などというやり方を当たり前にさせるわけにはいかないので、訴訟に踏み切ることにしました。

義父はもう八十六歳です。世田谷区の学校から一時間半かけて帰宅する私には、満足な夕食を作ってあげることもできません。ヘルパーさんを嫌がるので、最近は退職した夫が新しい職に就けずに家にいるという状態です。人事委員会は、都教委は知らなかったのだから仕方がないとしつつ、介護の事情は考慮されるべきだとも指摘していました。だったら、と二〇〇二年度には国立に戻りたい希望を出したのですが、異動要綱に合わないからダメとの返事です。そもそも世田谷への異動こそ、要綱を無視していたのに」

いわゆる国立二小不当処分問題の、伴教諭は犠牲者の一人であった。同じ二〇〇〇年三月の卒業式をめぐって同校だけで他に十二人、よく似た状況が現れた国立第五小学校(国立五小)を合わせると合計十七人の教員が国立市教委から戒告ないし訓告の処分を受けていた。その後やはり転任を強いられた国立二小の蓮沼敏雄教諭は耐え切れず、二〇〇一年度を最後に辞職した。

「僕は足立区への転任を命じられたのですが、その学校の校長は、僕が国立に来る前にいた学校の校長と同じ人物だったんです。毎日日の丸を揚げさせる人で、職員会議も教員は何一つ発言してはいけないという雰囲気になっていました。その人以外の校長の学校だったら一年くらい様子を見ようと考えていたのですが、彼の学校では最悪、衝突は避けられないし、今度処分を受ければ懲戒免職だそうですから。都教委はそういう人間関係も何もかも承知した上で異動先を決めるんですよ。

もっとも僕にも悪いところがありましてね。この間、音楽の時間に、やむなく「君が代」の授業をしたことがあるんです。曲を聞かせただけなのですが、強制されたからといってやってしまった自分自身が、僕にはどうしても許せなかった。命令が理由になるなら第二次大戦中にアジア人を殺戮した日本軍も肯定されてしまうというのが僕の考え方。だから辞めました」

文教地区闘争の歴史があり市民活動の盛んな国立市は、かつて〝西の広島、東の国立〟と並び称される平和・人権教育のメッカだった。九〇年には市議会が卒業式・入学式における日の丸掲揚・君が代斉唱の強行の取り止めを求める付帯決議をしている。市内の公立小中学校の多くは、たとえば卒業式でも壇上ではなく同じ高さのフロアで、卒業生は西暦と元号を併記した卒業証書を受け取っていた。儀式めいた雰囲気を排するために、「卒業を祝う会」としていた学校もあった。

だが、それも一九九九年度までだった。社民・共産両党と生活者ネットワークの推薦を受けた上原公子《うえはらきみこ》氏が国立市長に就任したのは同年五月だったが、その直前、国立市教委には前任地の田無市教委で日の丸・君が代に反抗的な教員を次々に処分したことで名を馳せた指導課長が異動してきていた。国立二小の校長もこの時に入れ替わっている。

七月に任期切れで退任した教育長の後任には上原市長が推薦した候補者が市議会に容れ

られず、九月になって石井昌浩・前東京都教育庁施設部長が就任するという経緯をたどった。

作家の辺見庸氏は、一九九九年を現代史上の歴史的な転換点として認識している。高橋哲哉・東京大学大学院助教授(哲学)との対論集『新 私たちはどのような時代に生きているのか』(岩波書店、二〇〇二年)などによれば、この年の第一四五通常国会で周辺事態法や改正住民基本台帳法、盗聴法(通信傍受法)、さらには国旗・国歌法など戦時体制や国民管理・統制に深く関わる国家主義的な法案が矢継ぎ早に繰り出され、十分な論議もないまま次々に可決・成立していった事実と背景にある状況を指しているのだが、上原・国立市政をもたらした同じ年の統一地方選挙は、石原慎太郎・東京都知事をも当選させていた。

二月には広島県立世羅《せら》高校の校長が、日の丸・君が代をめぐり学校現場と県教委の板挟みになった末に自死を選んでいる。国旗・国歌法は彼を生贄《いけにえ》に成立し、かねて文部省が「是正措置」を進めていた〝西の広島〟を陥落させた。かくて迎えられた二〇〇〇年三月、全国の公立学校で行われた卒業式における日の丸・君が代への強制力は従来にも増して強まり、これに反発した教員たちの処分が各地で相次ぐことになる。ことに残る〝東の国立〟の中でも教職員組合に加入している教員が最も多く、ために多摩教組の拠点分会にもなっていた国立二小をめぐる騒動は、ひときわ目立つことになった。

九時間にわたり紛糾した卒業式前日の職員会議などを経ながら、当日は屋上での日の丸掲揚が強行された。式の終了後、卒業生数人が校長に近づき、質問を始めた。やがて生徒たちは三十人ほどに増えていく。

話し合いは一時間半も続いた。蓮沼元教諭をはじめその場にいた二小の教職員らによれば、生徒たちの質問はなぜ日の丸を掲揚したのか、事前に自分たちへの説明がなかったのかに限られていたという。校長は「学習指導要領に定められているから」とだけ返答していたが、集まってきた保護者にも促されて、「卒業という最後の日に、みんなに嫌な思いをさせて悪かったと思います」と謝ったそうである。

この出来事を報じた『産経新聞』の記事が引き金を引く形になって、そして国立の教育はがらりと変えられていく。二〇〇〇年四月五日付の同紙朝刊多摩版は、〈校長に土下座要求〉の見出しで、こう伝えていたのである。

〈ある教員が「子供に相談しないで国旗を揚げたのは民主主義に反する」と話すと、児童たちは次々と「基本的人権や憲法に反する」「多数決で決めるのが民主主義」などと校長を非難した。

さらに、この教員が「子供たちは自分たちの作り上げてきた卒業式を勝手に変更したことを怒っている」と言うと、児童は興奮し、涙ながらに「謝れ」「土下座しろ」などと校長に謝罪を求めた。〉

生徒たちは終始、敬語と冷静な態度を崩さなかったし、土下座などという発言は一切なかったと、二小の教職員らは口を揃える。伴教諭の訴状でも、明快に否定されていた。

産経の記事は現場での目撃ではなく、卒業式の四日後に校長が市教委の教育長に宛てた報告書に基づいていた事実が、やがて判明する。蓮沼元教諭は後に出版した自著『教育委員会に踏みにじられた街』（健友館、二〇〇一年）でこの点に触れ、報告書は主観と記憶だけで構成された捏造《ねつぞう》の部分が多すぎると強調しているが、いずれにせよ「校長〝土下座〟事件」はフジ・サンケイグループを中心にマスメディアを賑わし、国立二小には連日のように右翼の街宣車が押しかけて、下校途中の生徒が罵声を浴びせられる事態にまで発展した。

振り返れば石原都知事が登場した直後の九九年五月には、「新しい歴史教科書をつくる会」西東京支部の開設総会が国立市内で行われていた。九七年一月に設立された同会は、戦後の歴史教育が〈受け継ぐべき文化と伝統を忘れ、日本人の誇りを失わせるもの〉であり、特に近年は自虐的傾向がより強まって、現行教科書は〈旧敵国のプロパガンダをそのまま事実として記述するまでになっている〉ので、そうではなく〈私たちの先祖の活躍に心躍らせ、失敗の歴史にも目を向け〉て、教室だけでなく親子で読んで〈歴史を誇りあえる教科書〉を作り普及させて、〈歴史教育を根本的に立て直すことを決意した〉（趣意書より）という団体。過去の〝大東亜戦争〟を肯定し、戦前戦中とほとんど同じ価値観に貫かれている点に特徴がある。漫画家の小林よしのり氏や電気通信大学の西尾幹二・名誉教授、元東大教授で評論家の西部邁氏らの関わり方が有名だ。

後述するように、彼らに対する石原都知事の肩入れは、かなりのものがある。また「つくる会」だけでなく、国旗掲揚・国歌斉唱を叫ぶ街宣車は国旗・国歌法が成立した直後からしばしば国立市にやって来ていたし、国立の教育は偏向していると非難するビラが戸別配布されたことも幾度かあった。

前述の十七人が処分されて四カ月を経た二〇〇〇年八月、国立市教委は鎌形満征・教育庁次長を委員長とし内部の職員だけで構成される「国立市立学校教育改善検討委員会」を発足した。国立五小を加えても二つだけの小学校での騒動が、いつの間にか国立市全体の教育問題にすり替えられまとめられた報告書は、二百項目にも及ぶ内容のことごとくで学校現場における管理職権限の徹底と拡大、および教職員への管理と統制を強化するものになっていた。

報告書が国立市教委で可決・決定された同年十二月十二日、石原慎太郎都知事は、定例の記者会見で、国立の教育について言及している。数日前には国立市の教育委員長と会い、また前々日には都の教育委員たちとも話をしたばかりだが、として、

「国立の現況が日本の（教育の）全体を表象している。だからあそこを解決することで、一点突破全面展開じゃないけど、教育改革の大きなよすがとしようじゃないかという話

で一致しました。大事なことは、市民の皆さんに、あなた方の子弟が通っている国立の学校は、決して日本の中で平均的なものじゃない、かなり異常な、異例なものだという認識を持っていただきたい」

「日本の教育の歪みと言おうか、子どもに強いている犠牲を象徴している限り、この国立を象徴的に扱って、この問題を解決していく。教育委員の皆さんも同意してくれたし、(国立の)委員長にもお願いしました」

石原知事の謂う「国立の教育委員長」とは実は前記の石井昌浩教育長だったことが、後に明らかになる。また教員の処分も終わった現時点で国立の教育のどこがいけないのか、市政や市議会にもあるという問題とは何かといった記者の質問に対して、彼は「驚くような事実がたくさんある」と言いながら実例をまったく示すことをせず、「詳しくは教育長に聞いてください」と繰り返していた。

国立の教育について書く以上、言われるまでもなく石井昌浩教育長の話を聞く必要がある。筆者は次節に登場する米長邦雄・東京都教育委員と横山洋吉・都教育長には取材を断わられたが、石井教育長には会うことができた。高校を中退してさまざまな職を転々とし、それでも勉強への意欲を失わずに早稲田大学法学部を卒業して東京都庁に入庁。教育畑を歩み定年を前に退職して研究者に転進するつもりでいたところを誘われて現職に就いたという異色の経歴の持ち主である。

「これまでの国立の教育はよく言えば民主的、悪く言えば労働組合の支配に置かれていたのであって、教職員と保護者で構成される有機的・一体的な組織であったとは到底言えません。よしあしを別にすれば、戦後民主主義教育の純粋培養されたものがそのまま残っていたわけで、私、初めて赴任してきた時には本当にびっくりしました。その結果として学級崩壊しているクラスは二ケタに達し、不登校は東京一多かったのですから。校長先生たちの影もものすごく薄くて、いわば〝無影〟だった。まるで御赦免船《ごしゃめんせん》を待つ流人みたい。長としてみんなを引っ張って、その上でひなたぼっこをしたり花壇の草むしりをしているというのなら結構だけど、やる気だけは出してもらわないと。

国立二小の事件で、生徒たちが校長に「土下座しろ」といったことについて、私は確たる証拠を握っています。決して校長の報告書だけではない。それでもでっちあげだと言われるなら出るところに出ていくしかないのですが、政治の空中戦の道具にされてしまうわけにはいきませんから、今の段階でお見せすることはできません。いずれ私自身が慎重に、教育的な分析をきちんと加えた上で明らかにするつもりです。

国立の教育をどうこうしろと石原さんに言われたことはないですよ。ただ共通の知人に誘われたので、あくまでも非公式ということでお会いして、ご苦労様ですねという程度の話でした。武芸者同士がお互いに品定めをしたという感じで、それ以上でも以下でもない。実際、国立の教育に都教委が横やりを入れてくるなら私は許しません。ただ、もともとスタンスが大きくずれているわけではないし、齟齬《そご》などありませんから、それ以前も後も、私は当たり前のことを当たり前に、淡々とやってきたのに過ぎないのです。とはいえ石原さんはやはり凄いよね。私とは違って国立の教育現場を把握しているわけではないのに、事の本質を衝いた発言をできるのだもの。作家としての感性の発言と言うべきか」

急激に進む都教委の教育改革

従来の国立の教育についての分析には傾聴すべき部分も少なくないと思われる。だが現状はと言えば振り子が正反対の方向にとてつもなく振れていっただけで、「当たり前のこと」と言えるほどにバランスがとれているとは到底言えない。土下座発言の証拠のあるなしについても、現物が出てこない以上はどこまでも水掛け論のままでしかありはしないし、石井教育長ほどの苦労人であるなら、「教育現場を把握しているわけではない」人の言葉を安易に評価などすべきでないと、筆者は考える。

二人の教育観はおそらく、似て非なるものなのではないか。にもかかわらず大雑把な形で同調されてしまえば、置き去りにされるのは畢竟《ひっきょう》、国立市で生活を営む人々、子どもたちの置かれた立場であり価値観である。命にも関わりかねない何事かを命令されてしまう側なのか、する側なのか――。

石原都知事の言う「一点突破」はあっさりと果たされた。翌〇一年の三月と四月、国立市立の小中学校十一校の卒業式・入学式場のすべてに日の丸と君が代が持ち込まれ、その掲揚と斉唱の実施率は一〇〇%だったと、やがて都教委によって発表された。どこの学校でも制服と私服の警察官が十数名ほども周辺に待機し、都教委をはじめ地域の民生委員、育成会会員など行政に近い来賓が増えていた。

二〇〇二年の卒入学式も当然のように一〇〇%。前年はそれでも一部で避けられていた壇上正面での日の丸掲揚や君が代のピアノ伴奏が、完璧に実施された。ピースリボンをつけたり、起立しない、歌わない子どもや保護者はなお少なくなかったが、彼らの主張も何もかも、一切顧みられることはなかった。なお卒業証書の西暦表記はこれを認めず、元号のみに統一すると、事前に国立市立小中学校校長会が決定していた。

記者の質問に答えることができなかったことでも明らかだが、石原都知事が国立市の教育を熟知していたというわけではまったくない。広島の〝是正措置〟に対して〝正常化〟と呼ばれた都教委の姿勢は国の教育改革の一環で、彼の登場以前からの既定路線ではあった。

だが彼の登場がなかったら、〝正常化〟がこうまで急激に進められるはずもなかったことも疑う余地がない。石原都知事は就任以来、一橋大学の同窓である鳥海巖《とりうみいわお》・丸紅会長(当時)やマスコミ人脈である将棋の米長邦雄・永世棋聖ら個人的な仲間たちを都教委委員に任命してきた。彼の推薦を議会が承認する手続きを経ているので、「地方教育行政の組織及び運営に関する法律」(地教行法)に照らしてこれは合法である。しかし彼自身が前述の記者会見で図らずも告白しているように、任命後も指示を出しているのでは、教育委員会の一般行政からの独立性の建前さえ完全に無視されてしまっていることになる。

教育委員会という制度はもともと、タウンミーティング(市民集会)の流れを汲むアメリカの仕組みに倣って構築されている。日本国民を精神的に統制した中央集権的な教育体制の解体を図った占領軍総司令部(GHQ)の意向で一九四八年に教育委員会法が制定されたのが始まりだが、同法はわずか八年後の五六年には自治体の首長に委員の任命権を委ねる地教行法へと置き換えられてしまう。

その後も今日に至るまで、教委の形骸化、一般行政への従属化は深まり続けてきた。戦後の教育行政の歴史はそのまま教育委員会の権限縮小と文部省(現、文部科学省)の権限拡大の歴史などと揶揄される所以である。それにしても国立市での石原知事と都教委のやり方は、特に対象が思想信条の領域であるだけに、国立二小を追放された伴はるみ教諭が裁判に訴えた憲法違反もだが、教育は不当な支配に服することがあってはならないと定めた教育基本法の真っ向からの否定であった。

それとても、しかし石原氏のオリジナルではない。政府与党はすでに小渕恵三政権当時から教育基本法の全面的な見直しを打ち出しており、文部科学相の諮問を受けた中央教育審議会（会長＝鳥居泰彦・前慶應義塾塾長）も〇二年十一月、これに同調する中間報告を公表している。

現行教育基本法が掲げてきた個人の人格の尊重や教育機会の均等といった理念が、ここでは一段も二段も低い価値として扱われた。諸外国が教育改革を国家戦略として位置づけている現状を踏まえよと述べつつ、中間報告が重視するのは「国や郷土を愛する心」の涵養であり、「〝公共〟に関する国民共通の規範」の再構築、グローバル化や情報化等「社会の変化への対応の視点」などである。教育行政の独立性という発想はほとんど排除されたと言ってよく、逆に国や自治体の責務ばかりを強調する提言に仕上げられていた（なお、教育基本法は二〇〇六年、第一次安倍政権のもとで愛国心などを強調するものへと改正された）。

教育基本法の見直しにはさまざまな意味がある。憲法改正への前段であり、このところ急速に進められている教育改革の帰着点と表現することもできよう。それだけでも広大で深遠なテーマだが、ここでは石原慎太郎氏の本質と通底する要素をひとつだけ挙げておきたい。

教育改革の中核としての〝ゆとり教育〟を目指して〇二年度から導入された新学習指導要領は、小中学校の授業時間と内容をおよそ三割方削減したものである。円周率が

3・14でなく〝およそ3〟と教えられるようになったことなどがよく知られているが、新指導要領の下書きとなる答申をまとめた文相の諮問機関・教育課程審議会で会長職にあった作家の三浦朱門氏に、筆者が直接取材して引き出した発言を紹介する。〝ゆとり〟で学力低下に拍車がかかるのではとの問いかけに、彼はこう語ったのだった。

「逆に平均学力が下がらないようでは、これからの日本はどうにもならんということです。つまり、できん者はできんままで結構。戦後五十年、落ちこぼれの底辺を上げることばかりに注いできた労力を、できる者を限りなく伸ばすことに振り向ける。百人に一人でいい、やがて彼らが国を引っ張っていきます。限りなくできない非才、無才には、せめて実直な精神だけを養っておいてもらえばいいんです。

平均学力が高いのは、遅れてる国が近代国家に追いつけ追い越せと国民の尻を叩いた結果ですよ。国際比較をすれば、アメリカやヨーロッパの点数は低いけれど、すごいリーダーも出てくる。日本もそういう先進国型になっていかなければなりません。それが〝ゆとり教育〟の本当の目的。エリート教育とは言いにくい時代だから、回りくどく言っただけの話だ」

人間を、しかも子どものうちから支配する側とされる側に選別し、上から「非才、無才」と分類された子どもには将来にわたって努力する余地も与えずに、「実直な」臣民としての人生だけを強いようとする、徹底した差別主義。詳細は拙著『機会不平等』(岩波現代文庫、二〇一六年）に譲るとして、石原知事の教育政策、さらには彼の都政全般が、現在の政府与党が目指そうとしている方向性とほぼ完全に一致している実態が、こんなところからも見えてはこないか。

二〇〇〇年八月に東京都教委が策定した「「心の東京革命」教育推進プラン」は公共心や奉仕活動を基調とする、見直し後の教育基本法を自治体レベルに落とし込んだような内容だった。その遂行のために石原知事は、それまで知事部局の腹心として働いていた横山洋吉・総務局長を副知事格の教育長へと送り込んでいる。前後して発足した前出「国立市立学校教育改善検討委員会」の、学校での管理職権限の大幅拡大を謳った報告書もまた、東京都教委を経由して、都内全区市町村の教育委員会に配布されていった。

国立から東京都全域へ、東京から全国への「全面展開」。真っ当な手順を踏んでいたら簡単には許されるはずがないような政策を強行してのけ、既成事実に仕立て上げていく機能を、人気者の石原都知事はいつの間にか帯びてしまっている。

「つくる会」教科書、他県に先駆けて採択へ

「新しい歴史教科書をつくる会」が編纂した扶桑社版の中学校用歴史教科書を東京都立の養護学校二校と二分教室（久留米養護学校、同清瀬分教室、片浜養護学校、青鳥養護学校梅ヶ丘分教室）に採択することを、二〇〇一年八月、東京都教育委員会は決定した。石原

知事は直後の定例記者会見で自らは関与していない旨を語っていたが、かなり無理のある弁明だった。養護学校の教職員たち、「つくる会」サイドのいずれの情報によっても――、

石原氏は初めから、「つくる会」の歴史教科書への賛意を表明していた。統一地方選挙への出馬が決まる以前は同会の賛同人にも名を連ねていたのだが、一九九九年九月二十二日、都知事に就任して間もない頃の都議会本会議では、「つくる会」の用語である「自虐的な歴史観」という表現を公にも用いていた。

古賀俊昭議員(自民党)の質問だった。六年生の社会科教科書を取り上げ、下総《しもうさ》(千葉県)の人々が特産のわかめを役人に監視されながら奈良の平城京まで運んでいる絵と説明文を示して彼は、

――日本の歴史を最初に学ぶ六年生の子どもに、日本という国は昔このようにして国民を酷使し、苛斂誅求《かれんちゅうきゅう》した、苦しめたと巧妙に絵入りで刷り込もうとする狙いは明白です。

対する石原知事の答弁はこうだった。

「この絵についての印象ですけれども、しかし、暗くて、いかにも陰気なあれですな、これ。ただ、今お聞きしますと、この記述と絵の原典がそういうところにあって、しかもそういう記述がありながら、こういう一種のトリム(引用者注・ヨット用語で、セール＝

帆を巻き込むこと）というんでしょうか、結果として、ご指摘のように私は非常に自虐的な歴史観というものをここで感じますけれども、これは人によっていろいろ判断も違うでしょう。

いずれにしろ、私は日本の古代や中世に階級というものがあり、階級支配、階級被支配があったということは決して否定いたしません。どの国もそうでありました。しかし、それをことさら拡大し、何か自分の国の歴史のイメージというものを総体的に非常に暗く、嫌らしく、おぞましいものに感じさせるような教科書は、私は個人的に好みませんし、正確な歴史の記述とも言えないんではないかという気がいたします」（傍点引用者）

この種の話題にヨット用語を持ち出す心理には興味深いものがある。しばらくの間、これ以上のことは起こらなかった。しかし二〇〇一年二月、横山洋吉教育長名で都内の区市町村教委に宛て、「教科書採択事務の改善について」の通知が出された。教科書を採択する際に教職員の意見を容れてきた「絞り込み」「学校票」など従来の慣行を廃止し、区市町村教委が自らの判断で、ただし学習指導要領の「目標」等を最もよく踏まえた教科書を選べというもの。東京都教職員組合などが抵抗したが、まったく顧みられなかった。

五月には区市町村の教育委員ら三百人以上を集めた「平成十三年度教育施策連絡会」が都庁で催されている。席上、石原都知事が教科書採択について持論を展開する場面があった。関係者の証言や報道などを総合すると、彼は大要、次のような話をしたようだ。

「教科書は先生が選ぶのではありません。皆さん教育委員が、教育委員会の責任で、検定を通った教科書をさらに相対的に評価して選ぶのです。私もいくつかの文学賞の選考委員をしていますけど、一番注目を集める芥川賞でも、事前に何百冊という中から十冊近くを選んだ上で、選考委員の審査に回されてくる。皆さんも教科書を全部読んでくるようにとは申しませんが、専門家と称する学校の先生に採択を依頼してそれを追認するだけでは困ります」

「戦時中に有名な日本人論『菊と刀』を書いたルース・ベネディクトというアメリカの女性社会学者は、日本人とは他人のために自分を犠牲にして顧みない、そういう自己犠牲を大切にする高貴な精神性を持った民族だと言っております。時代は変わりましたが、しかし世代を超えて、日本人の優れたDNAとして残していくべきものを考え直し、それを確保するための努力をしなかったら、日本の子孫たちに顔向けができないと思うのです。皆さんもどうか国民として、日本人として、もしも国への想いがあるならば、きちっとした教科書の採択をしていただきたい。よろしくお願いいたします」

周到な準備とあからさまな圧力。にもかかわらず最終的に、「つくる会」の歴史教科書を採択する区市町村教委は現れなかった。結果、都立の養護学校に押し付けられたというのが真相ではなかったかと、この間の経緯を調査する立場にあった教職員組合関係者は見る。

「制度上、都教委は区市町村教委に指導や助言はできても命令はできません。全国の自治体教委が慎重な態度を崩さず、韓国や中国からの反発が強まっていた中で、一番乗りしたがるところはありませんから、今回は無理押しするよりも前例だけを作っておこうという判断だったのでしょう。障害のある弱い立場の子どもたちを狙って、というよりは、都教委の思い通りに動かせる都立の中学校は養護学校しかなかったということなのだと思います。ただ、後になって私たちも、採択された四校のうち三校は全寮制か病院との併設で、要するに地域の反対運動というのが発生し得ないという弱点があったことに気がつきました」

卑劣なやり方であることに変わりはなかった。とにもかくにも石原知事の東京都教委は「つくる会」教科書を全国で初めて公立学校の教室に持ち込ませる実績を作り、実際、直後に文部官僚出身の県知事が率いる愛媛県の教育委員会がやはり県立養護学校への採択を果たして、一年後の〇二年夏には翌〇三年春に開校予定の県立中高一貫校三校（宇和島南、松山西、今治東）への採択を強行することになる。

封建時代における支配・被支配の関係を否定的に教えるべきではないとした石原都知事の都議会答弁と同様の発想が、かつて平和・人権教育のもう一方の砦であった広島県では、すでに実践に移されてもしまった。〇二年四月、同県山県郡《やまがたぐん》戸河内町《ごうちちょう》の戸河内小学校で、九四年度の卒業生による卒業制作「寺内町《じないちょう》景観図」が壊された事件だ。〝犯人〟は校長だった。

寺内町とは中世末期に浄土真宗本願寺派などの寺院の境内に発達した集落のことである。他の宗徒や領主らと争っていた信徒たちが、外からの侵入、襲撃に備えて周囲に堀をめぐらせたり柵門を設けるなどし、戦国の世にあって自衛のための自治都市になっていた。中でも著名な大阪府富田林市の景観を卒業制作は縦二メートル、横四メートル大の板に描き講堂の壁に飾られていたのだが、校長はこれを「公教育の中立性を損なうと判断し」たそうである(『中国新聞』二〇〇二年十月二十四日付芸北・備北版)。時の支配権力に抵抗する民衆など悪でしかないのだと、彼は言いたかったのだろうか。

保護者らに求められて校長は「寺内町景観図」の制作者たちに謝罪することにはなった。同年八月十六日、地元独自の成人式の席上。折しも成人を迎えた卒業生らに対して、しかし彼は、なぜ卒業制作を壊したのか、最後まで明確な理由を明らかにはしなかったという。

これだけの事件が、全国紙では一行も報じられていなかった。地元の有力紙でさえ地域版でしか扱わなかった現実は、この時代のいったい何を意味しているのだろう。石原都知事が連日のように繰り返す差別的な言辞が、どういうわけかあまり批判的に取り上げられることのない現象とも共通する底流。石原都知事の、それこそが力の源であった。

暗い時代の「あやつり人形」

自民党内に「歴史・検討委員会」（山中貞則委員長、板垣正事務局長）が設置されたのは九三年八月のことである。〈細川首相の「侵略戦争」発言や、連立政権の「戦争責任の謝罪表明」の意図等に見る如く、戦争に対する反省の名のもとに、一方的な、自虐的な史観の横行は看過できない〉との趣旨で衆参両院から百人を超える委員を集め、「大東亜戦争の総括」を打ち出した同委員会は、前出の西部邁・元東大教授や西尾幹二・電気通信大学名誉教授らを講師に招き九五年二月までに二十回の討議を重ねることになる。

「歴史・検討委員会」の解散と前後して、いわゆる〝自由主義史観〟を唱える東京大学の藤岡信勝教授が「研究会」を発足させている。はたして歴史教科書への攻撃は激化の一途をたどっていく。藤岡教授らによって「新しい歴史教科書をつくる会」が設立された翌月の九七年二月には再び自民党内に、今度は衆参八十七人を集めた「日本の前途と歴史教育を考える若手議員の会」（中川昭一代表、安倍晋三事務局長）が立ち上げられた。このところ北朝鮮による拉致事件で活躍している二人の有力政治家が、ここで中核的な役割を果たしていた事実に留意されたい。とりわけ安倍事務局長は小泉政権を支える内閣官房副長官として、次世代の首相に最も近い存在とも囁かれるに至っている。

現実の戦争体験のない、かつ高級官僚出身か二世、三世の世襲議員が揃った若手グループの過激さは一般の想像をはるかに超えている。旧日本軍による朝鮮半島における従軍慰安婦の強制連行をほぼ認めた形で〝お詫び〟と〝反省〟の談話を九三年八月に発表した河野洋平・元官房長官を講師に招いた会合では、たとえば小林興起・衆議院議員の、こんな言葉まで飛び出していた。

〈「私は例えばこの程度のことは違う立場から見れば、戦争だったわけですから当然のことなんですね。これが強制連行と言ったらひどすぎますが、連れていくのに全然自由意思で「さあ、どうぞ」という話などないわけですね。

しかし、この程度のことを外国に向けて本当にそんなに謝らなきゃいかんのか。誰がひどいと言ったって、戦争には悲惨なことがあるのであって、当時、娼婦というものがない時代ならば別ですけれども、町にあふれているのに、戦争に行く軍人にそういうものをつけるというのは常識だったわけです。働かせなきゃいけないんです。兵隊も命をかけるわけですから、明日死んでしまうというのに何も楽しみがなくて死ねとは言えないわけですから、楽しみもある代わりに死んでくれ、と言っているわけでしょう。（中略）

これからの戦争にあるかどうかは別として、そういう時代を背景にしたときに、わが国だけがひどいことをしたのかどうかということを考えるならば、例えば中国で大量虐殺があったなどと言っていますが、中国の大量虐殺よりも広島に原爆を落とされたほう

が本当に……」〉（前記・若手議員の会編『歴史教科書への疑問』展転社、一九九七年）
単なる復古主義、戦前回帰だけの現象ではない。戦争のできる国づくりが、憲法に適った〝国際貢献〟だとする主張まで、近年は珍しくもなくなってきた。国際社会あるいはグローバリズムとはアメリカとの一体化を意味するようになった現在、そうした論法に違和感を覚えない層が膨らんできたのも現実ではある。
「日本の前途と歴史教育を考える若手議員の会」から数年を経、今や権力の中枢を占め始めた彼ら新しい世代の官僚出身か世襲の政治家らの、現代における石原慎太郎都知事は露払い役になっているのではあるまいか。さすがに小林興起議員のようには公言できない彼らの本音を石原知事は図らずも代弁してくれ、その人気を生かし先頭を走ってくれてもいる。石原氏が二〇〇三年四月に任期切れを迎えた後、巷間伝えられているように中央政界へと復帰するのかどうかも、実はもう、あまり問題ではないのかもしれない。あからさまな差別こそが是とされる現在のような時代状況がこれからも続くなら、いずれにせよ彼がさほど遠くない時期に引退することになる暁には、それまで背後に隠れていた〝実力者〟たちが表舞台に躍り出て、国益と私益を石原氏以上に混同した野望を満たすために、この国に住む人々を生贄に差し出すことだろう。
石原慎太郎都知事をめぐる話題はいつまでも尽きない。教育の分野だけでも、ここに取り上げた国立二小や「つくる会」教科書の問題以外にも定時制の事実上の解体を含む都立高校改革、民間人校長の採用をめぐる攻防など、重要なテーマは山積しているのだが、それらはまた別の機会に譲るしかない。

〝空疎な小皇帝〟自身は若い頃のままに反逆者のつもりでいるのかもしれないが、現実は決してそうではない。文壇デビュー間もない頃の石原氏に作家の美川きよ氏が投げかけていた言葉が思い出される。

――あやつり人形にならないで。

この国が戦後最大の転換点を迎えている事実は動かない。明るい時代のシンボルだった石原慎太郎という人が、今また暗い時代へと向かいつつある現代において与えられようとしている役割は、あまりにも悲しい。

単行本版あとがき

最初は本格的な評伝ノンフィクションを考えていた。石原慎太郎なる人物はどのように生まれ育ち今日までの人生を送って来、ために形成された人格がなぜ現代の日本社会であれだけの支持を得るに至ったのかを辿りつつ、ではそのことが私たちの社会にとっていかなる意味を持つのかを検証する野望に燃えて、そのスタイル向けの取材や資料集めを進めてもみたのだが、途中で投げ出した。

取材を重ねれば重ねるほど、そのようなアプローチは無意味ではないかと考えるようになった。彼が仮に王侯貴族の末裔で、世界一贅沢でわがままな幼少期を過ごしていたとしても。あるいは逆に、この世のあらゆる辛酸を舐め尽くさせられた体験の持ち主であろうと。

——だからどうした。

としか受け止めることができない。極論すれば、石原氏の生い立ち、個人史など、この際どうでもよくなってしまった。

生涯一大衆作家を貫く男が相手だったら、まさにその精神史をこじ開けてみたい。勇ましく目立つが業界内部では軽んじられているタカ派の兼業タレント政治家であればなおのこと、その人の半生、折々の内面に強い興味が湧いたと思う。また彼がもし、国会議員在職二十五年を機に辞職したままでいたとしたら、囁かれ続けていたオウム真理教との関係の真偽を追及していく道を選んだことだろう。

石原慎太郎氏の現在は、しかし、そのいずれでもなかった。この国の首都を率いる首長である一方で、大変な大衆煽動者《デマゴーグ》になっている。評伝取材を続けることで、何が彼をそうさせているのかを理解する便《よすが》になるならいい。問題は、ではそのような立場にある彼の言動が、七十年にも及ぶその実人生の結晶、集大成に値するものなのかどうか、だった。

ちょっと違う、というのが私の結論だ。とすれば当の本人による自伝めいた文章が溢れる中で、あえて第三者の手になる評伝を追加することの意義を、私には見出すことができなかった。彼について書くことへの構想は〝三国人〟発言以来のものであり、早くしなければと焦ってもいたのに、ぐずぐずと時間がかかった、これが最大の原因である。結果的に本書の刊行は当初の見通しより二年ほども遅れ、内容も評伝というよりは近年の彼の言動や影響をピンポイントで追い、必要に応じて過去を検証する形が中心になった。

ノンフィクションとしてはいささか不恰好、ではあるかもしれない。完成度や物語性の高い〝作品〟とは我ながら言い難いなと、校正ゲラに手を入れながら思った。それでも、とりあえず現時点で、誰かが記録しておかなければならないことだけは記録できた自負はある。

取材しかけたり書き始めてみたエピソードはまだまだあった。

方向性は異なるが強権的な政治手法で共通するとされる田中康夫・長野県知事との比較対照。国会議員時代からの支持母体である宗教団体・霊友会との関係。天敵だった美濃部亮吉・元東京都知事との相克とトラウマ。戦後マスメディア史と石原慎太郎。女性関係を通して見る彼の女性観、等々。

だが、どれももうひとつピンとこない。石原慎太郎氏との数十年来の交際で知られる〝大物〟右翼への面談が短時間ではあったが実現し、「石原さんのどういうところに共感するのか、あの人のどの部分を評価するのか」と何気なく尋ねてみて、理由がわかった。

「評価？　共感だって？　ないよ、そんなもの。あるわけないだろう」

その〝大物〟はきょとんとした顔をして見せ、次の瞬間、苦笑した。ならば虚像をこのうえ拡大再生産することは自戒しよう。ただ現在の実像と、そこに連なってくる過去だけを綴ろうと思った。

僕が紹介してあげるから慎ちゃんに会ってごらんよと勧めていただいた方々には、申し訳なく思っている。一緒に食事でもすれば君もきっとあの人を好きになると幾人かの編集者に提案されて少し悩んだが、乗れなかった。

懐に飛び込んでいく取材が常に望ましいとは思えない。仲間うち向けの親しみは、現代のこの国における石原慎太郎という問題を捉えるのには邪魔になる。都知事は公人なのだし、石原氏本人に対して私は今回、あくまでも正面から批判的なスタンスを明かしつつ取材を申し込み受けてもらう形での会見にこだわったが、ついに叶わなかった。

辛い仕事だった。取材拒否の理屈も何も示されず、ではせめて書面でお返事をと質問事項を並べ照会しても、秘書が「回答しません」のメールを送ってくるだけという対応は予想の範囲内ではあったけれど、後難を恐れて口の重い関係者たちの証言を集積していく作業はやりきれなかった。なぜなら他者への差別感情というのはひとり石原氏だけの専売特許ではない。方向性は人それぞれであるにせよ、おそらくは私自身を含めて相当数の人々が、多様で独立した個を傲慢にも十把一絡げにして貶めたがる意識から今なお解放されていないからである。日頃の取材活動を通してすでに、人間の業とはかくも卑しいものなのかと絶望しかけていた私には、石原氏という剝き出しの存在を見せつけられるためにあるかのような日々は苦すぎた。

二〇〇二年八月から稼動を始めた住民基本台帳ネットワークは、近い将来の国民総背番号制度への展開を企図した一元管理システムだ。人間の自由や尊厳を侵す監視社会を築こうとする政府のやり方は許せないと反対し続け、稼動後もネットワークに接続しない英断に踏み切ったことで知られる山田宏・東京都杉並区長(元衆議院議員)には、石原慎太郎都知事を味方につける作戦を練った時期がある。かねて歴史認識などで価値観を同じくしている、しかも表現者でもある石原氏なら、きっと共鳴してもらえるに違いないと、山田区長は考えていた。

区長会の後の懇親会などの機会を捉え、彼は間を置いて二度、石原氏に思いの丈を話してみた。山田区長本人が筆者に明かしたところによれば——。

「だって犯罪捜査に使えるんだろ」

——いいえ、犯罪の面から見ても、むしろ悪質ななりすましが増えます。駄目ですよ。

「しかしなあ」

これが最初の会話。住基ネットの危険を伝える報道がその後やや増えていったせいか、石原氏も次回には、「基本的には違和感があるかな」との反応だったというが、そこまで。いざ稼動を目前に控えた日の定例記者会見で、彼は政府の主張をそのまま繰り返した。

「住基ネットは国民負担を軽減するものだ。不正利用には重い罰則が設けられている。参加しない首長は法律の読み込みが足りない」

法令違反だ、という。山田区長の期待は裏切られた。国家観は同じでも、知事は国民全員を犯罪者と見なす統治論をお持ちなのかなと、彼は相当のショックを受けていた。「石原慎太郎」という問題が、保守と革新、右と左といった伝統的な分類、発想では捉えることのできない所以である。ちなみに山田氏は、後に二〇一〇年五月、国政復帰を目指して区長を辞任。ややあって都知事職を投げ出し、再び衆議院議員となって日本維新の会、そこから分党して結成された次世代の党の代表を務めていた石原氏の下で活動。二〇一五年からは自民党の参議院議員になっている。

石原氏の側近とされるグループの一人に、一橋大学の後輩で経営コンサルタントの市川周氏がいる。彼に聞いた次のようなエピソードも紹介しておきたい。

「石原さんが都知事になったばかりの頃の話です。知事室ではジャンパーでノーネクタイを通していた彼のところに秘書が迎えに来た。永年勤続者たちへの表彰式だという。何だまたかと言いながらネクタイを締めようとして石原さんはワイシャツのボタンがとれているのに気づき、針と糸を持って来させました。誰かに縫わせるのだろうと思って見ていると、ランニング一枚になって執務机に座り、自分でボタンを縫いつけ始めたんですよ。それで、「おい市川、俺は寮生活が長かったからなあ」

なんだか不思議な光景でした。でもすぐに、ああ、この人は他人にやらせることと自分のことをきちんと分けることのできる人なんだ、と思った。駄々っ子なんかじゃない、と」
　繊細さのありようが、しかし彼の場合、他者の人生を左右する地位に求められるものとは微妙にかつそれだけに深刻な形でズレている。その間隙が利用され、結果、多くの人々がとてつもない迷惑を被らせられようとしている。

　本書は月刊誌『世界』の二〇〇二年七月号から〇三年一月号にかけて連載した「空疎な小皇帝――検証「石原慎太郎」という問題」と、同業のジャーナリスト・安田浩一さんの協力を得て同誌二〇〇〇年十一月号に発表した「防災スペクタクルの一日――検証・ビッグレスキュー東京2000」を再構成し、加筆・訂正を加えたものである。
　同じ版元からの前作『精神の瓦礫――ニッポン・バブルの爪痕』と同様に、企画段階から連載の前半、および単行本化を馬場公彦さんが担当してくれた。特に第三章は、彼という中国通の存在なかりせば、そもそも成立していない。中国語の翻訳部分も彼によ
る。連載中を通して温かく見守ってくれた『世界』編集長の岡本厚さん、連載の後半を担当してくれた同誌編集部員の三輪英毅さん、強力な取材力が心強かった前出の安田さん、重ねて馬場さん、そして取材に応じていただいたたくさんの方々に。本当にありがとうございました。
　誰に憚《はばか》ることもなく大声で謝意を述べることのできる幸福。未来への危機や恐怖を論

じつつ、にもかかわらず私は今、この瞬間を嚙みしめてしまっている。

二〇〇三年二月

斎藤貴男

追記Ⅰ

石原慎太郎氏はその後、二〇〇三年四月の東京都知事選挙で約三〇九万票を獲得。知名度の決して低くない樋口恵子氏(民主、社民支持)ら他の候補者たちを圧する得票率七〇・二%で再選を果たした。

以来、すでに三年以上の歳月が経過した。本書がここまで繰り返し指摘してきた石原都政の酷薄さ、日本社会全体に与える深刻な影響に、なおいっそうの拍車がかかってきている。

石原知事を、というより差別を政治的に表現しただけとしか思えない彼の言動を支持し続ける東京都民の心性はあまりにも不気味だ。新自由主義イデオロギーに基づいた構造改革が拡大の一途を辿る格差社会に生きることの辛苦を、己よりも弱い立場の人々を見下したり差別したりして癒そうとする人々の哀しい業のようなもの——と説明してしまうのはたやすい。とはいえ、人間とはここまで愚かしく、浅ましいものなのだろうか。

このような現実を、ただし見据えておく必要がある。次の新しい時代のために、石原都政がこの間、従来にも増して荒廃させた東京の光景を、もう少しだけ記録しておく。

(ちくま文庫版、二〇〇六年八月刊)

荒みきった人心も、いつか、きっと温かさを取り戻す日が来ると信じつつ——。

家畜の調教としての東京の〝教育〟

教育とは調教であり、暴力である。利いたふうな俗説が、現実そのものになってきた。もはや下品な比喩でもなんでもない。現代の東京都において、公立学校の生徒はまさに調教なり暴力を施されていると言っても過言でない。

卒業式シーズンもたけなわの二〇〇六年三月十六日に開かれた都議会予算特別委員会で、中村正彦教育長は、卒業式での「君が代」斉唱の際に生徒の多くが起立しなかった場合、「担当教師が研修命令を含めた処分の対象になるのは当然だ」と答弁した。「一番大切なのは国旗と国歌」「国旗・国歌の適正指導は教員の義務だ」とする古賀俊昭都議(自民党)の質問に答えたものである。

都立高校および盲・ろう・養護学校などの校長には、そのための通達も出されていた(三月十三日付)。正確を期して全文を引用する。

〈東京都教育委員会は、「入学式、卒業式等における国旗掲揚及び国歌斉唱の実施について(通達)」(平成15年10月23日付15教指企第569号)により、各学校が入学式、卒業式等における国旗掲揚及び国歌斉唱を適正に実施するように通達した。また、「入学式・卒業式の適正な実施について(通知)」(平成16年3月11日付15教指高第525号)により、生徒に対する不適正な指導を行わないこと等を校長が教職員に指導するよう通知した。
しかし、今般、一部の都立高等学校定時制課程卒業式において、国歌斉唱時に学級の生徒の大半が起立しないという事態が発生した。
ついては、上記通達及び通知の趣旨をなお一層徹底するとともに、校長は自らの権限と責任において、学習指導要領に基づき適正に児童・生徒を指導することを、教職員に徹底するよう通達する。〉

石原知事が就任して以来、「日の丸」「君が代」の強制に向ける都教委の姿勢は、全国でも突出している。二〇〇三年十月二十三日には卒業式などでの〈国旗〉および〈都旗〉の式典会場の舞台壇上正面への掲揚やピアノ伴奏による〈国歌〉斉唱と教職員らの起立などを求める通達(いわゆる10・23通達)を全都立学校の校長に発信し、従わない教職員らを戒告などの処分に付してきた。

被処分者の累計は、二〇〇六年度末の時点で三五〇人近くにも達した。停職一カ月を命じられた教員や、定年後の嘱託契約を一方的に打ち切られたケースも続出し、いくつもの裁判が提起されている。

教職員や生徒の内心への介入は、年々エスカレートしてきている。都教委の通達は都立の学校を対象としているのだが、都内の区や市の教育委員会の中には、生徒が歌う

「君が代」の声量を測ったり、保護者たちの対応をチェックするところまで登場してきた。都教委への服従競争に他ならない。

〇六年三月四日に行われた都立戸山高校の卒業式では、保護者が撮影したビデオテープを校長が預かり、返却しないという事態まで起こっていたようだ(『朝日新聞』三月九日付夕刊)。同校では前年の卒業式で、複数の卒業生らが、「都教委の皆さんにお願いがあります。これ以上、先生たちをいじめないでほしい」と訴えた経緯がある。〇六年の卒業式では何事もなかったが、それでも校長は、式の模様が外部に流れることを怖れたものか。

戦時中もかくやと思わせる思想・言論統制。二十一世紀の日本全国を覆いつつある恐怖の最先端を東京都に突っ走らせている元凶は、そして、言うまでもなく石原慎太郎知事である。

この大衆作家出身のタレント政治家は、他人の子どもを己に仕える臣民に仕立て上げることが公教育なのだと信じ切っている。もっと言えば、都政の何もかもを私物化して恥じようともしない。

中村教育長の答弁があった都議会予算特別委員会でも、石原知事は気に食わない質問の主を罵倒しまくっている。三月十五日には共産党の村松美枝子都議の質問にのらりくらりと答え、「時間を稼いでいる」と指摘されて、「黙って聞け!」

翌十六日にはやはり共産党の大山とも子都議を、「あなた方の、何かの一つ覚えみたいな発言を聞いていますと……」と小馬鹿にしてみせる。「質問に答えて」と促されると、「答えてるんだ、黙って聞け、この野郎。失礼じゃないか貴様」と絶叫した。

何という無惨だろう。品位とか知性といった要素と、仮にも政治がこうまでかけ離れ、それで許されてしまう社会とは、いったい――。

件《くだん》の10・23通達が発布された翌〇四年の四月、東京都中野区立の小学校の入学式で、日の丸・君が代の強制について批判する挨拶をしたPTA会長が辞任に追い込まれるという事件があった。この際、事前の調整を怠った同会長に対する批判の声がまずPTA内部で上がったが、話し合いの結果、今後は慎重にとのことで落着。すると校長と教頭が地域の有力者を組織した学校評議員会の場に同会長を呼び出し、別室に控えさせていたPTA役員らと結託して彼を責めたて、ついには排除することに〝成功〟したのである。

言うまでもなくPTAは学校の一部ではない。まったく別の組織である。校長らのやり方も、およそ教育者とは思えない、卑劣きわまりないものだった。そこで高橋聡・前PTA会長による人権救済申立を受けた東京弁護士会が、調査の末、彼らの行為を〈憲法13条の保障する申立人の自己決定権を侵害〉し、かつ〈憲法21条1項の保障する申立人の意見表明の自由をも侵害するものといわざるを得ません〉として、善処を求める警告書を出した。

〇六年三月十四日には中野区内で報告集会があり、筆者もゲストに招かれたので参加した。高橋さんはこの警告書を活用し、当時の校長、教頭らに謝罪を求めていくという。

「この間、保護者会で事件の経緯を話したり、ビラを配布しようとすると、席を立つ方が何人かいました。親しかった親御さんから電話がかかってきて、「(日の丸・君が代の強制を批判した)あんな挨拶はおかしい。百人いたら百人がそう思うわ」と言われたこともあります。辛かった」

高橋さんは語った。ファシズムの時代には、政府の強権以上に、大衆の同調圧力が恐ろしい。そうはさせないためのチェック機能であるべきジャーナリズムも、また。

集会に先立って行われた記者会見に集まった記者はわずか三人。うち一般紙は朝日新聞だけで、しかも翌日の紙面でもベタ(一段)二十七行が割かれるに止まったので、大方の人々は、たぶん、何も知らないままでいる。

史上最低の都議選

二〇〇五年七月三日に投開票が行われた東京都議会選挙は、自民党の敗北、民主党の躍進と報じられることが多かった。前者が勝ち取った四十八議席は前回当選より五議席減。後者の三十五議席は前回を十三議席も上回る結果だったのだから、マスコミ報道の表現パターンとしては間違いではない。

ただし公明党の候補者は二十三人の全員が当選している。したがって自公の両党で都議会の議席の半数を上回り、民主党の姿勢も与党とほとんど同じであることから、国政同様の翼賛体制はそのまま維持されていくと見て間違いない。

などという結果の分析に、しかし、それほどの意味があるとも思えない。この時の選挙ほど、近年の日本社会のくだらなさ、馬鹿馬鹿しさをあからさまにしてくれた選挙も珍しかった。ごく一部の例外を除いて、立候補者も政党も不真面目すぎた。

争点は石原慎太郎都知事による都政そのものであるべきだった。この間の石原都政をどう評価し、また実際に関わって来、今後はどう対応していくのかを、各候補者は今度こそ、真剣に語らなければならなかった。

石原知事は、富める者、支配する立場の側のためだけに都政の舵を取ってきた。福祉や公的医療を切り捨てては社会的弱者の生活を破壊し、戦争を賛美する身勝手な理屈を学校現場に持ち込んで、公教育を家畜の調教と同義にした。

卒業式や入学式で生徒や教師に日の丸の掲揚と君が代の斉唱を強制した。世の中には主従関係だけがあるとでも言いたげな世界観ばかりを石原知事は撒き散らかし、都議会の翼賛体制がこれを支えてきた。

選挙戦を目前に控えた六月には、石原知事の側近中の側近である浜渦武生副知事の更迭が決まった。彼は都の社会福祉総合学院の施設が民間の学校法人に転貸されていた問題で、民主党都議にヤラセ質問を依頼。疑惑を捏造して権力闘争に利用する彼の計画が調査特別委員会(百条委員会)に暴露されたのを受けて、石原知事は浜渦副知事の交代を含む特別職の人事案を都議会に提出したのだった。

背景には浜渦副知事と自民党の確執があった。週に二、三日しか登庁しない石原知事の名代として、浜渦副知事は都政のあらゆる領域に介入し、すさまじい専横ぶりを発揮してきたのである。

そうさせたのは石原知事に他ならない。彼の国会議員時代から三十年来の腹心であり続けた浜渦副知事は、汚れ仕事ばかりを引き受けてきた。

一九七四年には卑劣きわまりない暴力事件も起こしている。対立陣営に鞍替えした元選挙参謀に、石原氏が当時コミッショナーをしていた「全日本キックボクシング」の事務局長と二人がかりで殴る蹴るの暴行を働いた。詳しくは本書の第一章を参照していただきたい。被害者は全身打撲で三週間の入院。だが所轄の赤坂警察署は捜査を渋り、事件はうやむやにされてしまった。

ほとんど暴力団、チンピラヤクザを石原知事は副知事に就任させ、都政の中枢を担わせてきたわけだ。さすがに更迭するしかなくなった二〇〇五年六月三日の記者会見でも、石原知事は浜渦副知事を褒めちぎり、あろうことか自らの責任の一切を棚上げにした。

「私はやめる意思なんか毛頭ないね」（側近政治の責任を問われて）

「都庁にいてできない仕事はたくさんあるよ。あまりばかなこと言わない方がいいよ」（週に二、三度しか登庁しないことへの批判について）

「ありませんね。何をもってするんですか。何の責任もない」（知事自身が責任の所在を示す考えはと問われて）云々。

超ド級の無責任男が、しかし、これ以上の何も追及されることがない。浜渦副知事の政略の片棒を担いだ民主党も、彼を追い出した自民党も、またそれら政党が公認した候補者たちの誰も彼もが、何事もなかったような顔をして、都議選に臨んでいた。

自民党の候補者たちは相変わらず石原人気にあやかることだけを考えて、ツーショットのポスターを大々的に展開。民主党の一部はにわかに野党面《づら》を始めた。「（石原知事は）都政に関心をなくしたようだ」「知事のポストを政治的発言にだけ使っている」などとする菅直人代表の指摘は正しいが、過去への反省が伴わないのでは、不誠実な体質がますます浮かび上がってくるだけだった。

そもそも君が代・日の丸強制の急先鋒は民主党の土屋敬之都議だった。生殖能力を失った女性には生きる資格がないと言った、〝ババァ発言〟（本書第四章参照）の直後の都議会定例会で、高齢者問題の質問にかこつけてオベンチャラを決めたのも、民主党の樋口裕子都議である。

「いつまでも元気でありたい、若々しく老いたい、誰もの願いです。石原知事は、いつも若々しく、大変にお元気でいらっしゃいます。また、ビジュアル系知事とも言われ、そして誤解を恐れずに申し上げますと、知事はとっても素敵でいらっしゃいます。しばしば過激なご発言があり、また女性にはかなりご理解が深いと感じておりましたのに、年末にはあまりにも大胆なご発言をされ、女性ファンは大変ショックを受け、減ってしまったようでございますが、ハッとするほど知事は生き生きとされていらっしゃいます。

今年の九月のお誕生日には大きな節目のお祝いがあるということで、大変驚いてはおりますのですが、颯爽《さっそう》とされていらっしゃる知事。知事を拝見させていただきますと、生涯青春、生涯現役。知事は、生き生きとした人生を送るのに、どのようなことが大切でいらっしゃいましょうか」(二〇〇二年二月二十七日)

樋口都議は一九五八年生まれ。「目標一三二七店」で有名な「薬ヒグチ」の一族で、同社の取締役も務めている。「持ち上げられたんだか落とされたんだかわかりませんが、非常に印象的な質問でございました」と返した石原知事の答弁を見る限り、褒め殺しというのにはほど遠かった。

若さも恒産もある女性が、まるでタイコモチだ。

マスコミもつくづく最低である。石原知事が週に二、三回しか登庁しないことなど、都庁内に知らない者などなかった。承知の上で何一つ攻撃せず、自民党のお墨付きが出た途端に、批判の真似事をほんのちょっとだけ。

週刊誌に至っては、中国人が反日デモを繰り返すなら尖閣諸島に自衛隊を送り込み、中国船がいたら撃沈しろ（『週刊文春』二〇〇五年五月五日・十二日合併号）だの、近頃の若者に元気がないのは戦争がないからだ、国全体を緊張させるためにはやっぱり戦争だ（『週刊ポスト』二〇〇五年一月十四日・二十一日合併号）だのと無責任な暴言、妄言を吐かせまくっている。英国の一流紙『タイムズ』までが悪乗りして、「領土を守るためなら、八二年にお国（英国）とアルゼンチンが戦ったフォークランド（マルビナス）紛争のような〝小規模な戦争〟も辞さない」などと宣言させてくれる始末（二〇〇五年六月一日付）。だがしかし、このような存在を支持し、培養しているのは、まぎれもなく都民なのだ。

他人を見下す東京都知事

二〇〇六年二月三日に東京・港区内で開かれた「三宅島帰島一周年　感謝の集い」で石原慎太郎都知事が「村議会のばかども」などとする暴言を吐いたとして、日本共産党系の二つの団体が本人に発言の撤回を申し入れた。「革新都政をつくる会」と「東京革新懇」。当然、共産党の機関紙『しんぶん赤旗』には詳しい経緯が出ているが、一般の報道では、そもそもどんな暴言があったのかもわからない。録音テープを起こした文書を入手することができたので、事実関係を検証しておこうと思う。

三宅島は東京から南へ約一八〇キロメートルの海上に浮かぶ、総面積約五十五・一四平方キロメートルの島である。伊豆諸島では大島、八丈島に次いで大きい。

この島を襲った噴火の恐怖については、本書の第五章で触れた。五年近くに及んだ全島避難命令は、しかし二〇〇五年二月には解除され、それから一年間を経て、三宅島には以前の七五％に当る二九〇〇人弱の島民が帰島するまでに至ったのである。

「感謝の集い」は地元・三宅村の主催で行われた。避難所生活を支えたボランティアや、復旧事業に携った業者ら約二五〇人が招待されて、島の伝統芸能「伊ヶ谷獅子舞」が披露されたり、復興対策事業の一環の、島で育ったサツマイモを使った焼酎「喜島《きとうみ》三宅《やけ》」が振る舞われたり。ラベルの文字は他ならぬ石原知事の揮毫《きごう》による――。

そのような場で石原知事は、何をどう述べたのか。まずは翌日の新聞各紙を列挙する。内容の一部重複はご容赦願いたい。

〈集いには石原慎太郎知事も出席。村民に対し「観光客が集まるよう、他の離島がやっていないアイデアを出して下さい」とげきを飛ばした。〉（『朝日新聞』東京都内版）

〈知事は「おめでとうと言いたいところだが、これからが大変。人を連れてくるには島のみんなが新しいことを考えなければ」と激励した。〉（『産経新聞』）

〈約250人の参加者との懇談会も続いて開かれ、あいさつに立った石原慎太郎知事は「観光客誘致にはよほどの覚悟で新しいことをしなきゃだめ。アイデアは出すけど、やるのは皆さんだ」と激励した。〉(『毎日新聞』東京都内版)

これだけなら暴言とは言わない。各紙の読者には、概ね、「歯に衣着せない、キツイ叱咤激励」といった印象で受け止められたのではなかろうか。

実際に吐き出された言葉は、こんな具合だった。

「三宅島帰島一年、おめでとうございます、とは言いたいがね。これから大変ですぞ。焼酎一本二本云々と言ったって、これでどうなるもんじゃないんだ。私はね、三宅はね、私のかつての選挙区でもあります。皆さんもよくご存知でしょうけど、東京から近いようで遠い。それから、南の島と言ったって、暖かいようで実はそんなに暖かくない。(中略)私は三宅は本当にきれいな島で大好きで、昔ヨットで初めて行った時に大変気に入りまして、あの頃は雪もまだあったけど、神社の下の土地を買って、いつかしたら住もうかと思っているうちに、島は何度も爆発したし」

「その時から痛感したんですがね、この島の魅力と言うか、非常に訴えにくいんだね。モイヤーさん(引用者注・著名なアメリカ人海洋生態学者、ジャック・モイヤー博士。三宅島を拠点に研究を続けていたが、二〇〇四年一月に東京都内の避難先で服毒自殺)も同じ代の仲間で、〝準温帯〟と言うんですか、いろいろ言ってたけれども、珍しい鳥とか珍しい海の生物ってのは、限られた人間の興味の対象になっても、これはなかなかキャンペーンの素材にはなりにくいんですよ。(中略)やっぱり人を連れて行くためには、何かアトラクションをしなくちゃいけないんです。で、そうするとまたすぐ反対する奴が出てくる。だいたい三宅島ってのは伊豆七島で一番意見のまとまらない島なんだ(笑)。皆さん胸に手を当てて考えるとわかるでしょ。本当に苦労したんだ、あそこでは」

石原知事の挨拶は続く。島でオートバイレースを、と呼びかけた自分の提案が、自転車レースに形を変えて実現しかけたが頓挫した経緯。やっぱりオートバイだ、発祥の地である英国のマン島を視察しようと村長を誘っているのだが、などとして、彼は語った。

「その話をしたら、「いい。八丈島で引き受けます。三宅は一回やったらすぐやめちまうから、八丈(島)でずっとやりましょう」って、浅沼(道徳、八丈町長)、言ってたよ、ほんとに(笑)。知らないよ俺は、後。やりゃあいいんだから。ほっといても動かないなら、島がどうだどうだと言うな(笑)。あなた方は覚悟を決めて、その気になってやらないとね、意見ばらばらで、そういう形で足の引っ張り方したら、絶対、島は発展しませんから。

村長さん、少しはみんなで選んだ村長さんで。前の人なんか脳出血で死んじゃった。あの人は本当にがんばってよくやったと思うよ。あの人が無競争で入ってヤキモチ焼いて、せっかく頼まれたんで都庁から人を送ったら、議会のバカどもが否決したんだろ。俺は飛行場、止めちゃうぞって言ったんだよ。大関(東支夫)総務局長が、「私が言いまして、言い足りなかったら知事、後から……」。大関が言った、「あのねえ、皆さん」て。「そんな言い方じゃダメだ。お前は引っ込んでろ」。「お前ら東京の顔をつぶしたな。そのうち酷い目にあわせてやる。覚えてろよ、この野郎」って言ったんだ(笑)。ほんとにそうだよ」

大噴火の直前、二〇〇〇年七月に行われた村長選で、対立候補のないまま無投票で初当選した長谷川鴻《はせがわこう》村長が、助役の派遣を都に依頼した。すでに中規模の噴火が繰り返されていた時期で、候補者選びは難航したものの、都は島嶼部での経験も豊富な職員の説得に成功。彼は定年まで三年を残して退職し、夫婦で三宅島に赴いたのだが、臨時議会でまさかの否決を食らった。

当時はかなり報じられた事件だ。石原知事はその翌日に島を訪れて、村議らを「お前らバカか」と罵倒した。全島避難などで協力が求められていた都と村の関係が、その後もギクシャクしていく原因になった。なお長谷川前村長はこの間の二〇〇五年五月に死去している。

石原知事の挨拶をもう少し。

「みんなね、三宅が大事だし、三宅を愛している、三宅をもり立てて人を引っ張ってこようと思ったら、よほどの覚悟して、新しいことやらなきゃダメ。(中略)アイデアはいくらでも出すよ。決めるのはあなた方なんだからね。それで「国から金出せ」「都から金出せ」ったって、そんなのはダメだ。甘ったれちゃいけない。東京都も限界、国も限界。国なんかアップアップしてるんだから。（中略）私は突き放したことを（引用者注・言うようですが？）、お説教をしに来たんだ。みんなで考えろ、みんなで。でないとね、知りませんよ（後略）」

この人なりに、三宅島への愛情を精一杯吐露しているのは間違いない。本人との距離次第で、好もしくも腹立たしくも聞こえるだろう。ごく近しい仲間内だけの席ならば、それもまた結構、なのかもしれない。

問題は、自分以外の人間の感情とか心、尊厳といったものなどが、これっぽっちも彼の視野に入っていないことだ。仮にも行政の長が、このような感性、発想で政治を動かしている現実をどう捉えたらよいのか、ということなのだ。

三宅島や八丈島は、もちろん東京も、石原慎太郎個人の私物などでは絶対にない。共産党とは対立する陣営に属する、島の長老格の証言。

「なにぶんあの時は、石原が挨拶に立った真ん前に、共産党の連中が陣取っていたんだよ。それで頭に血が上っちゃったんじゃないの？　あの人はカッとなると前後の見境がつかなくなるから。他意はないと思うよ。

助役の件はねえ、長谷川さんは伊豆七島一の土建屋で大金持ちだから、名誉が欲しくて町長になったものの、自分の実力はよくわかっていた。それで実務家を都に求めたんです。臨時議会の朝、長谷川さんが村議たちにお願いをしてましたね。その時、助役候補本人が一緒に頭を下げてくれれば済む話だったんです。ところがその人は、奥さんを連れて島内を観光して歩いていたんだな。それで、なめるな！となって」

石原知事と三宅島の間に横たわる、一九八〇年代以来の、米軍のＮＬＰ（夜間離発着訓練）誘致をめぐる確執については、第五章で詳説した。誘致推進の最前線にいた自民党の衆議院議員（当時）と、先祖伝来の島を軍隊に売り渡してなるものかと抵抗する島民たち。八六年二月には、一般乗客に混じって三宅島空港に降り立った石原議員が、百人ほども集まってきていた人々に、帰れコールを浴びせられていた。

恩讐の彼方へ、と言えるだけの時間は経っていない。大噴火と全島避難を契機に、この際、島ごと米軍に売り飛ばしてしまえという策動さえ、水面下で進行しかけていた事実もあった。

恨み骨髄の三宅島島民に向かって、だから石原知事が暴言を吐いた、というほど簡単でもないはずだ。ただ、こうしてニュースの一部をほんの少し検証してみただけでも、普通に新聞を読んでいるだけでは、肝心のことは何も知らされていないことがわかる。

罵倒と恫喝――嫌悪の支配者の時代

二〇〇六年六月六日、日本を代表するオートバイレーサーが、英国マンチェスターの病院で亡くなった。前田淳選手、三十八歳。報道によればアイリッシュ海に浮かぶ英領マン島で開催されていた公道レースの練習中、後続のバイクに追突されて転倒し、骨盤などに重傷を負い、治療を受けていた。

事故は五月二十九日、石原慎太郎・東京都知事と平野祐康・三宅村長、浅沼道徳・八丈町長が視察に訪れたさ中に発生した。島おこしのためにはオートバイレースの開催がよいと言った自分の発案を顧みない三宅島はダメだ、などとした石原知事の発言を先に引いたが、それからわずか四カ月後には、このような悲劇が招かれてしまった。

前田選手は事故の直前、石原知事の激励を受けている。この石原知事の合図によって、先頭でスタートしたのだという(『東京新聞』六月七日付朝刊)。

十日後の六月十六日には、石原知事の正体をあからさまに示す判決が、東京地裁で言い渡されている。石原知事は二〇〇一年九月、講演の依頼を受けてワシントンに旅行。夫人や高井英樹特別秘書らを同道させていたのだが、この際、都の条例で定められた手続きを経ず、勝手に増額した宿泊費を公費で賄わせていた。判決はこれを違法とし、都に対して知事ら二人に合計約九十八万円の返還を請求するよう命じたもの。

条例はこうした場合の宿泊料(五泊分)を知事で約二十万円、秘書で約十二万円までと規定している。増額する必要があれば事前に人事委員会と協議しなければならないのだが、石原知事はそれを怠って約七十九万円、高井秘書は約五十八万円を受け取っていた。

都内に住む五十六歳の男性が都を相手取り、知事ら四人に合計約四六〇万円を返還請求するように求めた裁判だ。原告側は「一部勝訴は評価できる」としながらも、石原夫人の旅費の返還請求については退けられたため、控訴する方針を伝えられる。

石原知事の態度は、それでも何一つ変わらない。追記Ⅱでも紹介する二〇一六年夏季五輪の招致問題。都内の市町村議会が次々に賛成を決議していく中で、西多摩郡の瑞穂《みずほ》町《まち》町議会は六月二十日、招致決議案を否決した。石原知事は同町にも跨る米軍横田基地を五輪の輸送手段として活用したい意向であるとされ、騒音公害の深刻化を恐れる地元の反発が表れた形だが、この件でも彼はまた、罵倒と恫喝で返している。

「頭がどうかしてるんじゃないのか。(米軍横田基地の)軍民共用化とオリンピックとどう関係があるのかね。なんにも得にならないと思うね。オリンピックが仮に(東京に)決まって、その前に三多摩は(二〇一三年東京国体が)あるわけでしょ。その時になってほえ面かかないようにしたほうがいいよ」(石原知事会見ファイル『東京新聞』六月二十四日付朝刊)

石原知事にとって、東京の何もかもは自分の私物である。逆らう者はすべて「頭がおかしい」「ばかども」にされてしまう。はたしてマン島で日本人レーサーの事故死を目の当たりにした平野・三宅村長は、それから一カ月も経たない七月四日、知事の思いつきをそのまま受け入れる姿勢を公式に表明した。

二〇〇七年四月に任期が満了する石原氏は、そして三選への出馬に前向きな姿勢を示している。五月二十五日に記者団に問われて、「(五輪の国内候補地が)八月に東京に決まったら、それから先、もっと厄介な問題があるわけで、じゃあ後の人よろしくというわけにはいかないだろう」と、語ったものである。

嫌悪の支配者の時代が、これ以上、いつまで続いていくというのか。東京都民は、日本国民は、この先、真っ当な人間性を回復することができるのだろうか。石原慎太郎都知事という存在は、この国の社会の未来を占うリトマス試験紙なのかもしれない。

（講談社文庫版、二〇一一年三月刊）

追記Ⅱ

不可解な打ち切り

東京・渋谷の西武百貨店渋谷店B館八階「美術画廊」で開かれていた作品展「デパートdeサブカル」が、十三日間の会期の八日目に突如、打ち切られた。二〇一一年二月一日のことである。作品展には二十五人の作家による合計百点ほどの絵画や人形などが展示されていた。

本来は一九八〇年代を席巻した「セゾン文化」を髣髴《ほうふつ》とさせる、野心的な取り組みであるはずだった。同画廊を運営している高級雑貨部が作家らに宛てた「ご出展のお願い」を読むと、担当者たちの熱意が伝わってくる。〈文化の発信地「渋谷」のデパートとして、アートがもつ「力」と、10年後のメインカルチャーに成り得る「可能性」を探り、渋谷店の顧客へと投げ掛けることを目的とする当画廊初の試みです。〉

サブカル（サブカルチャー）を謳いはしても、百貨店の一般顧客にも届かせようとするからには、アニメやフィギュアのようなオタク文化ばかりを対象にはしていなかった。作品展の現場を訪れていなかった私は、実際に参観した人に感想を聞き、ネットなどで可能な限り出展作品に触れてもみたが、そこには現代の社会通念に照らして特段に過激だとは感じられない、むしろ現代アートとして大づかみに括《くく》っておいた方が適切だと思われる、幅広い作品世界が広がっていた。

「それだけに散漫というか、趣旨の明確でない、未熟な展覧会になってしまったのかもしれません。作家と主催者との事前の話し合いも不足していた。だから外からの圧力に耐えられない。この企画にはこういう狙いがある、過激に見える表現にも必然性があるんだと胸を張れるだけの用意がなかったのです」

作家の一人が唇を噛んだ。「デパート de サブカル」が中止の憂き目を見た数日後、数人の出展者たちに会い、事情を振り返ってもらったのだ。彼らの断片的な証言をまとめると、事態がそこに至るまでには、おおよそ以下のような経緯《いきさつ》があったようである。

「高級雑貨部の担当者が作家側に電話をかけ始めたのは、中止の前日、一月三十一日から。なかなか連絡が取れずに事後承諾になったケースもあった」

「不快だから止めろというクレームが西武渋谷店にいくつか寄せられ、これに反応した本社が中止を決定した。現場は反発したが抵抗しきれなかった。一部の団体によるクレームが執拗だったと聞くが、事実関係ははっきりしない」

「誰のどの作品が問題とされたのかは不明。出展作品の中には女性の裸体を描いたものや緊縛、口枷《くちかせ》を扱ったものもあり、それらが不興を買ったのだと示唆された人はいるが、詳細はこれまた不明である」

具体的なことは何もわからない。差別を助長していると受け止められた作品展が中止に追い込まれてもやむを得ない場合があるとは思う。事の善悪を度外視すれば、公立の美術館が天皇の肖像をモチーフにした作品を展示して右翼団体や保守政治家にとがめられ、トラブルに発展した事件が過去にあったのも現実だ。

「デパート de サブカル」事件は、しかし、そうした事例とも様相を異にしていた。皇室タブーは関係ない。サブカル展を標榜した以上、エロティックな作品も出展されてくるのは自明であり、そういうことも含めて西武百貨店は〈当画廊初の試み〉にチャレンジし、実際に搬入された作品を是として、会期をスタートさせたのではなかったか。

「改正東京都青少年健全育成条例」の意図

関係者たちの経験則と現実の間にズレが生じていた。そこで誰もが思い至らざるを得なかったのは、「デパート de サブカル」の一カ月余り前、二〇一〇年十二月十五日に東京都議会の本会議で可決・成立していた「改正東京都青少年健全育成条例」の影である。

過激な性描写のある漫画やアニメ、その他の画像の販売を強く規制する改正条例だ。行政権力が表現の自由を統制する手段になるのではないかとする批判が多い。詳しくは後述するが、とりあえず都議会での審議が大詰めを迎えた時期の新聞に載った解説を示しておこう。

〈今回の改正案は「法律に触れる性行為や、婚姻が禁止されている近親者間の性行為」を、「不当に賛美・誇張して描いた漫画など」が対象。規制は二段構え。まず、作品を販売する場合、書店や出版社などに対して自主的に成人向けコーナーに置くよう努力義務を課す。それでも一般図書として販売されるものについては、都が審議会に諮るなどした上で指定し、区分販売を強制的に義務づける。違反を続ければ、30万円以下の罰金が科される。〉(『朝日新聞』二〇一〇年十二月七日付朝刊)

いわゆるゾーニング(区分)である旨が強調されている。あくまで販売規制であって表現規制ではないというわけだ。

とすれば「デパート de サブカル」は、二重の意味で改正都条例の対象になりそうもない。そもそもマニア向けの作品展でなかったことは前述の通りだし、にもかかわらずと言うべきか、「美術画廊」は一般の買い物客や子どもが何となく入り込んでしまう構造にはなっていなかった。あらかじめゾーニング済みの状態に近かったと言い換えてもよいかもしれない。

作品展の中止に踏み切った当事者にも、都条例との関係を全面的に否定された。取材の過程で「クレームをつけた〝団体〟というのは西武百貨店の持ち株会社であるセブン&アイ・ホールディングスに他ならない」とする情報に接したので、同社の広報に問い合わせたところ、折り返し、西武百貨店本社の田中宏明・販売促進部長から電話がかかってきたのである。

「中止の理由は、私どものウェブに複数のお客様から、百貨店には似つかわしくない催事じゃないかというご指摘をいただいたことに尽きます。その一点のみなのです。セブン＆アイからではありませんし、どこかの団体からでもない。あくまでも個人のお客様です。東京都の条例ともまったく関係ございません。

情けない話ではありますが、表現の自由の侵害だとか、そういった問題については、私どもはお答えできるだけの考えを持っていないのです。作家の方々や、作品展を楽しみにしておられたお客様には申し訳ないと思っています。だったらどうしてそんな企画を立てたのかと言われても、そこまで思い至らなかったというのが正直なところでして」

田中部長は、いかにも百貨店らしい〝お客様第一主義〟を前面に掲げていた。表現の自由についての考えなど持ち合わせていないと胸を張る企業がアートを扱うことの是非そのものを争うのでない限り、百貨店としての判断を責めることは難しいのかもしれない。

彼の語る事実関係に嘘がないと仮定しようか。ただし、西武百貨店の意思決定プロセスや、彼ら宛てに寄せられたクレームに「改正東京都青少年健全育成条例」の語句が本当に登場してなかったとしても、都条例とこの事件とが無関係だったとも言い切れない。この種の問題は、そう簡単ではないから厄介なのだ。むしろ政治的な思惑の伴わない一般客からのクレームだったのならなおさら、都条例という〝お上の威光〟が、自らの正義を行使する自信に通じていた可能性が高いのではないか。

「デパート de サブカル」事件の直後にも、実は同じような事件が発生していた。〝遊べる本屋〟をコンセプトに全国展開している書籍と雑貨の複合店舗チェーン「ヴィレッジ・ヴァンガード」(略称ヴィレヴァン)が、いわゆるアダルト系の商品群を全店舗から撤去したのだ。

アダルト系と言ってもポルノばかりではない。たとえば一九七〇年代の社員旅行全盛期に全国の温泉街に林立した、性風俗絡みのコレクションなどを陳列する施設の歴史や意味を追うドキュメンタリーDVD『昭和聖地巡礼〜秘宝館の胎内』(二〇〇七年)のような作品群も一掃されてしまった。

ササタニーチェ(笹谷遼平)監督自身の弁を聞く機会を得た。エロティシズムをテーマに創作活動を続ける映像作家だ。

「僕のDVDは確かにエロを扱ってはいるのですが、あれでヌク人はあまりいないと思うんです(笑)。単に面白がってくれる人が多いんですが、こういう表現活動も禁じられていくということなのでしょうか。ほとんどヴィレヴァンだけの販路で、それまで順調に売れていたのが、今年に入ったとたん、注文がまるでなくなってしまったんですよ。俺、何か悪いことしましたか。三月にはバイヴレーターのドキュメンタリーDVDをリリースする予定なのに、こんな状況では、撮れば撮るほどひもじくなっていくしかないのかもしれません」(二〇一一年二月十日夜、東京・浅草橋のイベントスペース「パラボリカ・ビス」で開かれた緊急シンポジウムでの発言)

ヴィレヴァンのケースもまた、顧客からのクレームが契機になったと言われる。もっともウェブマガジン『メンズサイゾー』(二〇一一年二月十一日配信)の取材によれば、同社は近年、大型ショッピングセンターへの出店が加速して家族連れの来客が増えたため、「世の中の流れに合わせて」(広報担当者)、陳列商品の社内基準を改める協議を進めていた結果であり、クレームはきっかけにはなったが、直接の原因ではないという。

ここでもクレームの主については「デパートdeサブカル」の場合と同じことが言い得る。「世の中の流れ」の中には当然、改正都条例の可決・成立も含まれているはずだ。

絶妙のタイミングでよく似た事件が連続した現実の意味を軽視すべきではない。石原慎太郎・東京都知事の三期目の最終局面で可決・成立した「改正東京都青少年健全育成条例」は、施行もされていないうちから一人歩きを始めているのではないか。表現が強権的に圧殺されたというのとは違う。あくまでも善意の市民が主導する形で、あるいは善意の企業が時代を先取りするかのように、とどのつまりは石原都政の狙い通りの〝浄化〟が、着々と進められていくかのような。ならばゾーニングは仮面にすぎない。表現規制への民衆の動員こそが改正都条例の本質ではないのか。

所詮は推測でしかない見立てではある。だが、この改正条例が可決・成立するまでの過程には、そのように受け止めざるを得ない場面が多すぎた。

力を持つ警察官僚たち

「発端は児童買春・児童ポルノ処罰法の改正問題なんです。警察庁はかねて漫画やアニメもこの法律の対象にしようと躍起なのですが、法律の趣旨は餌食にされた児童の人権保護にあるのですから、架空のキャラクターに適用するのは筋が違います。法律が簡単に変えられないなら、出版社や制作会社が集中している東京都の条例で、という発想だったのでしょう。

なにしろ東京都に出向してきている警察官僚たちの動き方が異常でした。何が何でも条例改正ありき。われわれは話し合いならいくらでも応じたし、自主規制を強化するつもりでもあったのに、とりつく島もなかった。東京都は従来、他の道府県に比べれば自主規制を尊重してくれていたのですが」

山了吉《やまりょうきち》・日本雑誌協会編集倫理委員長(小学館取締役)に会って解説してもらった。出販界を代表してこの問題に取り組んできた人である。ちなみに児童買春・児童ポルノ処罰法は一九九九年に制定され、その後の改正で対象が拡大されてきた。二〇〇九年の国会で審議された改正法案には他人の制作した児童ポルノを所持しただけで処罰される条文案や、漫画やアニメ、CG等と児童の権利を侵害する行為との関連について調査研究を進める旨の附則が置かれていたのだが、与野党の修正協議の段階で衆議院が解散し、廃案になっている。

東京都の青少年健全育成条例改正も、すんなり実現したわけではない。中心を担ったのは青少年・治安対策本部。倉田潤本部長をはじめ、警察庁からの出向者が実権を振う特殊なセクションだ。十八歳未満のキャラクターを指す「非実在青少年」という造語が有名になった最初の改正案は二〇一〇年六月の都議会で否決されたが、そこからの巻き返しが凄まじかった。

都議会関係者の証言。

「彼らはあの猛暑をものともせず、改正案に反対した民主党都議の選挙区をなんと八十数カ所も回って、徹底的なキャンペーンを繰り広げたんです。町の公民館などにPTAを集めては、映倫やBPO（放送倫理・番組向上機構）などに比べて出版界の自己規制は甘すぎるという印象を刷り込んでいった。

有権者の多数派は、表現の自由などという理念より、目の前に示された強烈なエロ描写にどうしても反応しますからね。民主党の都議たちはよほど焦ったのでしょう。条例の改正に反対し続ければ〝エロ議員〟の罵声が飛んでくるとばかりに、三役が賛成の方向に転じる合意を交わしてしまったんです」

かくて改正条例案は若干の手直しを施されて再び都議会に上程され、自民・公明・民主各党の三会派による賛成多数で可決・成立した。批判の的だった「非実在青少年」の造語が削除され、描写される行為の違法性にポイントが移った点は大きな変化であるものの、恣《し》意的な運用が可能であることに変わりはない。かえって規制範囲が拡大しただけだとする議論も少なくないのだが、本稿ではこれ以上の言及を避ける。テクニカルな細部にこだわるよりも、より本質的な問題を優先したいからだ。

条例改正の立役者だった倉田・青少年・治安対策本部長は、二〇〇四年八月から〇六年四月までの一年八カ月間、鹿児島県警本部長を務めていた。鹿児島と言えば、県議会選挙をめぐり公職選挙法違反容疑で逮捕された候補者や住民が違法な取り調べを受けた「志布志《しぶし》事件」が記憶に新しい。彼の前任者時代のスキャンダルだが、後任の倉田本部長も在任中に県議会の答弁で、「供述を強要した事実は認められない」と居直った過去がある。「冤罪」でさえない、何もかも警察のでっち上げだった可能性さえ否定できないとされる「事件」だったのにもかかわらず(朝日新聞「志布志事件」取材班『虚罪　ドキュメント志布志事件』岩波書店、二〇〇九年など参照)。

表現の自由に関わる重大な条例改正が、敢えてそのような人物に委ねられた人事の意味が問われなければならない。民主党の都議たちが彼らの思い通りに転んだ背景に、倉田＝志布志＝作られた公職選挙法違反、という連想も働いていたとしたら。要は「逆らったら逮捕されるかもしれない」という無言の圧力――。

シナリオを描いたのは警察庁だとしても、それを受け容れ、倉田本部長に機会を与えたのは石原慎太郎知事である。遡れば竹花豊・元広島県警本部長を副知事に招聘して東京都に警察官僚のポストを設けたのも（二〇〇三年）、生活文化局にあった「青少年課」を知事本局に移籍させ「青少年・治安対策本部」へと改組して警察官僚に任せる体制を整えたのも（二〇〇五年）、いずれも石原知事だった。

青少年の成長過程では非行の問題もつきまとう。とはいえ青少年と治安を並べて「対策」の一言で括ってしまえとする視座には、どうしても共感できないものを感じる。

表現者としての〝転向〟

はたして青少年健全育成条例の改正に絡んでも、石原知事は例によっていくつもの暴言を吐いていた。一部を紹介したい（傍点はいずれも引用者）。

定例記者会見で、反対している漫画家たちについて問われて、

「その連中、芸術家かどうか知らないけれど、そんなことぐらいで、書きたいものが

書けなくなった、そんなものは作家じゃない、本当に、言わせれば。ある意味で卑しい仕事をしているのだから、彼らは。そうだと思う、僕は。あの変態を、是とするみたいな、聞けば、そういう人間がいるから、その商品という需要があるのだろうけれど、話にならない」(二〇一〇年六月十八日。東京都HPに掲載されているテキスト版より)

漫画家たちが再び記者会見を開いたことへの感想を報道陣に問われて、

「夫婦の性生活みたいなのを漫画に描くことが子どもたちに無害だって言うなら、バカだね、そいつら。「頭冷やして来い」と言っといてくれ」(テレビ朝日『ANNニュース』二〇一〇年十一月三十日放映)

PTA団体から改正条例の成立を求める要望書を受け取った際、「同性愛者もテレビに出すぎてる」と発言した真意を報道陣に問われて、

「男のペア、女のペアがあるけど、どこか足りない感じがする。それは遺伝とかのせいだろう。マイノリティーで気の毒ですよ」(『朝日新聞』二〇一〇年十二月八日付朝刊東京地方版)

改正案が成立した直後には、こんなやり取りもあったという。都議会堂と本庁舎の間の渡り廊下で、

――昔のご自分の著書が有害呼ばわりされたんじゃないですか。その過去を忘れているんですか。

「何ぃ。ものを比べてみろよ。それがわからなければバカだよ、お前」

質問したのはフリージャーナリストの昼間たかし氏だ。囲み取材を切り上げようと背中を向けていた石原知事は怒りの形相で振り返り、捨てゼリフで応えたそうである（長岡義幸「都条例改定をめぐる最後の攻防全経緯」『創』二〇一一年二月号）。

〝有害呼ばわりされた昔の著書〟が、作家としての石原知事のデビュー作『太陽の季節』を指していたことは言うまでもない。主人公が憧れの女性のいる部屋の障子に勃起したペニスを突き立てる描写で有名なこの作品が芥川賞を受賞した際、選考委員たちの評価が真っ二つに割れたエピソードは第七章に詳述してある。「卑しい」という悪罵《あくば》は、そう言えば、この時の石原氏にも投げつけられていた。

『太陽の季節』や、その後の『処刑の部屋』『狂った果実』『完全な遊戯』は相次いで映画化され、「太陽族映画」と通称された。主人公が女子大生に睡眠薬を飲ませて犯したり、精神障害のある女性を輪姦して海に突き落としたりの展開は人々の眉を顰《ひそ》めさせ、各地で観覧制限を求める草の根の運動が広がった。石原作品を真似た暴行や強姦事件が続発したと報じられるようになると、地方自治体が青少年健全育成条例（当時は「青少年保護育成条例」が一般的）の制定を急ぐ契機にもなっていく。

いったい今回の改正青少年健全育成条例をめぐる一連の動きと、どこがどう違うのか。〈異なるのは、民間よりも行政が前面に立ち、かつてバッシングを受けた当人である石

原が大人の側の性道徳者に〝転向〟して、〝弾圧〟側に回っていたことだ。〉（前掲・長岡論文）

〝転向〟の理由を、石原知事の漫画嫌いに求める有識者が少なくない。確かに彼は、まだ東京都知事に当選する以前、衆議院議員を辞職した翌九六年に芥川賞の選考委員に就任した際、「芥川賞を目指す諸君へ」と題する談話で、こんなことも述べていた。

〈今回の候補作にしても、私はフィリピンを十日間くらい航海しながら読んだんだけど、選考会が近づいてきて、メモでも作って整理しようと思い各作品を思い出そうとしたら、殆どが全然思い出せないんだな。こんな印象希薄なもの書いてどうするんだろう、と考え込んでしまった。自分の世界というか宇宙がないんですね。

なんでこうなんだ、と思い直してみて、ひとつ気づいたのは、いまの人たちというのは自分の経験を言葉という媒体を使って表現し直すことになれていないんじゃないか、と。ビデオやマンガといった視覚的情報が多すぎて、そのせいで言葉を失ってるのかもしれない。そのくせ、あらゆるものが映像として中途半端に意識に染みついてしまう。だから、都市が破壊され人が殺されようが、誰かが強姦されようが、たとえ実体験として初めて遭遇しても、既視感がつきまとって切実な内的体験にならないんじゃないか。情報の氾濫は確実に人間の想像力を奪う。やっぱりインフォメーションは想像力の最大の敵とも言い得るな。〉（『文藝春秋』一九九六年三月号）

一般論として当たっている部分はあるのかもしれない。旧世代の反発を一身に受け、〝価値紊乱者《びんらん》〟を自称していた彼の立場にしてみれば、名指しで攻撃されたわけでもないのに大騒ぎしている後輩たちがだらしなくも見えるのだろう。警察庁は石原知事のそのような心理を巧みに利用したのではないか。

剝き出しの差別主義

石原知事は戦後のいわゆる3S（スクリーン、スリル、セックス）の申し子として世に出た人物だ。当初はGHQ（連合国軍最高司令官総司令部）のメディア戦略として始まったとされ、高度経済成長で定着した愚民化への潮流――3S――の恩恵を最も享受した一人が、自分自身を棚に上げて、居直っている。

自らの過去に唾しただけではない。自分以外の誰一人として認めることができない彼は、その一方で、己のメディアリテラシーの欠如を露《あらわ》にしてもいた。せめて冷静な客観性を保つため、引用を多用する横着を容赦されたい。

『東京新聞』二〇一〇年四月十八日付朝刊。

〈民主党などで検討されている永住外国人への地方参政権付与をめぐり、東京都の石原慎太郎知事が十七日、都内の集会で「帰化された人、そのお子さんはいますか」と会場に呼び掛けたうえで、「与党（引用者注・当時＝二〇〇九年九月～一〇年五月＝は民主、社民、国民新党による連立政権）を形成しているいくつかの政党の党首とか与党の大幹部は、調べてみると多いんですな」と発言をした。

発言は、自民党を中心とした地方議員ら約五百人が参加して千代田区内で開かれた「全国地方議員緊急決起集会」の席上であった。「（帰化した人や子孫が）国会はずいぶん多い」といい、根拠を「インターネットの情報を見るとね。それぞれ検証しているんでしょうけれど」（傍点引用者）と人物は特定せずに説明し、与党にも言及した。

石原知事は「それで決して差別はしませんよ」としながらも、続けて朝鮮半島の歴史に触れ、韓国政府が清国やロシアの属国になるのを恐れて「議会を通じて日本に帰属した」として一九一〇年の日韓併合を韓国側が選んだと話し、「彼らにとって屈辱かもしれないけれども、そう悪い選択をしたわけではない」などと述べた。

その上で、「ごく最近帰化された方々や子弟の人たちは、いろんな屈曲した心理があるでしょう。それはそれで否定はしません。その子弟たちが、ご先祖の心情感情を忖度《そんたく》してかどうか知らないが、とにかく、永住外国人は朝鮮系や中国系の人たちがほとんどでしょ、この人たちに参政権を与えるというのは、どういうことか」と批判した。〉

ちょっと凄まじい。仮にも一国の首都の首長が、ネット情報を鵜呑《うの》みにして見ず知らずの他人たちを誹謗していた。

ただちに発言の撤回を求めたのは福島瑞穂・社民党党首だ。名指しはされていなくても、与党を形成している政党の党首と言えばおのずと特定されたし、実際にも彼女がネット右翼から浴びてきた悪意とまるで同じ内容だったためである。

「私も、私の両親も帰化したものではない」「政治家の政治信条を帰化したからだという事実誤認に基づいて説明することは、私の政治信条をゆがめ、踏みにじるものだ」（『産経新聞』二〇一〇年四月二十日付朝刊）

案の定と言うべきか、石原知事はどこまでも無責任に徹していた。数日後の記者会見で、

〈「国籍を持っているから国会議員になれたんでしょうから、その人たちを差別する気は毛頭ないです」

――根拠として「インターネットの情報を見るとね」と説明した。

「それは違います。私は情報として聞いているだけで、その情報源を明かせと言われたら、いつ誰がどう言ったのか、さっぱり分かりませんな。社民党党首の福島さんが不愉快な感じでおられるなら、ご自分で戸籍を明かしたらいいんじゃないか。私は何も、彼女を特定したわけではありません。総論として言ったわけですから」〉（傍点引用者、『東京新聞』二〇一〇年四月二十四日付朝刊）

このような人物に推進された「青少年健全育成条例」に、これからの東京都民は縛られることになってしまったのだ。ゾーニングか表現規制か云々の議論の以前に、そもそ

もの発想の品位なり本質が問われ、見直される必要がある。

失策の果てに――新銀行東京・築地移転・オリンピック招致

一九九九年四月の当選以来、石原慎太郎・東京都知事は三期十二年もの間、その座に君臨してきた。本書の底本が刊行されて以降に表沙汰となった負の遺産はそれだけでも膨大で、とても数え上げきれるものではないし、報道も溢れているので、最低限の記述に留めておきたい。

最悪なのは「新銀行東京」だ。二期目の都知事選で中小企業対策を謳った石原知事の公約に基づいて二〇〇四年四月に発足したが、無謀な拡大路線の下で不正融資の巣窟と化した。石原ファミリーや都議会議員の口利き案件も続発して、わずか三年間で一千億円近い累積赤字を抱えて破綻。二〇〇八年の都議会で自民、公明両党の賛成多数により都財政から四百億円もの追加出資を得、現在は再建途上にあるとされるが、将来の展望はまったくない(新銀行東京は後に二〇一八年五月、東京都民銀行、八千代銀行と合併し、「きらぼし銀行」となっている)。

トップダウンの拡大路線を強行した石原知事の責任は重大だ。彼自身は終始、トヨタ自動車出身の仁司《にし》泰正《やすまさ》社長にあるとの責任転嫁を繰り返し、新銀行東京がその実態を裏付けた証拠資料などを都議会やマスコミに提供していた元行員に一三二〇万円の損害賠償を求める恫喝訴訟を提起した。あからさまな報復である。

築地市場の移転問題も、将来に深刻な禍根を残しそうだ。この世界最大の魚市場を、石原都政は「老朽化し、しかも手狭」だとして豊洲の東京ガス工場跡地への移転を決めたが、この用地はベンゼンやシアン、ヒ素、六価クロム、水銀などによって、環境基準をはるかに上回る土壌・地下水汚染に塗《まみ》れていた。市場の内外で大規模な反対運動が展開されている。

東京都および自民、公明の両党がそれでも態度を改めないのは、築地市場の跡地をめぐる財界の利権と深く結びついている。鉄鋼や土木・建設、セメント、銀行、商社など約一六〇社で構成される大規模開発の提言機関「日本プロジェクト産業協議会」（ＪＡＰＩＣ、会長＝三村明夫・新日本製鐵会長）が、すでに一九八四年、銀座に隣接している築地を「都心一等地として、今後めったに出ない開発用地」と位置づけて、大胆な都市再開発計画を提案していた。

移転によって魚市場の機能そのものを変えてしまう思惑もあると言われる。水産仲卸業者が集う公設市場から、大手スーパーの集配センターへ。大企業とそこに群がる政治家の利益の前には、都民の健康や安全、食文化への畏敬などいかほどのものかという価値観に貫かれているのが築地市場の移転計画だと断じて過言でないのではあるまいか。

二〇一六年東京オリンピック招致運動については、これに関連して、たまらない場面を見てしまったことがある。石原知事が「キャパシティから見て東京しかない」とぶち上げた二〇〇五年八月の定例記者会見でも、翌〇六年一月のイベント「東京ビッグトーク」で、はたして「日本をなめたらあかんぜよと(世界に)悟らせるために、東京のオリンピックを絶対に成功させたい」と国威発揚目的を露にした瞬間でもない。

招致活動が始まって間もない頃だった。障害者やその家族、養護学校・施設、病院などで働く教職員たちで組織されている団体の集会の、基調講演で、その団体の責任者が泣きながら語っていた。

「東京オリンピックのための基金の、せめて七分の一を回してもらえれば、障害者の自立支援問題のかなりの部分が解決できるのに……。石原慎太郎都知事には、心の底から怒りを覚えます」

オリンピック招致運動は当初、前述の築地市場移転問題とも連動していた。この地に各国の報道陣の拠点となる「メディアセンター」を誘致し、併せて築地の移転を促進するとともに、JAPICの望む再開発の中核としていく構想だったが、豊洲の土壌・地下水汚染が明らかになり、オリンピックに間に合う可能性が途絶えた経緯がある。

畢竟《ひっきょう》、二〇一六年のオリンピックはブラジルのリオ・デ・ジャネイロで開催されることに決まった。どぶに捨てた結果になった招致経費は、正式に計上されただけで約一五〇億円。しかも水道局など本来は関係のない部局の仕事に絡めたキャンペーンなどは別立てにされていた。二〇〇六年の「開催概要計画書」では約五十五億円とされていたものが、とてつもなく膨れ上がった。

金の問題ばかりではない。招致活動の過程では東京都の嘘ばかりが目立った。限られたモニターだけを対象としたネット調査が「世論調査」として発表された。また国際オリンピック委員会（ＩＯＣ）に会場計画を提出した際、〈競技会場の七割は今ある会場を使います〉と、〝環境にやさしい五輪〟のアピールにこれ努めていたが、当然のことながら、都民のレクリエーション用の施設がオリンピックにそのまま利用できるはずもない。すべて壊して更地にし、一から建て直さなければならないケースが大半だった（詳しくは拙著『民意のつくられかた』岩波現代文庫、二〇一四年を参照）。

戦争を望む支配者を支えるものは

つくづく驚かされたことがある。まずは東京オリンピック招致を最初に口にする半年ほど前の週刊誌に掲載された、彼の持論から。現代の日本では子供も大人も個人がぶよぶよに肥大化し、なのに中身はすっからかんだ、という発言に続いて、

〈――なぜ、そうなったか。

石原　端的にいうと、60年間戦争がなかったからですよ。戦争がないのは有り難いことだけど、つまり国や社会全体が緊張した瞬間が一度もなかった。オリンピックで勝ち

たいとか勝たせたいとか期待したことはあるけれど、そんなものは知れている。国全体が緊張したことは全くない。乱暴な言い方になるが、「勝つ高揚感」を一番感じるのは、スポーツなどではなく戦争だ。北朝鮮でノドンが開発されたと聞いた時、私は「いいじゃないか、1発日本に落ちたらいいんだ」と思った。もしそんな事態になったら、日本人は自分たちの稀薄さにすぐに気がつくはずですよ。〉(石原慎太郎「中国に勝つ日本」『週刊ポスト』二〇〇五年一月十四日・二十一日合併号)

相も変わらぬ戦争待望論だった。それから四年後の二〇〇九年二月、東京都がIOCに提出した立候補ファイルの巻頭に掲載された、ジャック・ロゲ会長に宛てた手紙はどうだったか。

〈私は、少年として体験した忌まわしい戦争の余韻から解放され、国家を違えても世界は世界としてあり、民族を違えても人間は人間としてあるということを痛感しました。

オリンピックは人間が作り出す劇の中で最も美しい。

その感動がもたらすものは、人間の劇の中で最も崇高で比類なきものです。人間の競争心、闘争心は人間に活力を与えますが、しかしなお過剰な競争心は要らざる摩擦を生み、時には大きな惨禍をもたらします。我々の行う競争の中で唯一人々の精神と肉体を高揚させるものはスポーツです。

私の祖国日本は、第二次大戦の後自ら招いた戦争への反省のもと、戦争放棄をうたった憲法を採択し、世界の中で唯一、今日までいかなる大きな惨禍にまきこまれることなく過ごしてきました。

その日本でこそ、今日の動乱の世界に大きな反省を促し、民族の融和、国家の協調を培う大きなよすがとなるオリンピックを行うことは、世界の平和に大きな貢献ができるものと信じます〉

もちろん国際社会向けに体裁を取り繕っただけのことである。招致に失敗した後は、再び戦争の〝必要性〟を説いている。

〈自民党が野に下っていた94年に、私は党の政策大綱案として「二十一世紀への橋」という論文を書いた。その中で、高校を卒業した年齢の子供は、1年間か2年間、軍隊か警察か消防に入る義務を課すべきだと記した。

韓国には今も徴兵制があるが、その韓国の若者と日本の若者を比べてみればいい。人生に対する積極性がまるで違う。（中略）

同じように、人間社会の原理を幼い頃から子供たちに、頭ではなく体で刷り込むことも肝要だ。今さら教育勅語を復活させろとはいわないが、「父母に孝《こう》に、兄弟《けいてい》に友《ゆう》に、夫婦相和《あいわ》し、朋友相信じ――」といった言葉は、いつの時代であっても否定し得ぬ原理です。子供の頃の良き刷り込みは、良き制約となって人生を支えてくれるものです。（中略）親しく付き合っていた実存主義の哲学者、レイモン・アロンと日本の学園紛争について話したことがある。あれは若者たちのエネルギーが爆発したものだが、結局は何も解放されず、何も生まずに終わってしまった。そういう話をしたら、アロンは「フランスも同じです。しかし、私は彼らに同情するね」という。

なぜかというと、彼らが青春を青春として自ら捉えて自覚するための条件を、みんな我々が奪ってしまったからだという。それはすなわち戦争であり、戦争によってもたらされる貧困です、とアロンはいっていた〉(シリーズ天下の極論「日本リセット計画」第4弾「徴兵制もしくは奉仕労働で若者を叩き直せ」石原慎太郎「我欲の時代だからこそ軍隊経験で修練を」『週刊ポスト』二〇一一年二月二十五日号)

長い引用になったが、石原知事という人物を知るためには仕方がなかった(傍点はいずれも引用者)。彼にはもちろん軍隊経験などありはしない。なお公費を乱費した飲み食いや豪華ファミリー海外旅行、画家と称する四男への利益誘導など、彼が三選を果たした二〇〇七年の都知事選の前に噴き出したスキャンダルの数々については、すでに数多くの報道がなされていることでもあり、割愛したい。

ただ私は、これほどの不誠実を首都の首長に選んでいる事実だけでも、日本は世界中の信頼を失っているに違いないと考えている。

現代文庫版増補――「石原的なるもの」に向きあうために

役人に都合のよい〝リーダー〟

「マッチョな男を演じ続けることを自らに課した小心者、でしょうか。俺は強いんだぞと、まず本人が思い込み、世間にもそう認められていた。弟の裕次郎さんよりずっとハンサムで、カッコいいという自負もある。でも、あの人の内面は、定例記者会見で繰り返された「チック」に現れていたと思うのです。

男でもハンサムでもないけれど、今の小池百合子都知事にも、よく似たところがありますね。ただ、石原さんにあって、小池さんには決定的に欠けているのは、「ニッ！」と笑う、あの屈託のない表情です。身近に接している人間はたいがい、あれでコロッとまいってしまう」

元東京都官僚の澤章《さわあきら》氏(一九五八年生まれ)が、私の取材に応えて語った。知事本局計画調整部長や中央卸売市場次長などを経て、退職後は市場移転問題の内幕を活写した『築地と豊洲――「市場移転問題」という名のブラックボックスを開封する』(都政新報社、二〇二〇年)の著書もある。現在の小池知事に対する批判で有名だが、石原都知事時代に彼のスピーチライターを務めていた経歴は、あまり知られていない。

澤氏への質問を続けた。

――さぞ大変だったでしょう。

「文章にうるさい方ですからね。私の前任の人たちが知事の本を読み込み、いわゆる「石原節」を真似た答弁を作っていたので、私もそうしました。意外とノーチェックでしたよ」

――石原さんは都知事に就任早々の所信表明演説で、「行政のヌーヴェル・バーグを巻き起こす」なんて言って、マスコミに大受けしたことがあります。あれなんかも？

「実は役人の造語です（笑）。石原さんも気に入っていました。

私はスピーチライターを四年やりました。最後に知事が、「お前は石原慎太郎以上に石原慎太郎らしいものを書く」と褒めてくれたので有頂天になったのですが、後で聞いたら前任も前々任も同じことを言われていたとか（笑）」

――澤さんを含めた都庁のお役人にとって、石原さんはどのような存在だったのですか？

「「使いでのある知事」でした。発信力のある石原さんを担げば、国を動かすことも、利害関係者たちの反発を抑えることもできます。もっとも、一つ間違うと、とんでもない損害を（都民に）与えてしまう懸念は否定できず、それが現実になったこともありますが……」

検証してみた。最良のケースはディーゼル車の排ガス規制の抜本強化である。石原都政一期目の一九九九年八月、記者会見で都知事自らが真っ黒い煤《すす》の詰まったペットボトルを振り回してみせたパフォーマンスが注目され、国も法規制などで追随。ディーゼルエンジンのクリーン化が一気に進む契機にもなっていった。

最悪だったのは「新銀行東京」だ。追記Ⅱでも触れたが、石原知事が二〇〇三年の都知事選で掲げた中小企業支援の公約に基づき、外資系金融機関の日本法人を公有化する形で発足させたが、追加出資などで莫大な公的資金が投入されるも、迷走を続けた挙げ句、二〇一八年に東京都民銀行とともに八千代銀行(現在は「きらぼし銀行」)に吸収されてしまっている。

所期の目的は当初から叶わず、公私混同の目立つ「不正融資の巣窟」とされる悪評が絶えなかった。この間に日本興業銀行の行員から政界に転じた石原氏の三男・宏高氏の地元である品川区と大田区の企業への優遇が著しかった事実もある。各種の報道や関係筋の話を総合すると、新銀行の構想そのものは経済評論家の大前研一氏から持ち掛けられたものだったが、これを受けた石原知事が都庁官僚らの助言を容れ過ぎ、暴走させてしまったところにも大きな敗因があったという。

とはいえ「新銀行東京」をめぐる顚末は、複雑かつ不透明であり過ぎた。それよりも本稿では、築地市場の豊洲への移転問題と東京都立大学の「改革」あるいは「廃校」問題を辿りたい。すでに古い話になってしまってはいるけれど、この人の本質が実によくわかるエピソードであるからだ。ちなみに、石原知事の発案で始まったとされ、結局は失敗に終わった二〇一六年東京オリンピック招致活動については、本書では触れない。拙著『民意のつくられかた』(岩波現代文庫)に譲ることとする。

築地市場移転を決めた「無責任」の化身

「私たちは石原慎太郎さんに対して、ぜひ法廷できちんと答えてほしいと、ずっと求め続けていました。石原さんはただ単に東京都知事だという形式の上だけでなく、最初から最後まで、その〝リーダーシップ〟でもって、何もかもを決め、引っ張っていたのですから。

でも、ダメでした。体調が悪いと弁護士経由でおっしゃるので、尋問にはこちらが病院まで出向きますよと言っても、応じてもらえない。都議会の百条委員会では証言されているし、ご本もたくさん出していらっしゃるのに、ですね。

責任を取らずに逃げ回っていたのは情けないと思います」

大城聡弁護士(一九七四年生まれ)の述懐だ。築地市場移転の過程で起こされた裁判の原告側代理人が、しみじみと悲しんでいる。ちなみに、「ご本」とは『男の業の物語』(二〇二〇年)、『あるヤクザの生涯　安藤昇伝』(二〇二一年)など。亡くなった後で出版された自伝『「私」という男の生涯』(二〇二二年)というのもあった(いずれも幻冬舎)。己の言動に責任を取れない人間に「男」をひけらかす資格などないことを、石原氏という人は最後まで理解できなかったのか。

築地市場の豊洲への移転問題をめぐっては、いくつもの訴訟が提起されている。本稿の記述は主に、時系列で四番目に当たる訴訟に関するものだ。四十人の都民が移転予定地の土地取得について住民監査請求を行ったが棄却され、やむなく二〇一二年五月二十四日に提起した、土地の購入費五七八億一四二七万八〇〇〇円の返還を当時の石原知事に請求するよう東京都に求めた訴訟である。

訴状によれば、石原知事は築地市場の移転候補地が環境基準をはるかに超える有毒物質で汚染されている事実を承知しながら、あえて実態に目をつぶり、この土地を違法に高額な代金で取得。東京都の住民に巨額の損害を与えていた。ゆえにこの訴訟は、地方自治法の規定に基づき、憲法に定められた住民自治(憲法第九十二条)並びに国民主権(憲法前文)を具現化するために起こされたという。

重大な問題提起だった。違法性を問われたのは、東京都が東京ガスおよびその系列企業などと交わした四件の土地売買契約だ。土壌汚染対策の費用は汚染者負担が原則だから、売買価格は相場より安くなる道理。しかし東京都はその土地を、逆に相場以上の高値で購入していた。有害物質に溢れた土地を鮮魚等の市場とする行為自体が、人間の口に入る食の安全を無視した暴挙であることは、改めて指摘するまでもない。

築地市場の豊洲への移転は東京都の事業だ。都知事による個人的な営為ではない。ただし、原告の一人である水谷和子氏は二〇一九年九月、東京地裁における意見陳述で述べている。

「この裁判は石原慎太郎氏に五七八億円の損害賠償請求をするものですが、汚染に関して石原氏がこの事業に負わせた損害はその程度では済まないものであることについてと、不正な土地購入について陳述します」

「汚染があるのがわかっていて議会に嘘をつき、財産価格審議会を嘘の議案書で突破したことや、環境行政での数々のデータ偽装の事実は消えません。石原都政が誕生し起きたモラル壊滅状態は、二十年間都政を腐らせてきました。この責任は、問題発覚の局面ごとにこの移転事業を止めることなく進めてきた石原慎太郎氏本人が真っ先に取るべきです」

この間には法廷だけでなく、東京都議会の百条委員会や都の専門家会議などに、かなりの内部資料が開示されていた。それらを踏まえた上で、水谷氏は自らの思いと、判決の社会的影響を語っていた。

「汚染がわかっていながら汚染なしの価格で公有地を取得する「豊洲方式」が許されるかどうかを全国が注目しています。公共財産を棄損、汚染による健康被害を受けるのは、事業者や住民です。再びこのような不正が繰り返されないように厳正な判断を希望します」

しかし、この国の司法は、どこまでも強い立場の者の味方でしかありはしなかった。東京地裁、同高裁、最高裁のことごとくで被告の東京都や石原元都知事は勝訴し、原告の住民らは敗訴した。

いずれの判決も、基本的な事実認定は原告側の主張を容れつつも、すべては裁量の範囲内だと強弁していた。二〇二〇年七月に東京地裁の森英明裁判長が言い渡した判決は、

〈本件各土地の取得価格は、正常価格①及び④より高額ではあるものの、その較差でみると差が著しいものであるとまではいえず、東京ガス等による土壌汚染対策費用の負担額七十八億円を考慮すれば、較差は更に縮小する。その上、東京都が築地市場の豊洲地区への移転を推進するために本件各土地を取得することが不合理であったとはいえず、（中略）本件各契約を締結した財務局長の判断が、その裁量権の範囲を逸脱し又はこれを濫用するものとして違法であるということはできない。（中略）

以上検討したところによれば、その余の点について判断するまでもなく、参加人は、本件各契約の締結につき、東京都に対し損害賠償責任を負わないというべきである。〉

「ああ言えば上祐」だった。一九九五年のオウム真理教事件で、どこまでも言い逃れを貫いた教団幹部の姓から採られた流行語だ。常識も社会通念も通じない、司法の存在意義を自ら放棄しているのにも等しい、異様きわまりない判決であった。

ちなみに「参加人」とは石原慎太郎氏のこと。①とか④というのは汚染対策の過程における費用の増額や可能性等を考慮した試算のバリエーションである。

「俺が決める」で動き出した築地市場の移転

二〇一八年十月六日、日本最大の繁華街・銀座にほぼ隣接し、世界最大の魚市場を擁して「日本の台所」と謳われた築地市場(東京都中央区)が、八十三年間にわたる歴史の幕を閉じた。敷地面積約二十三万平方メートル(卸・仲卸の売場面積は約三万五一〇〇平方メートル)。ピーク時の一九八〇年代後半には水産物の年間取扱高約八十万トンで約七千億円、買出人等の市場入場者が一日四万人を超えた取引機能は、同月十一日から、江東区豊洲にあった東京ガスの都市ガス製造工場跡地に新設された豊洲新市場に引き継がれ、現在に至っている。

移転の起点は一九九九年八月、石原慎太郎氏が東京都知事に就任して、四カ月ほどが経ったばかりの頃だった。裁判などで公にされた都庁の内部資料によると、担当職員らのブリーフィング(状況説明)に彼はまず、

「市場移転は豊洲のどの部分を使うのか」

と応答。つまり豊洲移転に関する予備知識など持ち合わせてはいなかった。が、だからといって時間をかけて勉強したり、各方面の意見を集めたりの努力など、この人は試みない。初めてのブリーフィングだけでたちまち、

「ローリング(引用者注・既存の施設を使いながら、順繰りに建て替えなどの工事を進めていく手法)なんかやってられない。移転しかないいな」

と断じた。翌九月に築地を一度だけ視察して、

「汚い、狭い、危ない」

と決めつけた。築地市場の豊洲移転への、これが号令となったのである。


もちろん、ここに至るまでには大変な紆余曲折があった。一九三五(昭和十)年に建設された築地市場はかなり前から老朽化が進んでおり、すでに七〇年代には移転や機能分散の構想が浮上していた。だが市場関係者や水産業界の大反対で潰え、「築地市場再整備基本計画」の最終案がまとめられたのが八八年。東京都知事は三期目の鈴木俊一氏だった。

移転ではない。すなわち「ローリング」による改修計画だが、これには膨大な費用を要する。仲卸など現場関係者の意向をさて置けば、いっそ民間に払い下げ、巨額の収入と引き換えにしたいというのが、東京都官僚たちの本音だったことは疑いようもない。

時あたかもバブル経済が頂点に達しようとしていた時代である。前後して「東京臨海副都心開発基本計画」が公表され、台場、青海《あおみ》、有明の各地区から成る広大なオフィス街の巨大開発事業がスタートした。ところが九〇年代に入ってバブルが崩壊するや、進出企業の撤退が相次いで、臨海開発会計は破綻寸前に追い込まれてしまう。

ところで東京都には、一般会計や特別会計などとは別に、「中央卸市場会計」が存在する。都内各所に設置されている鮮魚や青果などの卸売市場(現在は十一カ所)を対象とする財政の枠組みだ。追い詰められた鈴木都政は、この市場会計の資金を一般会計に貸し付けることで、臨海開発の大赤字を補塡していく会計操作に着手した。

そもそも鈴木氏は、福祉を重視した前任の美濃部亮吉都知事時代に悪化した都財政の再建を公約して当選した人物だ。旧内務省の出身で、自民、公明、民社の各党と新自由クラブの推薦で出馬していた彼は、福祉を後退させる一方で、いわゆる土建屋政治を推進。バブル経済の破綻とともに、都の財政を美濃部都政以上に悪化させる結果を導いた。そのツケが市場会計に押し付けられたのである。

手の込んだ会計操作は、やがて一時しのぎでは済まなくなる。一九九五年に鈴木氏が都知事の座を退き、タレントの青島幸男氏が後継者となる過程で、常態化されていった。

そして石原都知事が誕生した。鈴木氏同様に都財政の再建を掲げて当選した彼の都政は、件の会計操作をより一層の深みに嵌《は》めていく。青島都政では四百億円ほどだった市場会計の一般会計への付け替えが、この年、一気に五倍の二千億円規模へと膨らんだ。本書の第一章で取り上げた旧神田市場跡地の売却も、再開発計画も、こうした一連の流れの延長線上にあった。

一般会計の赤字がそれで多少は糊塗されたとしても、今度は市場会計が危機に陥った。ならば最も手っ取り早い〝再建〟策は、銀座と目と鼻の先の超一等地・築地市場跡地の売却だ——。もともと築地市場を売り飛ばしたかった東京都官僚らの思惑が、目立つパフォーマンスで己の〝リーダーシップ〟をアピールできれば後は何でもよい石原氏を、ものの見事に都合よく利用した構図だった。

都民の財産を侵した汚染地への移転

東京都は何もかも承知の上で、東京ガスの都市ガス製造工場跡地を買い上げ、しかも有毒物質による土壌汚染の残置を認める約束をしていた。衝撃的な事実を初めて明るみに出したのは、『朝日新聞』二〇一〇年一月五日付朝刊である。それによると——、

〈築地市場（東京都中央区）が移転を予定している豊洲地区（江東区）の土壌汚染問題で、東京都が2002年に有害物質の汚染ガスが検出された調査報告を受けていたのに、詳しい調査を実施しないまま、04～06年に予定地の一部を購入していたことがわかった。（中略）都は時価の約720億円で予定地の一部の13ヘクタール余を買ったうえ、汚染対

策費約586億円の支出を迫られることになった。購入前の汚染に対するチェックの甘さが、この事態を招いた疑いが強まった。〉

土壌汚染そのものは、早くから周知されていた。なにしろ都市ガス製造工場の跡地なのだから、その工程で生成されるベンゼン、シアン化合物、ヒ素、水銀、六価クロム、カドミウム、鉛などの有害物質が大量に残留していないはずはない。懸念はいくつもの調査で裏付けられてもいたのだが、東京都が怯《ひる》むことはなかった。

石原知事の大号令を受ける形で、彼らは二〇〇〇年以降の数年間で、一気に事を進めた。知事の名代を名乗り、中心的な役割を果たしたのは、ここでも浜渦武生副知事だった。

土地の売買契約は二〇〇六年度中に完了し、市場移転の道筋が敷かれた。東京都は翌〇七年五月に「豊洲市場予定地における土壌汚染対策等に関する専門家会議」(座長＝平田健正・和歌山大学システム工学部教授)を設置。すると、〇八年五月、この専門家会議で、とんでもない事実が発覚する。

豊洲地区の四一二二地点で実施したボーリング調査の結果も公表された。それによれば、三十五カ所の土壌と五六一カ所の地下水から基準を上回るベンゼンが、九十カ所の土壌と九六六カ所の地下水から同じくシアン化合物を検出。この際、環境基準のなんと四万三千倍のベンゼン、八六〇倍のシアン化合物が検出された地点もあったと報告されている。

それでも都政与党の自民・公明両党は市場移転の手を緩めない。民主党や共産党などの野党がこれに抵抗。着地点を見いだせないまま、『朝日新聞』のスクープから九カ月を経た二〇一〇年十月の都議会本会議は、築地再整備案などを継続審議することを決めた。

だが同月二十二日、石原知事は定例記者会見で、開口一番、こう述べた。

「冒頭、築地市場の豊洲移転について申し上げます。議会の議論を踏まえて、豊洲移転を進めていくことを決断いたしました」

「議会が決めかねるならば、知事が歯車を大きく回すしかないと。それがリーダーとしての責任であると思います」

報道陣との質疑応答でも、石原知事は〝強いリーダー〟然と振る舞った。野党の同意が得られないままでは豊洲市場建設の予算もストップしかねないのではとする質問には、

「困惑し、困るのは、まず都民だと思います。それから、多くの業者だと思います」

野党との話し合いが決裂したから、知事の裁量での判断ということかという問いには、

「決裂じゃない、結論が出ないから、これ以上、待てないということです」

――再整備案の検討はまだ続いているというのが野党の認識のようですが。

「どうやって続いているんですか、何を検討していて、具体的に。出たじゃないです

か。彼らの案をやったら十数年かかるんです。再整備は。そんなものは時間的に無理でしょう、あなた」

勇ましい〝リーダー〟面も、それらしい物言いも、人それぞれの生き方ではある。ただし、かりそめにも現実の指導的地位に立っている人間には、「責任」という絶対条件が伴う。無責任な自称リーダーほど始末の悪いものはない。

食の安全をめぐる民主的な議論を否定した石原慎太郎氏を、東京の有権者はなおも支持し続けた。翌二〇一一年四月の東京都知事選挙で圧勝して四選。豊洲新市場の建設工事が進むにつれて都議会民主党も移転推進に転じ、一四年十二月、東京都と市場関係者の協議機関である新市場建設協議会で、新市場の開場が正式に決定されるに至った。

この間には石原氏が任期途中で知事職を投げ出し、国政に復帰している。猪瀬直樹、舛添要一の両氏を後任に挟んで、二〇一六年八月、かつて環境相や防衛相を歴任した小池百合子氏が新しい都知事に就任すると、雲行きが一変した。

「俺が決めた」から「僕は騙されたんですね」へ

小池百合子都知事は就任早々の記者会見で、同年十一月に予定されていた豊洲新市場の開場延期を宣言した。挙げられた理由は①土壌対策を含めた安全性への不安、②新市場建設費が二〇一一年の九九〇億円から一五年に三倍近い二七五二億円へと膨れ上がっているなどの不透明さ、③情報公開不足の三点。すでに全施設は完成していた。

「小池都政は、「既定路線でしょ」「もう造ってしまったから何も考えなくてよい」という考え方はとりません」

と、小池氏は語った。背景にはこの時期の、彼女と都議会自民党との対立がある。異論に耳を傾けない独善は石原氏と変わらなかった。

翌九月には、豊洲新市場の敷地全面を厚さ四・五メートルの盛り土で覆うことになっていた土壌汚染対策が、主要な建物の地下で施工されておらず、コンクリート壁に囲まれた空洞に有害な地下水が溜まっている事実も判明した。共産党都議団の現地調査で確認された。

「僕は騙されたんですね。言葉は悪いかもしれないけど、めくら判を押されたというか、つんぼ桟敷に置かれたというかね。結局ね、していない仕事をしたことにして予算出したわけですから。その金どこ行ったんですかね」(傍点引用者)

盛り土の問題について、石原氏はまずこう反応してみせた。ことさらに差別的な表現を連発する必然性を伴う場面とは思えない。発覚数日後のBSフジテレビの番組「プライムニュース」での発言だ。

石原流〝リーダーシップ〟の、これが正体なのである。ここに至って彼が曝け出したのは、普通は居直りとか開き直りと形容される醜態と、真っ当な指導者にはあり得ない、己の無能と無思慮を棚に上げての、部下らに対する責任転嫁だった。

専門家会議が最終的に、東京都に対して盛り土を提言したのは二〇〇八年七月。実際にも一四年度には土の搬入が開始されている。だが、後に東京都が公表した調査報告書によれば、都庁内部には盛り土を少なくしようとする動きも並行していて、一一年八月には当時の中央卸売市場長ら幹部職員八人が、一部に地下空間を設ける方針を決定していた。

しかし彼らは独断で暴走していたわけでもないらしい。「騙された」と言った石原氏は、専門家会議の提言前後、盛り土以外の方法を模索したい意向をしきりに公言していたのだ。たとえば二〇〇八年五月の定例記者会見。

「海洋工学の専門家が、インターネットで「もっと違う発想で考えたらどうだ」と述べている。土を全部さらったら、地下にコンクリートの箱を埋め込み、その上に市場としてのインフラを支える工法があるという。担当の局長に話しました」

都庁の幹部らが、この発言をどう受け止め、いかなる忖度に走ったのか。石原氏はなぜ、自ら設置した専門家会議の議論を軽視したかったのか。何もかもはうやむやにされたままである。

二〇一七年三月二十日、石原氏は東京都議会が地方自治法に基づいて設置した百条委員会の証人喚問に出頭した。都民が提起した裁判では、一度として法廷に姿を現さなかった彼も、国会の国政調査権に相当するとされる権能の前には従順だ。とはいえ彼の〝証言〟は、前述の「プライムニュース」に輪をかけて醜怪だった。

「お答えする前に一言、お断りしておきますけど。私ごとになりますが、私、二年ほど前に脳梗塞《のうこうそく》を患いまして、いまだにその後遺症に悩んでおります。（中略）残念ながら、私、すべての字を忘れました。平仮名さえ忘れました。物書きでありますから、なんとかワードプロセッサーを使って物を書いてますけど、そういう点で記憶を引き出そうとしても思い出せないことが多々ありますので、これは一つご了承願いたいと思います」

のっけから予防線を張った石原氏は、パリの市場を視察した際に立ち寄ったという老舗レストランの店名をすらすらと発声。一方で、自らの責任を問われるような質問には、「覚えていない」「一任していたので報告も受けていない」を繰り返す。「新銀行東京に四百億円を追加出資した時に、「これを毀損したら知事を辞める」とまでおっしゃった方が、五五九億円にもなる豊洲の最終的な契約の記憶がないと言うのはおかしくないか」との質問にも、「ですから何なんですか」「記憶にないものはないんですから」と開き直っていた。

なお、石原氏は証人喚問の最中、自分が最終的に判断したことを、常に「裁可」と表現した。君主が臣下の議案に許可を与えることを意味する言葉だ。旧憲法では天皇が議会の議決した法律案等を承認する行為を表していた。自意識とは恐ろしいものである。

何も解決せず終わった小池知事の政治ショー

小池都知事はこの年のうちに築地市場の豊洲への移転を決定した。都議会が東京地検に百条委員会での偽証容疑で告発した浜渦武生元副知事と赤星経昭《あかほしつねあき》元政策報道室理事の二人はともに嫌疑不十分で不起訴処分。石原氏の賠償責任が問われた訴訟も原告住民側の敗訴とされて、移転の延期に始まった小池知事の政治ショーは畢竟、何一つ解決することもなく終わった。

石原氏の限りなく真っ黒に近い疑惑と老醜。無毒化にはほど遠く、いつの日か時限爆弾のように有毒物質が撒き散らされかねない、汚染された土壌と地下水を湛えた市場。そして、利権の塊としての築地市場跡地だけを残して——。

元東京都官僚の澤章氏が漏らした言葉を思い出す。

「小池百合子さんは石原慎太郎さんに、どこか捻じ曲がった感情をお持ちのようでした。その昔、彼女の父親が政治に走って衆議院議員選挙に立候補して落選したことがあるのは有名な話ですが、その頃の小池家に足しげく出入りしていたのが石原さんです。やがて派閥まで率いるようになった彼に、過去を知られている小池さんは思うところが多々あったはず。

そう言えば、都知事選に出馬した時の小池さんを、石原さんは「大年増の厚化粧」と罵倒したこともありましたね」

築地市場跡地の活用に関して、東京都は二〇一九年に「築地まちづくり方針」を策定。国際会議場(MICE＝企業等の会議や研修旅行、学会等による国際会議、展示会などの各種ビジネスイベント＝施設)機能を中核として、大規模な集客・交流施設や新たな東京ブランドを創出していく研究開発施設などを集積していくという。敷地面積十九・四ヘクタールのうち、「公益施設用地」を除く約十八・七ヘクタールを、民間企業などにとりあえずは貸し付ける方向だ。二〇二二年十一月に事業者の募集が開始されている。

「首都大学東京」とは何だったのか

「首都大学東京」の「東京都立大学」への名称変更が発表されたのは二〇一八年八月、築地市場の豊洲新市場への移転が目前に迫っていた頃のことである。かねて「大学名を変えるくらいの大胆な改革に取り組む必要がある。「東京都立大学」とするのもひとつの考え方」だと語っていた小池百合子知事の意向通りになる格好だった。

首都大学東京は二〇〇五年に、東京都立大学と三つの短期大学(都立科学技術大学、都立保健科学大学、都立短期大学)が閉学し、その機能だけを統合して創設された大学だ。ということは、この名称変更は、組織の上では首都大学東京のまま、大学名だけを母体に戻す、ということでもあった。

名称変更は二〇二〇年四月に実行された。この間わずか十五年。首都大学東京の認知度が上がらず、学生が就職活動で不利を被っていたらしい等々の問題もあったとはいえ、ちょっと珍しい事態である。

首都大学東京は発足当時、石原慎太郎都知事の目玉政策の一つだった。彼は一期目の二〇〇〇年二月に前記四大学・短大を統合する構想を口にしたのを皮切りに、翌〇一年七月、「大学管理本部」を新設。従来は「局」と同格だった東京都立大学の独立性を奪い、都庁本庁の管理下にあることを明確にするなど、着々と準備を進めて、開学に漕ぎ着けたのである。

「こんな大学はないぞ！　世界には。東京にしかない。たった一つしかない。それがこの大学なんだ」

初めての入学式での祝辞で、石原知事は喜びと、高ぶる気持ちを隠さなかった。そのはず、初代の理事長は高橋宏・元日本郵船副社長（一九三三—二〇二二）、学長には西澤潤一・元東北大学総長（一九二六—二〇一八）が、それぞれ任命されていた。「俺たちの、俺の大学だ！」と言わんばかりに自画自賛したくなった所以ではあるのかもしれない。

高橋、西澤の両氏と石原氏とは旧友同士だった。特に一橋大学の同窓で親友だったという高橋氏については、本書の第一章にも登場していただいている。石原氏に〝新しい大学〟の構想を吹き込んで実現させたのは彼らである。折しも経済のグローバル化に伴い激化した、国際間競争に対応できる大学改革の必要性が声高に叫ばれ始めた時代だった。

旧東京都立大学で最後の総長を務めた茂木俊彦氏(一九四二―二〇一五。専攻は教育心理学)は、石原知事による〝大学改革〟の狙いを、大きく三つに整理している。第一に教育改革(引用者注・政府主導による)の要として大学を変え、そこから遡って初等中等教育も変えていくこと、第二に「産業活性化のための大学」、第三に「経営に教学が従属する大学」を創ることだという。〈しかしその後の経過をみると、第一のねらいは第二のねらいに包含されるように思われ、第三のねらいが前面にも押し出されてくる。〉(茂木俊彦『都立大学に何が起きたのか――総長の2年間』岩波ブックレット、二〇〇五年)

今日に至る大学改革全般に共通する、これは本質そのものだ。財界人である高橋氏と、「ミスター半導体」の異名を取った電子工学者で産業界に近い西澤氏、石原知事のトリオは、明らかに政府の志向する産学共同体制の先駆けたらんと目論んでいたと断じて差し支えないのではないか。

してみると、これは都立四大学・短大だけの問題ではない。一方で、かつての東京都立大学は、自由な、民主的な学風で知られていた。多くの学生や教員を引き寄せたイメージは、それゆえに大学改革を推進する側の人々に疎まれ、かえって「解体」へのモチベーションへと転化されていったものか。

8・1事件と「天才的なポピュリスト」

旧東京都立大学と、後に首都大学東京と命名される新大学にとって、二〇〇三年八月一日は「特別の日」になったという。四大学・短大の総長と学長が新宿の都庁大学管理本部に召集され、それまで継続されていた都と大学側が協議して改革を進める体制の廃止、および新大学の概要等が、一方的に言い渡されたのである。

茂木俊彦・元都立大総長の前掲書によれば、彼は「これでは昨日までの努力と成果の全否定じゃないか」と言い放ち、席を蹴って立ちたい思いに駆られたという。茂木氏は文学部長だった一九九〇年代の後半から、前任の荻上紘一《おぎうえこういち》総長(専攻は代数学・幾何学)の下で大学改革に向けて取り組んできていた。新たに登場した石原都知事が都立大学に関する発言を始めたため、これを受けた改訂版を出した経緯もある。たったの一言で、なかったことにされてはたまらなかったろう。

どうにか自制して、せめて教職員たちには本部長が大学に来て説明してもらいたい旨を話したものの、「それは先生方の御役目でしょう」と返された。物別れを余儀なくされたとして、彼はこう断じている。

〈本部長の対応は、「今回の大学「改革」は、設置者である都知事とその考えをうけて仕事をする大学管理本部の専権事項。都として決めた基本方針をいま説明したところだ。大学の代表である総長はこれに対して疑問を呈したり意見を言ったりするのではなく、聞いた内容をそのまま大学のメンバーに伝え、都の方針に沿って鋭意改革にいそしむべし」という、いわば上下関係の明確な提示、トップダウンですべてを進めるという意思の表示にほかならなかった。〉

相当の憤激が伝わってくる記述だ。幾星霜を経て、再び東京都立大学の名称が取り戻された今、改めて茂木氏の話を聞いてみたい。とはいえ彼はすでに鬼籍に入ってしまっている。そこで、やはり荻上紘一総長時代、総長補佐の立場で大学改革の中心的役割を果たしていた水林彪《みずばやしたけし》・東京都立大学名誉教授(一九四七年生まれ。専攻は日本法制史)に話を聞いた。

――東京都立大学の名前が元に戻りました。

「私は石原都知事のやり方に抵抗して、都立大学を去らざるを得なくなり、一橋大学に移った者ですが、その時、どういう経緯だったのか忘れましたけれど、名誉教授の称号をいただくことができました。素晴らしい先輩たちがたくさんいた大学の名前を、これで残せる、公然と使えると、とても嬉しかったですね」

――抵抗された、と。石原知事のやり方はそんなに酷かったのですか。

「要するに、学問にまったく理解のない人が、大学のことに口を出してくる。とにかく野蛮な感じでした」

荻上総長が退任し、茂木氏が新総長に就任した二〇〇三年春までの水林氏は、石原都政の行政幹部らとも交渉を繰り返していた。彼らの中には都立大学の卒業生もいて、何かと心配してくれたという。

「都の幹部たちが異口同音に言うのは、『熟慮を重ねて政治を行うということがまったくない人なんだ』ということでした。内容はないんだけれども、とにかく目立つことをやりたい。作家を名乗っているのに、知的な雰囲気はほとんど感じられないが、天才的なポピュリストではあって、票を集める嗅覚だけはある。そういう人とアカデミズムの人が渡り合うのは大変ですよ、心してくださいねという話でしたが、いやまったく、その通りの方でした」

案の定と言うべきか、二〇〇三年八月一日はやって来た。関係者たちの間では、「8・1事件」と呼ばれるようになった。

対話も協議も拒否した〝改革〟

「石原都知事に義憤を覚えない人なんて、ほとんどいなかったんじゃないでしょうか。もちろん、例外はありました。私のいた法学部でも、知事の補佐を引き受ける者さえ現れた。大学の自治という根本原理がおかしくなっているとしか思えないような事態でした」

水林氏が続けた。当時の東京都立大学内の雰囲気がわかる。真理を求める学究たちにとっては、耐えがたい日々だったに違いない。

8・1事件以後の動きを時系列で示しておく。

二カ月も経過していない九月下旬、四大学・短大の教員たちの許に、署名を求める大学管理本部の文書が配布された。東京都の構想に対する包括的承認と新大学の「詳細設計」への参加、および「その内容を口外しない」ことに同意せよという。

同年十月には茂木俊彦・東京都立大学総長の声明、翌二〇〇四年一月には東京都立大学評議会の「見解と要請」が、それぞれ発表された。いずれも東京都の構想は既存大学の廃止と新大学の設置を謳っているが、実態は四大学・短大の改組・移行でしかないのだから、それに相応しい準備体制の構築をと、大学管理本部側に求めていた。

二〇〇四年二月、教員らに再び大学管理本部による「意思確認書」配布。三月には大学宛てに、学長予定者・西澤潤一、大学管理本部長・山口一久両氏の連名で文書が送り付けられてきた。

〈改革である以上、現大学との対話、協議に基づく妥協はありえない。〉

〈公に改革に批判を繰り返す人たち、意思確認書の提出を妨害する人たちには、意思確認書が提出されたからといって、建設的な議論が出来る保障がない。なんらかの担保がないかぎり、新大学には参加すべきでない。

学内を主導する立場にある、総長、学部長（研究科長）、教授クラスの教員にあっては、混乱を招いた社会的・道義的責任を自覚すべきである。〉

民主主義を標榜する国の首都行政を担う機関が、学問の府たるべき大学に発信した公文書とも思えない。従順でない人間に対する敵意に満ちた恫喝に、たとえば水林氏は、西澤・山口の両氏が公式にこれを撤回し、謝罪しない限りは、決して新大学で禄を食むことはないと確信した。

首大非就任者の会

大学管理本部が「設置者権限」のオールマイティを誇示するかのような行動に出たのは、彼らが追い詰められていた証左でもあった。都立大学の総長や評議会はもとより、多くの教職員や学生、卒業生など学内外で多様な抵抗運動が展開されて、水林氏と同様に、新大学を拒否する人材が続出。進学校や予備校といった、いわゆる受験界の評判も、日増しに厳しくなっていたのである。

抵抗運動の中でも、とりわけ強固な信念を漂わせていたのが、「首大《くびだい》非就任者の会」だ。新大学の職務には着任しないと宣言した教員らによるネットワークだった。中心人物の一人で、旧東京都立大学の人文学部助教授だった岡本順治・学習院大学教授(一九五四年生まれ。専攻はドイツ語学)が語る。

「誤解を招く言い方かもしれませんが、ある意味、自分の主義主張を曲げない人の集まりでした。正しいと信じる道を貫くためには、辞めさせられても構わない、という。私はたまたまネット関係も苦手ではなかったので、何人かと一緒に、はっきり異を唱えるグループを作ることになったんです。そうして立ち上げたのが「非就任者の会」。みんなで講義の合間を縫って、ホームページに反対の論拠を書きまくっていきました」

応援してくれる人も少なくなかった代わりに、嫌がらせもまた、たくさん受けた。その主たちが石原都知事の手の者ばかりであったなら、どんなにか心が軽かったか。そうではなく、都に反論したくてもできない、万が一にも辞めさせられるわけにはいかない人々の、やっかみのような感情が伝わってくるように思えてしまったのが辛かったと、岡本氏は言う。

「ドイツ語が専門だから言うんじゃないですが、石原都知事は、まあ、ヒトラーみたいな人でしたよ。民衆が思っているであろうことを、大きく、「変えるんだ!」とか言って焚きつける。取り巻きたちが出してくる、思い付きみたいな〝アイディア〟を、「やれ!」と命じるのが石原さん。で、みんなが「ギャッ」となると、偉くなったと錯覚できてしまう。それで実際、いろんな事情もあって操られる人、積極的に擦り寄っていく人たちがどんどん増えていったのですから」

ヒトラーのような人物の存在感がいや増すと、人間社会は分断させられてしまうのが常である。大学におけるそのメカニズムは、かつて言語学のメッカと言われた旧東京都立大学から、人材はもちろん、関連の資料をはじめとする学問基盤を失わせたと、岡本氏は嘆くのである。

「東京から日本を変え」た石原慎太郎

「首大非就任者の会」には、前出の水林彪氏も参加していた。彼もまた、こんな話をしてくれた。

「例の「意思確認書」が配布された直後あたりが、抵抗運動のピークでした。日比谷公会堂で集会をやり、二千人近くを集めて、大いに盛り上がったのを覚えています。学内も勢いづいて、これでいけるかと思ったのも束の間、あの恫喝文書を契機に、急速に萎んでいきましたね。

自分自身を振り返っても、あの頃には、自分は職を失うんだなと実感させられました。それでも私が、法学は「筋を守り、社会が崩れていかないようにするための学問」だという自分自身の考えをなんとか貫けたのは、共働きだったからだと思います。いざとなったら妻に助けてもらおうと思えたわけです。でも、みんながみんな、抵抗し続けられるような家庭などの条件を備えているわけじゃない」

一連の過程で印象的だったのは、研究者たちの対応が、学問領域によって違っていたことだと、水林氏は言った。好例が近代経済学者と政治学者の差。前者の人々は毅然として、せっかく獲得した文部科学省の研究拠点形成等補助金事業「21世紀COEプログラム」を返上してまでも、相次いで辞めていったが、後者の人々は違っていたらしい。ある教授が「私たちはコバンザメなんだから、寄らば大樹の陰さ」と、平然としていたのに驚いたという。

「それもこれも、結局は、職を失うことへの恐怖です。あの頃の近経の先生方は、他の大学などにポストがそれなりにあったのでしょう。近経の仲間たちのネットワークがあるという話も聞きました。同じ経済学でも、石原都政に批判的なマルクス経済学の人たちは、ヒッソリしていました。

私が所属していた法学部は半々です。石原都政とどう向き合うかをめぐって真っ二つに割れて、本当に苦労された人も少なからず……。

自分自身や周りの動向を見ていて、ああ、これがプロレタリアートというものなんだ、と痛感しました。このやや古めかしい言葉の学問的な意味をひらたく言えば、組織に属さないと生きていけない人間ということです。筆一本でやっていける人なんてほとんどいやしない。高価な実験装置がなければ研究できない理系の場合はなおさら、どこかに所属しなければ、研究者生命そのものが絶たれてしまうのです。

自由主義に基づく研究までが弾圧された、戦前の「京大事件」などで、学者たちがあれほど抵抗することができたのも、皆さん、裕福な家庭の人が多かったためではないのでしょうか。プロレタリアートじゃないから、職を奪われても生活の基盤がある」

――当時よりはずっと民主化されているはずの世の中であることが、逆に仇になったのではないか、ということですね。

「民主化というより、資本主義化です。企業に雇われないと生活ができない人は、民主主義が生み出したのではなく、資本主義経済が生み出したものです。現代は、ほとんどの人が先ほど述べた意味でのプロレタリアートになってしまった時代です。普通の家庭に育った人間が学者になれるのはよいことだけど、それだけに、大学の自治がしっかりしていないと、何も理解できない人がトップに座った場合、学問の世界はめちゃくちゃにされてしまう」

――石原都知事は、「東京から日本を変えてやる」と、よく騒いでいました。

「その通りになりましたね。その後、国政レベルに波及していく悪い先例を作りました。菅(義偉)前首相による日本学術会議会員の任命拒否や、これを制度化しようとする岸田(文雄)首相の学問の世界への介入姿勢は、その好例です。とにかく、このごろの総理大臣は、驚くほど非知性的です。このようなことを続けたら、日本は必ず没落します。

最近の斜陽化は様々なデータではっきりしていますが、それをさらに加速させるでしょうね。

しかも大学、学問の分野だけじゃない。一連の過程で、東京都の官僚制もガタガタになりました。普通では考えられない抜擢人事がなされたり、有能な人が飛ばされたり。真面目に一生懸命に仕事をしていた大学の事務方からは、心の病を抱える人も出てしまいました。石原さん個人に気に入られたか、どうかで人生が決められてしまう。イエスマンばかりが周囲を固める。そんなことをしていたら、官僚機構そのものが崩壊してしまうに決まっているじゃないですか。そのように変質した官僚機構が、こんどは非知性的な長を支え、統治機構が暴走するわけです。日本がこのような人々によって奈落の底に突き落とされていくようで、本当に心配です」

その後の日本を見るにつけ、そうした構図は確かに拡大してきている。二〇〇〇年代から現代にいたるあからさまな傾向だ。

旧東京都立大学改め「首都大学東京」の新名称が決定されたのは、二〇〇四年二月のことである。公募で寄せられた四〇四七案のうち、二千件超で最多の「東京都立大学」は、改称にならないので選外。続く「都立総合大学」(一一〇件)、「大江戸大学」(三十三件)も排された。「首都大学」を推す声は三十一件あったというが、その後に「東京」を添える意見はなく、ただ石原氏の独断だけが残された。

首都大学東京時代の卒業生たちには申し訳ないのだが、この命名を最初に聞いた瞬間、私は『ぷりぷり県』という不条理ギャグ漫画を連想し、「ふざけてるのか」と思った。鬼才の誉れ高い漫画家・吉田戦車が一九九五年から九八年まで小学館の『週刊ビッグコミックスピリッツ』に連載して大ヒットした作品で、主人公・つとむの郷里「ぷりぷり県」に、「首都助」君なる東京からの転校生が登場していたのである。

首都助の何がどう可笑しいのか、文章で説明しようとする試み自体が野暮なので、ここでは割愛する。それでもニュアンスは通じるはずである。

石原氏を「太陽」とする暗喩

〈『太陽の季節』なる小説でいささか世に名を馳せた私が己の季節の終りに関して駄文を弄している今、美空ひばりの世に軽いショックを与えた最初のロックの文句ではないが「いつかは沈む太陽だから」こそ、あくまでもこれまで私が比類のない私と言う歪《いびつ》な人間として生きてきた事を消しても消えぬ記録として、私として全くの終りの寸前に私の死はあくまでも私自身のものであり誰にもどう奪われるものでありはしない。（中略）出来得るものなれば私は私自身の死を私自身の手で慈しみながら死にたいものだ。原住民のしかけた毒矢の毒に傷つき女を抱きながら死んで行くアンドレ・マルロオの傑作『王道』のしたたかな主人公のペルケンが嘯《うそぶ》いたように。

「死、そんなものなどありはしない。ただこの俺だけが死んでいくのだ」と。〉

石原慎太郎氏は二〇二一年十月に余命宣告を受けている。この文章はそれを受けて綴られ、死後、『文藝春秋』二〇二二年四月号に掲載された石原氏の「絶筆」だ。

他者の生命とか尊厳に対しては、これっぽっちの想像力も働かせることのなかった人が、自分自身の最期には、なんとも雄弁なことである。だがそれはそれとして、この人は最初から最後まで『太陽の季節』でしかなかったことを再確認させられもした。訃報を伝えるマスコミ報道が、彼の一生をやたら「太陽」に準《なぞら》えたがったのは、故なきことでもなかったということか。

だからといって、すでに本文でも触れた『太陽の季節』にまたしても字数を割くのは、いささかくどい。とはいえ石原氏の亡き後、改めて言及しておくことの意味はあるはずだ。粗筋は大要、こんな感じだ。

――私立の学園に通う津川龍哉は拳闘《ボクシング》の部活に励む一方で、バクチやナイトクラブ通い、女遊びに精を出す、いわゆる不良高校生だ。〈母親には甚しく甘ったれっ子〉なのだが、「パパ」と呼んでいるらしい父親に対する気持ちは、〈何時も何故かもつれるのだ〉という。

――龍哉は悪友どもと街で引っかけた英子《えいこ》を自宅の離れに連れ込み、親に買ってもらったヨットでも関係を重ねた。離れの障子を陰茎で突き破る場面は、あまりにも有名だ。そして、じきに飽きてしまったこの高校生は、英子に横恋慕していた兄の道久に賭けで勝ち、五千円を払う条件に、「お前は今日ここから消えてくれ」と求められて、応じるのである。

〈「良し、あの五千円であ奴を売ってやらあ」

道久はその言葉にいたく満足して答えた。

「良し、買った」

こうして龍哉は英子を女奴隷のように売り飛ばしたのだ。〉

――英子は龍哉の子を身籠った。産んでいいかと縋《すが》りつく彼女に、彼は気を持たせるような受け答えばかりを繰り返す。

〈龍哉に、「生め」と言われるとかえって英子の方が不安になった。彼女は四五日して龍哉を呼び出すともう一度確めた。

「別に生めとは言わないよ。好きなようにしろよ。子供が出来ても悪くないって言っただけだ」

曖昧な答えに英子がいらいらするのを見て彼は面白がった。〉

だが、妊娠四カ月を過ぎた頃。龍哉は家庭で子どもを抱いたチャンピオンの写真を新聞で見て眉を顰《ひそ》め、英子に堕胎を命じた。従った彼女は術後に腹膜炎を起こして死んだ。

――「馬鹿野郎っ！」遺影に香炉を叩きつけた龍哉。遺族や参列者らに「貴方達には何もわかりやしないんだ」と怒声を浴びせて学校に戻る。彼はパンチングバッグを叩き、その向こうに英子の笑顔を見た――。

これのどこが「太陽」なのだろう？　男の風上にも置けぬゲス野郎。他人の生を舐め切り、弄んで破滅させては深刻ぶって悦に入る、タチの悪すぎるボンボンのチンピラ。折々に挿入される観念論がなんとも小賢しく、肥大化した独り善がりっぷりを増幅させている。

弟の裕次郎氏に聞かされた〝友人の武勇伝〟が、ストーリーの下敷きだったと伝えられている。とどのつまりは通俗モノ以上でも以下でもない文章を、ド素人が発表から七十年近くも経ってから難じたところで詮無い――のであれば、どんなにか幸福だろう。だが現実に、この短編に与えられてしまったお墨付きは、メディアビジネスの商魂を満たしたのみならず、作者たる石原氏の後半生すべてを正当化する、恐るべき破壊力を生み出した。

受賞の決まった一九五六年、『経済白書』は「もはや戦後ではない」と宣言した。新時代を拓く〝価値紊乱《びんらん》者〟の役割を担った石原氏は文壇にも世間にも歓迎されたという、ありがちな歴史認識が興味深い。なぜなら政府をして自画自賛せしめた経済復興の主たる要因は、朝鮮戦争特需に他ならなかった。厳然たる事実に対する屈託のなさが、後々における石原氏自身の言動と見事に符合する。価値紊乱どころか、時流に取り入った世渡り上手と揶揄されるのが相応しいのではなかろうか。

石原氏が一作家を全うしたのであれば、私は間違ってもこんな無礼を書かない。読まなければ済む話だからだ。

佐藤春夫の怒りの根源

芥川賞の選考委員会で、佐藤春夫氏が『太陽の季節』の受賞に反対し、同作を徹底的に批判していた事実は第七章に書いた。絶賛して選考委をリードした舟橋聖一氏と佐藤氏との論争は舞台を新聞に移して拡大。佐藤氏は舟橋氏をも、〈それにしても舟橋もドサクサまぎれに大そうえらくなり、かえってお人柄がいやしくなったのは奇妙である〉などと罵倒していたから凄まじい(「求道のすすめ――一享楽論者へ」『定本 佐藤春夫全集』第二十五巻、臨川書店、二〇〇〇年所収)。

大正期には芥川龍之介や谷崎潤一郎と並び称された大作家が、ではなぜ、それほどまでに怒りをあらわにしたのか。和歌山県新宮《しんぐう》市にある佐藤春夫記念館館長の辻本雄一氏(一九四五年生まれ)に尋ねた。

「自分の時代が終わりつつあることへの焦りはあったでしょう。またぞろ大逆事件における心の傷が噴き出していたのかもしれません」

大逆事件。一九一〇(明治四十三)年、明治天皇の暗殺を計画したという口実で、幸徳秋水をはじめとする社会主義者・無政府主義者ら二十六人が起訴され、二十四人に死刑判決が言い渡された、社会主義やアナキズムの高揚を恐れた政府による、空前の思想弾圧事件だ(実際に処刑されたのは十二人で、獄中死した者が五人いた。仮出獄を許されたのは七人のみ)。

佐藤春夫氏には「愚者の死」という詩があった。故郷・新宮の医師で、父の友人でもあった大石誠之助を詠んだものである。大石は一九一一年、十二人のうちの一人として処刑された。それに衝撃を受けた、春夫氏十九歳の作品だ。

千九百十一年一月二十三日
大石誠之助は殺されたり。

げに厳粛なる多数者の規約を

裏切る者は殺さるべきかな。

死を賭して遊戯を思ひ、
民俗の歴史を知らず、
日本人ならざる者
愚なる者は殺されたり。

（中略）
われの郷里は紀州新宮。
渠《かれ》の郷里もわれの町。

聞く、渠が郷里にして、わが郷里なる
紀州新宮の町は恐懼《きょうく》せりと。
うべさかしかる商人《あきうど》の町は歎かん、
――町民は慎めよ。
教師らは国の歴史を更にまた説けよ。

（『スバル』一九一一年三月号）

佐藤春夫氏はこの詩で、大石を「日本人ならざる者」と呼び、「教師らは国の歴史を更にまた説けよ」と結んだ。生来の保守性や、後年において戦争賛美のプロパガンダの一翼を担った実体験もある作家のこととて、字面通りに解釈するべきとする議論もなくはないものの、あくまで「反語」の詩だというのが定説である。

『佐藤春夫と大逆事件』(論創社、二〇一六年)の著書がある、芸術学博士の山中千春氏(一九七六年生まれ)にも話を聞いた。「愚者の死」は徹底した反語ではなく、「諷刺」「アフォリズム」に近いとする新解釈を導いた彼女は、

「石原氏に陰翳《いんえい》がなさ過ぎる点が、春夫には許せなかったのではないでしょうか。春夫が舟橋聖一を非難した「求道のすすめ」で、〈それは石原も検閲制度のクソやかましい時代にあれを書いたのなら僕も少しはその意義も認めたらう。今日時勢に便乗して得々とあんな書を書くのでなければ、僕は生涯を通じて時俗の陋習《ろうしゅう》や愚昧と戦つて来た〉と書いていたことなどからも、そんな思いが窺えます」

と語った。右や左の問題ではもちろん、ない。深く同感するものである。しかし、佐藤春夫氏のこうした思いを、その後の日本社会が共有する場面は、ついぞ、なかった。

「最も石原慎太郎的なるもの」が遺された

石原慎太郎氏は二〇一二年十月、四期目だった東京都知事の職を突如として辞任。日本維新の会の共同代表に就任し、同年十二月の衆議院選挙に出馬、当選して十七年ぶりの国政復帰を果たしている。

八十歳で衆院予算委員会(二〇一三年二月十二日)の質問に立ち、「これは国民の皆さんへの遺言のつもりでもあります」と強調して、独演会にしてしまった。とはいえ新味は何もなく、また維新の会の分党に伴い、「次世代の党」を立ち上げたりしたものの、特筆すべき何事も為すことがないまま、二〇一四年十二月、政界からの引退を発表した。

石原氏が去った後の東京で、猪瀬直樹、舛添要一の両氏を挟んで都知事に就任した小池百合子氏が、石原都政を否定するかのような動きを繰り返した。築地市場の豊洲新市場への移転も延期して、彼の責任を追及する構えを見せた。首都大学東京の名称を統合前の東京都立大学へと変更した。また、新銀行東京の民間金融機関との経営統合を進めもしたことなど、いずれも既述の通りである。

だが畢竟、築地は豊洲に取って代わられたし、東京都立大学も戻ったのは名称だけで、理念その他は首都大学東京と変わらない。石原氏は何一つとして責任を取ることも、取らされることもなく、余生を送ることができた。

どれもこれもは「小池劇場」に過ぎなかったのだ。小池都政はアンチ石原都政なのではなく、むしろ石原都政のパフォーマンス至上主義を丸ごと引き継いだものである。東京には、否、日本には今、「最も石原慎太郎的なるもの」ばかりが遺され、拡がり続けているのではないか。すなわち豊洲の毒と、「差別」を決して否定しない〝価値観〟が――。

東京都知事を退いた後の石原氏には特筆すべき何事もなかったと書いたが、実は必ずしもそうではない。例外があった。二〇二〇年七月二十七日に発信された、彼のツイートだ。

〈業病のＡＬＳに侵され自殺のための身動きも出来ぬ女性が尊厳死を願って相談した二人の医師が薬を与え手助けした事で「殺害」容疑で起訴された。武士道の切腹の際の苦しみを救うための介錯の美徳も知らぬ検察の愚かしさに腹が立つ。裁判の折私は是非とも医師たちの弁護人として法廷に立ちたい。〉

この四日前の七月二十三日、京都市に在住していたＡＬＳ(筋萎縮性側索硬化症)の女性患者への嘱託殺人容疑で、宮城県名取市の大久保愉一医師(当時四十二歳)と、東京都の山本直樹医師(同四十三歳)が京都府警に逮捕されている。彼らは正しい行いをしたのに、と受け止めた石原氏は、逮捕と起訴、警察と検察を取り違えた上で、ＡＬＳを「業病」だと断じたのだった。

業病とは〈悪行の報いでかかると考えられていた難病〉(『広辞苑』)のことである。原因不明の神経疾患であるALSに当てはめられてよい形容ではない。患者当人に何らの責任もない以上、切腹や介錯と結びつけた見方も見当外れだ。批判を浴びた石原氏は、〈偏見によるものでは決してな〉い、〈作家ながら私の不明の至り〉などとツイッターで謝罪にこれ努めることになる。

作家であるかどうかはまるで関係がない。要は人間の生き方の問題なのである。

東京都の委託を受けた公益財団法人・東京都人権啓発センターが、美術家の飯山由貴《いいやまゆき》氏(一九八八年生まれ)に依頼した人権企画展で、ある映像の上映が中止に追い込まれていた事実が、二〇二二年十一月にわかった。精神障害をテーマに、戦前の朝鮮人患者の診療録を歴史学者が読み解くという内容が、都の担当職員に難色を示されたと、飯山氏自身が記者会見で明らかにした。

映像では、一九二三(大正十二)年の関東大震災の直後に、デマに踊らされた自警団や民衆が、全国で数千人もの在日朝鮮人を虐殺した事件が取り上げられていた。職員は飯山氏に、八月の企画展を控えた五月に、〈都ではこの歴史認識について言及をしていません〉〈都知事がこうした立場をとっているにも関わらず、朝鮮人虐殺を「事実」と発現する動画を使用する事に懸念があります〉などとするメールを送信していたという。

〈立場〉というのは、朝鮮人虐殺の史実そのものを否定する小池知事の姿勢を指している。例年九月一日に日朝協会などの実行委員会が墨田区の都立横網町公園で執り行う朝鮮人犠牲者たちの追悼式に、石原慎太郎氏を含む歴代都知事が追悼文を送っていた慣例を、彼女は就任二年目の二〇一七年から六年連続で拒否した。「さまざまな見方がある」「すべての震災犠牲者に哀悼の意を表したい」などという理由が強調されるのだが、罹災して亡くなった人と、暴徒に殺害された人が同一視されてよいはずがない。それでも件の担当職員は、知事のお考えにお前も従え、と言いたかったらしい。

豊洲新市場はいま――新自由主義の「器」への変貌

旧築地市場から東南に二・三キロメートル。二〇二三年の一月中旬、豊洲新市場を訪ねた。敷地面積四十万平方メートルは旧市場の二倍近くにも広がっている。

だが好況だとは言い難い。開場して二年を経た二〇年十一月の報道は、移転直前に年間約四十万トン前後だった水産物取扱高が、五年後には一・五倍超の約六十二万トンに拡大するとした東京都の当初見通しや、「活況」を強調し続ける小池知事の発言とは裏腹に、縮小の一途を辿っている現実を伝えていた。

さらに二年余が過ぎた現在、その深刻さは度合いを増した。二〇二二年の取扱高は三十万トンをやや上回る程度。金額的には移転前の四千億円規模に戻すことができた見込み（「東京都中央卸売市場-市場統計情報」より）ではあるものの、物価上昇の要因が大きいと見られ、将来を見渡せる明るい材料には乏しい。

有力な仲卸業者に会って実態を聞いた。

「とにかくアクセスが悪い。来るのに時間がかかるんで、銀座あたりの板さんがちょっと立ち寄ってくれて、なんてことがずいぶん減りました。大口のお得意さんがいないと苦しいわけですが、といってあまり依存してしまうと、切られた場合のダメージがでか過ぎる。今年に入ってからだけでも、そういう店は出ていますよ。

あとはやっぱり有毒物質の問題。特に学校給食向けの商売をやってた店なんか、それが怖がられて、同じように水産物を扱ってる大田や足立の市場に客を取られているからね」

彼ら関係者の話を総合すると、豊洲への移転時には、新店舗に対応できる冷蔵庫をはじめ、かなりの設備投資を強いられた。多くの仲卸業者が新たに背負った数千万円単位の借金が、ここへ来て大きな重荷になっている。

豊洲市場内の仲卸事業所数は二〇二二年末現在で四六七軒。移転以降はさほどでなかった廃業や倒産が、二三年以降は激増するのではないかというのが、大方の見方だ。巨額の負債が本格的な返済時期を迎えるためである。

市場内の店舗の立地は、最初に抽選で決められた。出入り口から近くないと客足が遠のくのは自然の成り行きだから、事業者たちで結成される「東京魚市場卸協同組合」は当初、八年ごとに抽選をやり直す方針だったが、二〇二二年末に撤回されたという。建物の構造上、物理的に店舗の移動が難しいとの理由らしい。不利な立地にある業者にとっては、挽回のチャンスが巡ってこないことにもなりかねない。

この間には新型コロナウイルスの感染拡大があり、それに伴う景気後退、飲食店の営業自粛などがあった。街場の鮮魚店が消えていく潮流も今に始まったことではない。仲卸業者たちの窮状は、したがって当然、豊洲新市場だけの責任ではない道理だ。

とはいえ、実際に現場を歩き、働いている人々の話を聞くと、ここで起こっていることが、単なる不況というのとは異なる様相を呈している現実を感じさせられる。卸売市場というもののあり方自体が、根底から覆りつつあるような。

前出の仲卸業者が続けた。

「そんな状況を衝いて、最近は大手スーパーとか居酒屋チェーン、商社の子会社なんかが、どんどん仲卸に参入してきているんだ。そのためには鑑札(市場内での営業権やスペースの利用権)が必要なんだが、やりようはいくらでもあるからね。誰のバックにどこの資本があるのか、我々にももう、よくはわからなくなってしまったよ。

新規参入組の狙いは、国内もさることながら、輸出じゃないのかな。中国もだけど、今、最も有望だとされているのはアメリカの、たとえばニューヨーク向けだって話だね。

連中は、いや連中ばかりじゃなくてウチの跡継ぎなんかもだけど、商売のやり方がぜんぜん違うのよ。客と相対なんかしないで、みんなコレ。スマホね」

一緒に豊洲新市場の一帯を歩いた。すでに老境にさしかかった彼は、どこか寂し気だった。

「なんだか工場みたいなんだよな」

建物の外観だけを指しての感慨ではないようだ。想起されたのは、二〇一八年六月に可決・成立した「改正卸売市場法」である。政府の「未来投資会議」や「規制改革推進会議」の提言等を受け、官邸主導で推進されている農林漁業改革の一環で、大幅な規制緩和によって農水産物流通分野における新規参入を促し、競争原理と効率化を徹底させるのが目的という。

築地市場をめぐって石原慎太郎元知事の責任を追及するポーズを見せつけ、格好のパフォーマンスの場としていた小池都知事が、とどのつまりは豊洲新市場への移転を決定した。卸売市場法改正への動きは、その最大の背景でもあったと言われる。かねて深化されてきた多種多様な構造改革と同様に、巨大資本や外資の独占さらには市場支配へと直結する恐れなしとしない。

食の世界が。生命の源の領域までが――。

一体化した政治権力と巨大資本のパワーをオールマイティとする新自由主義の「器」

としての豊洲新市場。有毒物質の問題などよりは喫緊ではないと受け止められ、それゆえ報道量も少なかったテーマが、はたして豊洲の開場から五年近くを経過して、表面化しつつある。

豊洲新市場での仲卸の廃業や倒産は今のところさほどでもないと、先に書いた。というのは、今日あるを見越した業者たちの多くが、早々に見切りをつけ、移転を機に商売を止めてしまっていたからである。

「いずれ仲卸なんてのは、よほど珍しい存在にされるのだろうと感じていたからね。祖父の代から続いた家業だったけど、私の力だけじゃどうにもならない。悔しいですよ。嘘ばかりついていた石原の思い通りになったかと思うと、たまらないけれどもね」

そうした元仲卸の一人(一九六二年生まれ)は、私の取材に応えて唇を噛んでいた。石原慎太郎氏は、ここでも手段を択ばず、他者の人生や尊厳を毀損しながら、見事なまでに「時流に乗」り、生涯を泳ぎ切ったということになるのだろう。

豊洲新市場は、そこに生きる人々の声が反映されていない。使い勝手がきわめて悪く、ターレ(小型運搬車)に関わる事故が頻発している。被害者が死亡し、報道までされたケースも二件ある。

あるいは、築地では五万円だった駐車場の月極め料金が十五万円に跳ね上がった。コインパーキングは三十分で三百円。駐輪場も築地の三倍の千五百円だ。地元警察による路上駐車に対する〝暗黙の了解〟の余地は消え失せた。義理人情を湛えた「魚河岸《うおがし》」のイメージはもはやない。ビジネスライクなコンプライアンスとは、果たして絶対の正義なのだろうか。

二〇二三年一月現在、一時はあれほど騒がれた豊洲新市場に関する報道は、ほとんど影を潜めている。報道陣は追及せず、小池知事は語らない。二〇二二年十一月の記者会見で東京駅から臨海部を結ぶ「臨海地下鉄」の事業計画を発表した彼女も、これを報じたマスコミも、途中駅の駅名にもなる「豊洲市場」については何も触れず、ビジネス街としての臨海部の発展だけを熱く論じていた。

＊　　＊　　＊

だが私たちは、それでも生きている。死ぬまでは生きていかなければならないし、生きていくのだ。とすればせめて、深く根をおろしてしまった「最も石原慎太郎的なるもの」を、それを「石原節」「慎太郎節」だと讃えられるのが不思議でなくなっている社会を、私たち自身の性根を、少しずつでも溶解せしめ、耕したい。今度こそ。しかるのち、新しい芽吹きへと繋げていこうではないか。

付録Ⅰ

ヘイトやフェイクの時代の先駆者、石原慎太郎氏への弔辞

（『週刊金曜日』二〇二二年二月十一日号掲載）

元東京都知事の石原慎太郎氏が二月一日、都内の自宅で死去した。八十九歳。謹んでご冥福をお祈りする。

ただし、彼はかりそめにも公人だった。だから書いておく。

私はかつて『空疎な小皇帝　「石原慎太郎」という問題』(岩波書店、二〇〇三年)と題するルポルタージュを発表した者である。小皇帝とは中国の、一人っ子政策の下で甘やかされて育った男の子のこと。就任早々から差別発言や弱い者いじめばかりを重ねていた都知事には一人っ子でなくても適切な暗喩だと考えた。

講談社ノンフィクション賞の候補にも残していただいた作品だが、苦い記憶しかない。取材拒否やマスコミ界での風当たりは想定内。とはいえ自分の中にもあるに違いない卑しさ、浅ましさを、剝《む》き出しで見せつけられるような取材の日々が、辛くてならなかった。

人間なんてロクなもんじゃない。だから私たちは懸命に生きている。なのに、この人

は……。東京都福祉保健局の中堅幹部だった女性から、一通の手紙を受け取ったのは、そんな頃である。

福祉を全面的に民営化または廃止するとの方針が示されたと、まずあった。弱者と呼ばれる人のすべてを嫌う知事の意に沿いたい局長が組織を差し出したと続き、〈福祉の理念がガラガラと崩れるのを、自ら率先して理論構成していかねばなりません。知事はそれを見て笑っているのでしょう〉。

石原氏は安全圏から標的を見下し、せせら笑って悦に入る。思えばヘイトやフェイクが猖獗《しょうけつ》を極める時代の、彼は先駆者だった。

石原氏は二〇一六年東京五輪の招致活動で、IOC(国際オリンピック委員会)のロゲ会長(当時)に手紙を書いている。〈忌まわしい戦争〉から解放された少年時代に、〈民族を違えても人間は人間としてある〉と痛感したとする回顧から書き起こされ、わが祖国はその戦争への反省から〈戦争放棄をうたった憲法を採択し〉て今日に至った、日本で〈民族の融和、国家の協調を担う大きなよすがとなるオリンピックを行うことは、世界の平和に大きな貢献ができるものと信じます〉と結ばれていた。

大嘘だった。近頃の若者がダメな理由はと問われた彼が「60年間戦争がなかったから」「「勝つ高揚感」を一番感じるのは、スポーツなどではなく戦争だ」と断じたのは五輪招致を言い出す半年前(『週刊ポスト』二〇〇五年一月十四・二十一日合併号)。招致失敗後も何も変わらなかった。

躊躇のない差別主義者

自分は徴兵制の導入論者だと胸を張り、フランスの哲学者レイモン・アロンの話題を持ち出した。彼は学生運動にかまける学生たちに同情的だったとして「彼らが青春を青春として自ら捉えて自覚するための条件を、みんな我々が奪ってしまったからだという。それはすなわち戦争であり、戦争によってもたらされる貧困です、とアロンはいっていた」（『週刊ポスト』二〇一一年二月二十五日号）。

権力者にとって便利な人だった。躊躇のない差別は、新自由主義や、もちろん戦争の大前提であり、〝理想〟でもあるからだ。都政を私するコソ泥三昧が許された所以か。石原氏が芥川賞を受賞した際、選考委員の佐藤春夫氏が激怒したのは有名だ。本稿では当時五十七歳だった女性作家・美川きよ氏の指摘を紹介しよう。

〈女の心理をこんなものだろう位に書かれるのは、不愉快よりもまだ坊やだなあって感じがします。（中略）今の青年の悩みは、「太陽の季節」や「処刑の部屋」ではまだまだ底が浅いのではありますまいか。それと何卒真剣に今年は取りくんで下さい。人気のあやつり人形にならぬように自愛と自戒を切に祈ります。〉（『日本週報』一九五七年一月五日号）

「坊や」のまま老いた男の訃報を受けて〝盟友〟こと亀井静香・元運輸相は語ったという。「石原慎太郎は日本人の心の中にいつまでも残り、彼は永遠に生きていくんだよ」（「AERA.dot」二〇二二年二月二日）

亀井氏の真意は知らず、字面の通りになるのを私は恐れる。慎太郎的なるものの定着などあってはならない。合掌。

付録II

あえて、いま石原慎太郎を批判する

（『週刊朝日』二〇二二年七月一日号掲載）

やっぱりこういう持ち上げ方をするのかと、悲しくなった。都内で六月九日に営まれた、故・石原慎太郎元東京都知事の「お別れの会」で――。

「歯に衣着せぬ物言いや、信念を貫く果断な行動。強烈な個性に惹かれた」と岸田文雄首相が挨拶した。安倍晋三元首相は、「時に傍若無人に振る舞いながら、誰からも愛された方」だったと偲んだ。

訃報を伝えた二月二日付朝刊各紙の引用みたいな言い回し。自民党の後輩が亡き先輩を立てるのは自然でも、彼らの言葉は事実と違う。生前の石原氏による差別の数々は歯に衣や、いわんやポリコレどうこうのレベルではなかったし、あまりの傍若無人を心の底から憎んだ人も山ほどいる。

私はあの日の礼賛紙面を許せない。あまつさえ四カ月が過ぎてなお、新旧の首相が揃って、手垢のついた筋違いを繰り返すとは。軽く済ませてよい事象ではないと思う。

私は二〇〇三年にルポルタージュ『空疎な小皇帝　「石原慎太郎」という問題』を発

表した者だ。衆院議員を経て一九九九年に都知事となって以来、「三国人」「(重度障害者に)人格あるのかね」「ババアが生きているのは無駄で罪です」等々、公の場で差別発言を連発していた男と、それが持て囃《はや》される社会はいかにして出来上がったのか、という疑念が出発点だった。

拙著は幸い好評を以て迎えられ、版元を変えながら数次の文庫化も果たした。だがこの間にも石原氏は、いじめを苦にした自殺予告の手紙が文科省に届けば、テレビで「さっさとやれ」と追い詰めた。都議会で公費や人事の私物化を追及されると、「いかにも共産党らしい貧しい発想だ」とあざ笑う。東日本大震災には「天罰だ」。文芸誌の対談で、障害者施設の入所者十九人を刺殺した犯人の気持ちが「分かる」と言い放ったのには愕然とした。

石原氏が都知事の地位にあった二〇〇〇年代を通して、この国の市民社会はすっかり分断された。構造的には階層間格差の拡大を不可避とする新自由主義の横溢、およびSNSのとめどない普及が主因だが、デマゴーグとしての石原氏の影響力も、また計り知れなかった。

なにしろ首都行政のトップが、社会的弱者を日常的に嘲笑し続けた。それが何らの咎も受けずにいたのだから。

「黒いシール事件」をご存じだろうか。一九八三年の衆院選を控えた前年一一月。東京二区から自民党公認の出馬を表明した新井将敬氏(故人)のポスターの七、八割方に、黒地に白抜きで「(昭和)四十一年北朝鮮より帰化」と記された大判(縦十六センチ、横七センチ)シールが貼られた。彼は確かに在日二世で、日本国籍を取得もしていたが、祖父母は韓国・慶尚北道の出身だった。

有権者の差別意識を煽るとともに、〝北のスパイ〟の連想を掻き立てようとしたらしい。実行部隊の中心は、選挙区も自民党公認も同じ石原氏が大手ゼネコンの鹿島建設から預かっていた公設第一秘書・K(当時三十三)だった。二人の出会いをよく知る人物に、私は事実関係を確認している。

露見しても石原氏は、「秘書が勝手に」と言い募る一方、有権者の〝知る権利〟を主張。選挙区内の有力者らに新井氏の除籍原本が送り付けられる騒ぎもあった。一応の謝罪はなされ、ウヤムヤになるやKは鹿島に復職し、やがて営業統括部長や専務執行役員などを歴任することになる。

晩年の、豊洲市場移転問題で都議会百条委員会の証人喚問を受けた際の石原氏を想起されたい。脳梗塞の後遺症で「すべての字を忘れた」と空とぼけた彼は、その後も何冊も本を出している。

石原氏の標的にされた人々は数限りない。口惜しさのあまり涙ぐむ人に私は嫌と言うほど会った。

私自身も泣かされた当事者だ。かつて東京二十三区の大半が房総や伊豆の海岸で運営していた「健康学園」が、石原都政の下でことごとく潰された。

虚弱や喘息、偏食、アトピー等に苦しむ小学生が一定期間、療養しながら学ぶ全寮制の学校施設。私は豊島区立の学園に寄宿して、おかげで丈夫になり、生きていく自信を育ませてもらった。全国に拡げられてしかるべき教育・児童福祉政策だ。

〝石原流〟を欲す権力とメディア

だが石原都政下で、成長しても生産性のタシになりそうもない役立たずなど切り捨てる政策が加速した。某区の教育委員会は廃園撤回を求める親たちに、「お宅らの子どもには一人当たり年間一千万円もかけてきたんですよ！」と吐き捨てたという。忖度が役人の言葉遣いも変えたのだ。

私は自分の全人格を否定された思いに囚われた。現役の児童や保護者たちはいかばかりだったか。

石原氏の言動をフォローする取材活動は、自分の心にもあるに違いない醜さを剝き出しで見せつけられているようで、やり切れなかった。彼に近い編集者たちには幾度か、「紹介してあげるよ」と誘われ、本人の談話が欲しい立場としては乗りたい衝動にも駆られたが、そんな形で会えば、書くべきことを書けなくなる。都庁を通した公式ルートでの取材に拘ったが、叶わなかった。

昨年(二〇二一年)の暮れ頃から、石原氏に、今度はどんな手段によっても会ってみたくなった。万が一にも慙愧《ざんき》の念らしき言葉を引き出せたとしたら、みんなにも、本人にも、私にとっても幸福だと考えたが、先に死なれてしまった。

全盛期における石原氏の人気と没後の礼賛報道、「お別れの会」での新旧首相の弔辞などに接するたび、私は恐ろしい仮説に苛《さいな》まれる。この国の権力と、それとの一体化を急ぐマスメディアが今、最も欲しているのは、石原氏のような思考回路ではないのか、と。

彼の言動が、多数派に「歯に衣着せぬ」「慎太郎節」「石原節」などと、なんだか爽快でカッコいいものとして受け止められる世の中ならば、格差社会や監視社会はもちろん、加害の歴史の正当化も、沖縄への基地集中も、中国や北朝鮮との有事を想定した軍拡も戦時体制を築く経済安保も、さしたる抵抗もなく進んでいく。戦争が近くなる。

そう言えば、「都民葬」の話も消えていない。訃報の直後に小池百合子都知事が口にしていたが、差別の肯定に公費が使われるべきではないだろう。

仏様になった人を今さら恨もうとは思わない。私はこれからのために書いている。合掌。

本書は、二〇〇三年三月、岩波書店より刊行された。その後、二〇〇六年八月にちくま文庫、二〇一一年三月に『東京を弄んだ男「空疎な小皇帝」石原慎太郎』として講談社文庫より刊行された。岩波現代文庫化にあたり、両文庫の追記を収め、書下ろしの「現代文庫版はじめに」「現代文庫版増補」を新たに加えた。

〔初出〕
『世界』二〇〇〇年十一月号(「防災スペクタクルの一日」)/二〇〇二年七月号―二〇〇三年一月号(連載「空疎な小皇帝――検証「石原慎太郎」という問題」全六回。二〇〇二年十二月号は休載)
追記Ⅰ:『空疎な小皇帝――「石原慎太郎」という問題』(ちくま文庫、二〇〇六年八月刊)
追記Ⅱ:『東京を弄んだ男「空疎な小皇帝」石原慎太郎』(講談社文庫、二〇一一年三月刊)
付録Ⅰ:『週刊金曜日』二〇二二年二月十一日号
付録Ⅱ:『週刊朝日』二〇二二年七月一日号

増補 空疎な小皇帝 「石原慎太郎」という問題

2023年3月15日　第1刷発行

著　者　斎藤貴男《さいとうたかお》

発行者　坂本政謙

発行所　株式会社 岩波書店
〒101-8002 東京都千代田区一ツ橋 2-5-5
案内 03-5210-4000　営業部 03-5210-4111
https://www.iwanami.co.jp/

印刷・精興社　製本・中永製本

ISBN 978-4-00-603336-1　　Printed in Japan

岩波現代文庫創刊二〇年に際して

二一世紀が始まってからすでに二〇年が経とうとしています。この間のグローバル化の急激な進行は世界のあり方を大きく変えました。世界規模で経済や情報の結びつきが強まるとともに、国境を越えた人の移動は日常の光景となり、今やどこに住んでいても、私たちの暮らしは世界中の様々な出来事と無関係ではいられません。しかし、グローバル化の中で否応なくもたらされる「他者」との出会いや交流は、新たな文化や価値観だけではなく、摩擦や衝突、そしてしばしば憎悪までをも生み出しています。グローバル化にともなう副作用は、その恩恵を遥かにこえていると言わざるを得ません。

今私たちに求められているのは、国内、国外にかかわらず、異なる歴史や経験、文化を持つ「他者」と向き合い、よりよい関係を結び直してゆくための想像力、構想力ではないでしょうか。

新世紀の到来を目前にした二〇〇〇年一月に創刊された岩波現代文庫は、この二〇年を通して、哲学や歴史、経済、自然科学から、小説やエッセイ、ルポルタージュにいたるまで幅広いジャンルの書目を刊行してきました。一〇〇〇点を超える書目には、人類が直面してきた様々な課題と、試行錯誤の営みが刻まれています。読書を通した過去の「他者」との出会いから得られる知識や経験は、私たちがよりよい社会を作り上げてゆくために大きな示唆を与えてくれるはずです。

一冊の本が世界を変える大きな力を持つことを信じ、岩波現代文庫はこれからもさらなるラインナップの充実をめざしてゆきます。

（二〇二〇年一月）